Über den Autor:

John O'Farrell hat in der Zeitung *Guardian* eine wöchentliche Kolumne. Er lebt mit seiner Frau und seinen Kindern in Clapham und arbeitet hart und unermüdlich als Journalist fürs Radio und Fernsehen. Jedenfalls denkt das seine Familie ...

John O'Farrell

für das beste im mann

Roman

Aus dem Englischen von
Michaela Grabinger

Die englische Originalausgabe erschien unter dem Titel
»The Best a Man Can Get« bei Doubleday, London

Besuchen Sie uns im Internet:
www.knaur-lemon.de

Sagen Sie uns Ihre Meinung zu diesem Buch:
lemon@droemer-knaur.de

Vollständige Taschenbuchausgabe 2003
Droemersche Verlagsanstalt Th. Knaur Nachf., München
Copyright © 2002 by John O'Farrell
Copyright © 2001 der deutschsprachigen Ausgabe bei
Droemersche Verlagsanstalt Th. Knaur Nachf., München
Alle Rechte vorbehalten. Das Werk darf – auch teilweise – nur
mit Genehmigung des Verlages wiedergegeben werden.
Umschlaggestaltung: ZERO Werbeagentur, München
Umschlagabbildung: Mauritius, Mittenwald
Satz: Ventura Publisher im Verlag
Druck und Bindung: Clausen & Bosse, Leck
Printed in Germany
ISBN 3-426-61547-9

5 4 3 2 1

für
jackie
in
liebe

für
das
beste
im
mann

als mein eigener Chef fiel es mir richtig schwer, viel zu arbeiten. Der Chef gab mir nämlich fast jeden Nachmittag frei. Manchmal auch den Vormittag. Manchmal sagte er: »Hör mal, du hast heute ziemlich viel gearbeitet, gönn dir morgen ein bisschen wohlverdiente Ruhe.« Wenn ich verschlafen hatte, rief er mich nie an und fragte, wo ich bliebe, und wenn ich zu spät an meinen Arbeitsplatz kam, tauchte er zufällig auch immer erst genau in diesem Augenblick auf. Meine Ausreden konnten noch so haarsträubend sein, er nahm sie mir ab. Mein eigener Chef zu sein war toll. Mein eigener Angestellter zu sein war die reinste Katastrophe, aber über diese Seite der Gleichung machte ich mir keine Gedanken.

Ich wurde von Kindergeschrei geweckt. Wie ich aus Erfahrung wusste, bedeutete dies entweder, dass es kurz vor neun Uhr morgens war und die Kinder in die gegenüberliegende Schule strömten, oder aber gegen Viertel nach elf – Vormittagspause. Ich drehte mich auf die andere Seite und warf einen Blick auf die Uhr. Die kleinen Ziffern meines Radioweckers teilten mir mit, dass es 13:24 war, Mittagspause. Ich hatte vierzehn Stunden am Stück geschlafen. Absoluter persönlicher Rekord.

Ich bezeichnete das Ding als Radiowecker, aber in Wahrheit war es für mich nichts weiter als eine große, klobige Uhr. Die Weckfunktion benützte ich schon lange nicht mehr; ich hatte keine Lust, mir frühmorgens, wenn ich mit einer Erektion aufwachte, anhören zu müssen, dass sich die Hungersnot im Sudan weiter ausbreite oder Prinzessin Anne sich die Weisheitszähne habe ziehen lassen. Erstaunlich, wie schnell eine Erektion verschwinden kann! Wecker sind etwas für Menschen, die Wichtigeres zu tun haben, als zu schlafen – eine Lebensform, die nachzuvollziehen mir einfach nicht gelang. Manchmal wachte ich auf, entschied, es lohne nicht, sich anzuziehen, und blieb im Bett, bis, nun, bis zur Zu-Bett-Geh-Zeit. Dabei handelte es sich keineswegs um ein apathisches Liegenbleiben nach dem Motto: »Hat doch eh keinen Sinn aufzustehen«, sondern um ein positives Liegenbleiben, das die Lebensqualität erhöhte. Freizeit – zu dieser Überzeugung war ich gelangt – bedeutete schlicht und einfach, freie Zeit zu haben. Wenn es nach mir gegangen wäre, hätte es im Freizeitcenter Balham reihenweise aufgestellte Betten und neben jedem Bett einen Stapel mit sämtlichen Sonntagszeitungen gegeben und sonst gar nichts.

Mein Zimmer hatte sich im Lauf der Zeit dahin gehend verändert, dass die Notwendigkeit, das Bett zu verlassen, auf ein absolutes Minimum reduziert war. Anstelle eines Nachttischs befand sich neben dem Bett ein mit Milch, Brot und Butter gefüllter Kühlschrank, auf dem ein Wasserkocher stand, der sich mit einer Schachtel Teebeutel, mehreren Sorten Frühstücksflocken, einem Toaster, einem mit Henkelbechern voll gestellten Tablett sowie mit einer überforderten Mehrfachsteckdose um die kleine Stellfläche stritt. Ich schaltete den Wasserkocher ein und warf zwei Scheiben Brot in den Toaster. Als ich nach der Tageszeitung griff, fiel zu meiner gelinden Überraschung ein Schlüsselbund von der Titelseite und landete scheppernd auf dem Boden.

In diesem Moment wurde mir bewusst, dass ich doch keine vierzehn Stunden am Stück geschlafen hatte: Ich entsann mich vage eines unangenehmen Gesprächs in aller Frühe. Soweit ich mich erinnern konnte, hatte es sich wie folgt abgespielt:

»'tschuldigung.«

»Mh?«, brummte ich unter der Decke.

»Entschuldigung, ich bin's, der Zeitungsjunge.« Der Teenager wirkte nervös, seine Stimme klang brüchig.

»Was ist?«

»Meine Mum sagt, ich darf Ihnen die Zeitung nicht mehr ans Bett bringen.«

»Warum nicht?«, fragte ich aufstöhnend, ohne den Kopf unter der Decke hervorzustecken.

»Sie findet's pervers. Ich konnte gerade noch verhindern, dass sie den Kinderschutzbund anrief.«

»Wie spät ist es?«

»Sieben. Ich hab ihr gesagt, dass Sie mir jede Woche was extra geben, damit ich sie hier raufbringe und so, aber sie findet's pervers, und ich darf sie jetzt nur mehr durch den Briefschlitz werfen wie bei allen andern auch. Die Wohnungsschlüssel leg ich Ihnen hierhin.«

Sollte danach noch etwas gesprochen worden sein, so erinnerte ich mich nicht daran. Ich war wohl sofort wieder eingeschlafen. Die klirrenden Schlüssel brachten das Gespräch zurück wie einen halb erinnerten Traum, und während ich die Meldungen über Kriege, Gewaltverbrechen und Umweltkatastrophen überflog, packte mich das heulende Elend. Heute war der letzte Tag in meinem Leben, an dem ich die Zeitung ans Bett geliefert bekam ...

Hellbraun geröstete Toastscheiben sprangen hoch, und der Kocher mit dem sprudelnden Wasser schaltete sich automatisch ab. Butter und Milch befanden sich stets im obersten Kühlschrankfach, damit ich sie herausholen konnte, ohne das Bett zu verlassen. Nachdem ich den Kühlschrank damals gekauft und in meinem Zimmer aufgestellt hatte, war ich vor Scham und Fassungslosigkeit förmlich in die Knie gegangen: Die Tür öffnete sich zur falschen Seite – ich konnte den Griff vom Bett aus nicht erreichen. Ich stellte den Kühlschrank verkehrt herum auf, aber das sah ziemlich bescheuert aus. Ich beschloss ihn auf die andere Seite des Betts zu stellen, musste dazu aber mein Keyboard, das Mischpult und das gesamte übrige in meinem Schlafzimmer/Aufnahmestudio angehäufte Musik-Equipment wegräumen. Nachdem ich mehrere Stunden mit Möbelrücken verbracht hatte, fand ich endlich einen Platz für das Bett, von dem aus ich mich bequem aus dem Kühlschrank bedienen, mir Frühstück machen sowie telefonieren und fernsehen konnte, ohne mich der Anstrengung des Aufstehens unterziehen zu müssen. Hätte Boots einen Do-it-yourself-Katheter vertrieben, ich wäre der erste Käufer gewesen.

Noch genüsslicher als ein Frühstück im Bett kann nur ein Frühstück im Bett am Mittag sein; die schiere Dekadenz dieser Gepflogenheit bewirkt, dass dünn gebutterter Toast plötzlich wie Ambrosia schmeckt. Ich trank gemütlich meinen Tee, schaltete mit einer der zahlreichen Fernbedienungen den Fernseher ein und erwischte prompt den Anfang eines meiner Lieblingsfilme, *Das Apartment* von Billy Wilder. Ich seh mir nur die ersten paar Minuten an, sagte ich mir und schüttelte die Kissen auf. Nur die Sequenz, wo er mit hunderten anderen, die alle dieselbe monotone Tätigkeit verrichten, in der riesigen Versicherung arbeitet. Vierzig Minuten später riss mich das Handy aus meiner hypnotischen Trance. Ich drückte auf die »Ton aus«-Taste der Fernbedienung und nahm das Handy aus dem Ladegerät.

»Hallo, Michael, Hugo Harrison von DD und G am Apparat. Ich möchte dich daran erinnern, dass du deine Komposition bis heute Abend bei uns abliefern wolltest. Hast du doch nicht vergessen, oder?«

»Vergessen? Soll das ein Witz sein? Ich habe die ganze Woche daran gearbeitet. Ich bin auch jetzt noch im Studio.«

»Meinst du, du schaffst es bis heute Abend?«

»Habe ich jemals einen Abgabetermin überschritten, Hugo? Ich bin gerade noch beim Abmischen. Zwischen vier und fünf heute Nachmittag hast du es.«

»Na gut.« Hugo klang enttäuscht. »Und früher geht es nicht? Wir hängen hier nämlich rum und würden gern mit dem Dubben loslegen.«

»Ich kann's versuchen. Eigentlich wollte ich gerade irgendwo was zu Mittag essen, aber wenn ihr es so dringend braucht, arbeite ich eben durch.«

»Danke, Michael. Astrein! Also, bis später.«

Ich schaltete das Handy aus, lehnte mich im Bett zurück und sah mir *Das Apartment* zu Ende an.

Dass die Komposition bereits seit vier Tagen fertig war, hatte ich Hugo von DD&G natürlich nicht erzählt. Wenn man tausend Pfund für einen Auftrag bekommt, kann man unmöglich zwei Tage nach der Auftragserteilung abliefern. Die Auftraggeber müssen das Gefühl haben, dass das Preis-Leistungs-Verhältnis stimmt. Sie hätten meine Arbeit zwar am liebsten so schnell wie möglich gehabt, würden sie aber viel mehr schätzen und weit größeren Gefallen daran finden, wenn ich sie in dem Glauben ließ, ich hätte die ganze Woche dafür gebraucht.

Der Slogan, den die Agentur über meine Komposition legen wollte, lautete: »Die Limousine, die sich für einen Sportwagen hält«. Ich hatte ein gemächliches, eingängiges Intro komponiert, das in kreischende E-Gitarrenklänge überging. Limousine – Sportwagen. Das Schwerfällige stand für das stumpfsinnige Leben der Thirty-Something-Limousinenbesitzer, die

E-Gitarre für das rasante, aufregende Leben, das, wie ihnen allmählich dämmert, für immer vorbei ist. Hugo war von meiner Idee so begeistert gewesen, dass er nach kürzester Zeit darüber sprach, als wäre es seine eigene.

Normalerweise erledigte ich meine Aufträge sofort, rief den Kunden dann in regelmäßigen Abständen an und sagte beispielsweise: »Ich hab da was echt Gutes, es ist allerdings nur dreizehn Sekunden lang. Müssen es unbedingt genau fünfzehn Sekunden sein?« Dann hieß es: »Also, wenn Sie selbst so begeistert davon sind, hören wir es uns auf jeden Fall mal an. Aber fünfzehn Sekunden wären schon besser. Könnten Sie es nicht einfach ein bisschen langsamer machen oder so?«

»Langsamer machen! Was soll das heißen?«

»Keine Ahnung. Ich bin schließlich kein Komponist.«

Ich versprach, eine Lösung zu finden. Der Kunde legte mit dem beruhigenden Gefühl auf, dass ich noch daran arbeiten würde, und freute sich obendrein, weil er bei der Vollendung des Werks maßgeblich mitgeholfen zu haben glaubte. Dabei war der Fünfzehn-Sekunden-Jingle schon längst auf einem DAT in meinem Studio. Bei Agenturaufträgen, die ich sofort abgeliefert hatte, waren meine Auftraggeber anfangs immer begeistert gewesen, hatten mich aber nach einigen Tagen angerufen und Änderungen verlangt. Meiner Erfahrung nach war es wesentlich besser, in letzter Minute abzuliefern, weil ihnen dann nichts übrig blieb, als alles toll zu finden.

Ich war felsenfest davon überzeugt, dass ich nicht wesentlich weniger als die meisten Männer meines Alters arbeitete, nämlich zwei bis drei Stunden am Tag. Der einzige Unterschied war, dass ich keine Lust hatte, den Rest meines Lebens damit zu vergeuden, dass ich zu arbeiten *vorgab*, indem ich das Solitaire-Spiel auf dem Computerbildschirm blitzschnell verschwinden ließ und ein Tabellenkalkulationsprogramm anklickte oder den

Tonfall bei Privatgesprächen veränderte, wenn der Chef das Büro betrat. Aus Gesprächen mit einigen Zeitgenossen wusste ich, dass es jede Menge Jobs gab, bei denen man morgens erschien und sich erst mal ein, zwei Stunden unterhielt, zwischen elf und der Mittagspause Arbeit verrichtete, die diesen Namen tatsächlich verdiente, nachmittags zurückkam, eine alberne E-Mail an Gary von der Buchhaltung schickte und den restlichen Nachmittag in scheinbar totaler Konzentration damit zubrachte, das Foto eines nackten Transsexuellen von http://www.titsandcocks.com runterzuladen.

Der Film wurde von Werbepausen unterbrochen, und die Musik der Spots weckte unwillkürlich mein professionelles Interesse. Der Gilette-Jingle warb mit der Aussage, der neue schwenkbare Doppelklingen-Scherkopf mit Lubrastrip sei »Für das Beste im Mann« – eine ziemlich kühne Behauptung in Anbetracht der Tatsache, dass es um einen Wegwerfrasierer aus Plastik ging. Die meisten Männer würden ihr Bestes wohl eher mit einem neuen Ferrari oder einer Nacht mit Pamela Anderson in Verbindung bringen – nicht so, wenn man diesem Sänger glaubte; ihm zufolge war die tagtägliche gute Rasur der Brüller schlechthin. Als gleich danach *Das Apartment* weiterging, dachte ich: Nein, das Beste im Mann ist seine Fähigkeit, gemütlich im warmen Bett zu liegen, sich einen tollen Film reinzuziehen, dabei Tee zu trinken, Toast zu essen und sich durch nichts aus der Ruhe bringen zu lassen.

Wenn ich gefragt wurde, was ich so machte, antwortete ich meist etwas nuschelnd, ich sei »in der Werbung«. Früher hatte ich immer gesagt, ich sei Komponist oder Musiker, was bei den Leuten aber eine unglaubliche Faszination hervorrief, die dann schwer enttäuscht wurde, wenn herauskam, dass ich die Musik für die Autozubehör-Miller-Werbung geschrieben hatte, die auf Capital Radio lief. Ich war freiberuflicher Jingle-Komponist –

auch wenn andere in der Branche zu großkotzig waren, als dass sie einen Jingle einen Jingle genannt hätten – und arbeitete im untersten Segment des Marktes für freiberufliche Jingle-Komponisten. Wenn der Mensch, der die Musik für den Gilette-Spot geschrieben hatte, das Werbe-Pendant zu Paul McCartney war, dann war ich der Drummer der Band, die im vergangenen Jahr beim Europäischen Schlagerwettbewerb den fünften Platz erreicht hatte.

Die Leute meinen immer, in der Werbebranche verdiene man automatisch viel, aber mir wurde allmählich klar, dass ich mit Zwanzig-Sekunden-Radiojingles nie reich werden würde, auch dann nicht, wenn ich plötzlich jeden Tag acht Stunden arbeitete.

Jahre zuvor hatte ich eine Zeit lang wirklich geglaubt, es würde dereinst ein millionenschwerer Rockstar aus mir werden. Nach dem Musikstudium war ich in meine Heimatstadt zurückgegangen und hatte eine Band gegründet, die in Pubs und bei Uni-Sommerfeten spielte. Auch wenn es angeberisch klingt – ich kann, glaube ich, ehrlich sagen, dass wir zu einem bestimmten Zeitpunkt in den späten achtziger Jahren die beste Band in Godalming waren. Dann löste sich die Gruppe auf, weil unser Drummer wegen »musikalischer Differenzen« ausstieg. Wir waren musikalisch, er nicht. Er war zwar der beschissenste Schlagzeuger, den ich je gehört hatte, leider aber auch das wichtigste Mitglied der Band, da er einen Lieferwagen besaß. Ich musste die Erfahrung machen, dass nicht allzu viele Verstärker auf ein Moped passen. Nach diesem Höhepunkt hatte ich weiter Songs aufgenommen und Bands gegründet, aber die Ausbeute all dieser Jahre bestand nur aus einer Schachtel mit Demotapes und einer wertvollen Kopie meiner Flexi-Disc-Single.

Ich stand auf und hörte mir, während ich mich anzog, das Stück wieder mal an. Ich war noch immer stolz darauf und hatte dem Produzenten der BBC-Radiosendung »John Peel« nie ganz verziehen, dass er gesagt hatte, sie spielten keine Flexi-Discs. Der Weg zu meiner Arbeitsstelle führte mich von der einen Seite des Zimmers zur anderen. Bevor ich loslegte, verwandelte ich den Raum normalerweise von einem Schlafzimmer in ein Studio, das heißt ich baute das Bett zur Couch um und ließ sämtliche auf dem Keyboard liegenden Socken und Unterhosen verschwinden. Auf der Plattenstudioseite meines Zimmers befanden sich außer einem Roland XP-60 ein Computer, ein Achtzehn-Spur-Mischpult, ein Sampler, ein Hallgerät, eine Midi-Box, mehrere überflüssige Synthesizer und Tapedecks sowie, dahinter drapiert, ein aus zwölf Kilometer Kabel bestehender Kabelsalat. Leute, die nichts von Musik verstanden, beeindruckte das Ganze ziemlich; in Wahrheit aber war es ein einziges Chaos. Je mehr Geräte ich mir anschaffte, umso länger dauerte die Suche, sobald ein mysteriöser Brummton das Weiterarbeiten unmöglich machte. Im Grunde benutzte ich nur das Keyboard mit dem eingebauten Soundmodul und den sehr vielseitigen Sampler, die sich immer wieder wacker am Klang der meisten Musikinstrumente versuchten. Es sah zwar alles nach neuester Technologie aus, war aber entweder schon seit Jahren veraltet oder würde es spätestens dann sein, wenn ich mich endlich damit auskannte. Da ich nie die Zeit gefunden hatte, mir die Bedienungsanleitungen durchzulesen, kam ich mir manchmal vor wie der Besitzer eines Ferraris, der ständig im ersten Gang durch die Gegend fährt.

Ich trottete ins Bad und sah in den Spiegel. Die grauen Seitensträhnen hatten sich in der Nacht Richtung Stirn vorgekämpft, über den Ohren war plötzlich ein ziemlich breiter, silbrig glänzender Streifen zu sehen. Die borstigen, grauen Haare waren dicker und kräftiger als die feinen, dunklen, die nach und nach von ihnen ersetzt wurden. Noch waren die grauen in der Minderzahl, doch ich wusste, dass es sich damit verhielt wie mit den Eichhörnchen derselben deprimierenden Farbe: Hatten sich erst einmal einige eingenistet, waren irgendwann sämtliche angestammten Haare ausgerottet; wenn es hoch kam, würden an jeder Augenbraue ein paar Brutkolonien übrig bleiben und hin und wieder schwarze Härchen schüchtern aus den Nasenlöchern lugen. Am Nasenflügel war ein großer gelblicher Pickel erblüht und wurde umgehend mit der in fast zwanzigjähriger Übung erworbenen Geschicklichkeit ausgedrückt. Als Teenager hatte ich geglaubt, es werde einmal, wenn die Pickel verschwunden und die Haare noch nicht ergraut wären, ein goldenes Zeitalter in meinem Leben geben. Inzwischen war mir bewusst, wie unglaublich naiv ich gewesen war. Schon mit Anfang dreißig hatte ich den Gipfel meiner körperlichen Attraktivität überschritten. Wenn man merkt, dass die Nächte wieder länger werden, meint man immer, der Sommer habe gerade erst begonnen.

Um vier Uhr nachmittags trat ich ins Wohnzimmer, wo Jim seit mehreren Jahren an seiner Dissertation arbeitete. Heute beinhaltete seine Forschungstätigkeit mehrere Partien Tomb Raider mit Simon. Die beiden schafften es gerade noch, mir »Hallo« zuzunuscheln. Da sie den Blick keine Sekunde vom Bildschirm hoben, hätte ich ebenso gut das Wesen von der schwarzen Lagune sein können, das hereinkam, um das Wasser aufzusetzen. Jim und Simon sahen aus wie die »Vorher-Nachher«-Zeichnungen in den Charles-Atlas-Bodybuilding-Anzeigen. Der große, muskulöse Jim hatte die gesunde Gesichtsfarbe eines Jungen, der seit dem fünften Lebensjahr jeden Winter Ski gefahren war, Simon dagegen war dünn, blass und linkisch. Wenn Tomb Raider ein bisschen realistischer gestaltet wäre, hätte Lara Croft sich umgedreht, aus dem Monitor heraus gesagt: »Gaff nicht so auf meine Titten, du kleiner Wichser!«, und ihn vom Sofa ge-

knallt. Simon hatte einen durchaus viel versprechenden Berufs-
weg eingeschlagen: Er servierte den Studenten der Universität,
an der er Jahre zuvor sein Studium abgeschlossen hatte, Bier in
Plastikbechern. Den Job hatte er an seinem letzten Unitag bekommen. Er hoffte damit genug zu verdienen, um die von ihm
auf der anderen Seite des Tresens angehäuften Schulden eines
Tages begleichen zu können.

In diesem Augenblick fiel die Wohnungstür krachend ins
Schloss. Paul war nach Hause gekommen. Er lud einen Stapel
schmuddeliger Schulhefte auf dem Küchentisch ab und stieß einen märtyrerhaften Seufzer aus, der viel zu deutlich die Absicht
erkennen ließ, besorgte Fragen über den Verlauf seines Arbeits-
tages hervorzurufen, als dass auch nur eine einzige gestellt
wurde.

»MannoMann«, stieß er hervor, aber wir bissen immer noch
nicht an. Er stellte einen Milchkarton in den Kühlschrank zurück und fischte mehrere alte Teebeutel aus dem Spülbecken,
wobei er sich durch missbilligende Laute hörbar mokierte. Seine
Seufzer kündeten nicht nur von seiner Verärgerung darüber,
dass die anderen immer alles stehen und liegen ließen, sondern
auch von seiner Wut darüber, dass es wieder mal ihm überlassen blieb, Ordnung zu schaffen, obwohl er bereits den ganzen
Tag unterrichtet hatte. Er schien damit andeuten zu wollen,
dass Simons Abendjob, Jims Doktorarbeit und meine am Keyboard verrichtete Kompositionstätigkeit irgendwie weniger anstrengend seien. Dass dies voll und ganz der Wahrheit entsprach, tat nichts, aber auch gar nichts zur Sache.

Wir vier teilten uns die Wohnung schon seit mehreren Jahren.
Keiner der drei anderen hatte mich gekannt, als ich das Zimmer
mietete, und genauso sollte es in gewisser Hinsicht auch bleiben. Die Wohnung bot Ausblick auf die Pracht und Herrlichkeit
der Balham High Road und lag günstigerweise über einem La-

den, zu dem wir rund um die Uhr schnell mal runterlaufen konnten, um uns mit Halalfleisch zu versorgen. Und es war keineswegs, wie man vielleicht erwartet hätte, eine schäbige, versiffte Wohnung, in der sich vier Männer suhlten, sondern es gab einen strikten Putzplan, demgemäß wir Paul abwechselnd das gesamte Saubermachen überließen.

Paul legte den Rest eines Stücks Butter in die Butterdose, faltete die Verpackungsfolie fein säuberlich zusammen und warf sie in den Mülleimer. Da ihm die allgemeine Anrede keine Aufmerksamkeit eingebracht hatte, versuchte er es jetzt, indem er einen von uns direkt ansprach.

»Wie lief's heute bei dir, Michael?«

»Eine einzige Katastrophe«, antwortete ich.

»Sag bloß! Was ist passiert?« Es klang ehrlich besorgt.

»Der blöde Zeitungsjunge hat mich um sieben geweckt, weil er mir die Zeitung in Zukunft nicht mehr ans Bett bringen darf. Seine Mutter findet es pervers. Als wir die Sache vereinbarten, habe ich ihm extra gesagt, er soll es seinen Eltern besser nicht erzählen, das weiß ich noch genau.«

Einige Sekunden lang herrschte Schweigen.

»Nein, *ich* habe es seiner Mutter erzählt«, gestand Paul schießlich mit herausfordernder Miene, die bewies, dass er sich schon seit längerem gegen diese Konfrontation gewappnet hatte.

»Du? Und wieso, wenn ich fragen darf?«

»Beispielsweise deshalb, weil ich nicht gerade scharf darauf bin, dass du einem dreizehnjährigen Straffälligen die Schlüssel zu unserer Wohnung aushändigst.«

»Er ist kein Straffälliger.«

»Und ob er ein Straffälliger ist! Und weißt du, woher ich das weiß? Weil ich ihn unterrichte. Troy ist in meiner Klasse. Und als ich vorgestern um sieben splitterfasernackt aus dem Bad kam, stand er im Flur und starrte mich an.«

Jim prustete dermaßen los, dass er seinen Tee in den Becher zurückspucken musste. »Und was hast du gesagt?«

»›Hallo, Troy‹, hab ich gesagt.«

»Und er?«

»Er hat ›Hallo, Mr. Winpenny‹ gesagt. Er wirkte reichlich verdattert, wenn ich ehrlich sein soll. War ziemlich dumm gelaufen für ihn. Er hatte nämlich schon seit Tagen einen Bogen um mich gemacht, weil er noch einen Aufsatz über die Figur des Piggy in *Herr der Fliegen* abzugeben hatte. Ich glaube, einen Moment lang hat er gedacht, ich wäre morgens um sieben nackt hier eingebrochen, um ihn zu fragen, wo sein Aufsatz bleibt.«

Ich war immer noch sauer. »Gut, du hast ihn im Flur getroffen. Na und? Deswegen musst du das doch nicht gleich seiner Mutter erzählen!«

»Ich bin sein Lehrer. SCHÜLER VOR UNTERRICHTSBEGINN IN WOHNUNG VON NACKTEM LEHRER – macht sich nicht so toll, oder? Außerdem habe ich keine Lust, meiner Klasse sagen zu müssen, dass die korrekte Aussprache meines Namens Mr. Winpenny lautet und nicht Mr. Winzpenis.«

Jims Tee war mittlerweile bis zur Ungenießbarkeit ausgespien worden.

»Daher«, fuhr Paul fort, »habe ich seiner Mutter beim gestrigen Elternabend mitgeteilt, dass ihr Sohn über einen Schlüssel zu meiner Wohnung verfügt und mich am Morgen nackt gesehen hat.«

»Das hätte man besser formulieren können.«

»Im Nachhinein weiß ich auch, dass ich es anders hätte sagen sollen. Sie ist ausgerastet und hat mit einem Schuh auf mich eingedroschen. Der Stellvertretende Direktor musste sie von mir losreißen.«

Es kränkte Paul offensichtlich, völlig arglos zum Objekt allgemeiner Heiterkeit geworden zu sein.

»Nimm's nicht persönlich, Paul«, sagte ich. »Wir lachen nicht über *dich*.«

»Ich schon«, sagte Jim.

»Ich auch, ehrlich gesagt«, fügte Simon hinzu.

Paul setzte sich hin und begann Hefte zu korrigieren, und seine Schüler bekamen wesentlich schlechtere Noten, als sie bekommen hätten, wenn wir netter zu ihm gewesen wären. Er gehörte zu den Lehrern, die sich in ihrer Klasse keinen Respekt verschaffen können. Er hatte etwas von einem verwundeten Gnu, das am Rand der Herde mithumpelt, versuchte seine Opferrolle aber immer herunterzuspielen, sogar als einmal einer seiner Schüler sein Auto verkaufte.

Die Mühe, die sie sich gaben, um ihn zu ärgern, war im Grunde völlig überflüssig, denn schon die kleinsten Dinge brachten ihn auf die Palme. Einmal teilte er uns mit, von jetzt an werde er nur mehr seine eigenen Haare aus dem schmierigen Zeug herausziehen, das das Abflussloch verstopfte, da es ja außer ihm nie einer mache, und dann hockte er sich allen Ernstes in die leere Badewanne und trennte die roten Haare von den anderen. Nicht dass Paul kleinlich war; es machte ihn nur wütend, wenn jemand die Zahnpasta vom falschen Tubenende her rausquetschte. Eigentlich regte ihn so ziemlich alles an uns auf.

Nachdem wir eine Weile um den Küchentisch gesessen waren, verkündete Jim, er werde Tee machen. Paul lehnte, wenn Jim ihm Tee anbot, immer ab, denn Jims Vorgehensweise bei der Zubereitung beinhaltete alles, was Paul an ihm so störte.

Jims Teekocherei war der Triumph traumtänzerischer Ineffizienz. Als Erstes nahm er die Henkelbecher aus dem Küchenschrank und arrangierte sie auf einem Tablett. Dann blieb er vor dem Spülbecken stehen und versuchte sich mit entrückter Miene zu erinnern, was er eigentlich vorgehabt hatte. Dann fiel es ihm ein: die Milch aus dem Kühlschrank holen. Nachdem er in jeden Becher Milch gegossen hatte, holte er die Teebeutel raus und hängte sie in die Kanne. Und dann, wenn all das getan war, wenn er alles vorbereitet und sogar gemerkt hatte, dass ein Becher zu viel auf dem Tablett stand – den er sogleich in den Schrank zurückstellte –, wenn er auch noch die Zuckerdose aufs Tablett platziert hatte und der Ansicht war, nun sei alles getan, *dann erst setzte er das Wasser auf.*

Allein diese Methode machte es Paul praktisch unmöglich, mit Jim zusammenzuleben. Und nicht nur, dass er das Wasser erst ganz zum Schluss aufsetzte, er füllte den Wasserkocher auch noch bis zum Rand, so dass die Zubereitung der drei Tassen Tee wesentlich länger dauerte als nötig. Und während der Ewigkeit, die das Wasser brauchte, bis es kochte, stand er einfach nur da und wartete; ab und zu gruppierte er die Becher auf dem Tablett um. Und die ganze Zeit über nahm er überhaupt nicht wahr, dass Paul fast explodierte vor Frust über seine Umständlichkeit. Sosehr Paul sich auch anstrengte, er schaffte es nicht, Jim etwas auf seine Art machen zu lassen. Ich wusste, dass er Jim vor Ablauf von sechzig Sekunden fragen würde, warum er nicht als Erstes das Wasser aufsetze.

»Warum setzt du eigentlich nicht als Erstes das Wasser auf, Jim?«, fragte er drei Sekunden später.

»Hm?«

»Es ginge nämlich etwas schneller, wenn du als Erstes das Wasser aufsetzen würdest. Noch bevor du die Becher rausholst und so weiter.«

Jim tat die Bemerkung mit einem Achselzucken ab. »Deshalb würde es auch nicht schneller kochen, oder?«

Für die Einsicht in Pauls Logik brauchte er genauso lange wie fürs Teekochen.

»Nein, aber *früher* würde es kochen, weil du es früher aufgesetzt hättest, und die Teebeutel und die Milch und das alles könntest du herausholen, *während* sich das Wasser erhitzt!« Er musste sich zurückhalten, um Jim die letzten fünf Wörter nicht ins Gesicht zu brüllen. Dass sein Mitbewohner sich derart ereiferte, verwirrte Jim zutiefst. »Aber die haben's doch nicht eilig, die müssen doch nicht bald weg, oder? Du musst doch nicht bald weg, oder, Simon?«

Simon hob den Blick von der Zeitung. »Ich? Nö.«

»Keiner ist in Eile – also, was soll's?«

Ich sah förmlich, wie die Wut in Paul aufwallte. Sein Gesicht lief feuerrot an, was wenigstens den Vorteil hatte, dass sein rötlichgelbes Bärtchen nicht mehr so hervorstach. »Es ist einfach eine durch und durch ineffiziente Art, Tee zuzubereiten.«

»Aber du willst doch gar keinen trinken.«

»Nein, weil es mich ungemein ärgert, dass du es immer wieder falsch machst.« Mit diesen Worten stürzte er aus dem Raum. Jim war völlig perplex.

»Hab ich mal Zucker in Pauls Tee getan, obwohl er keinen mag, oder was?«

Simon murmelte, das glaube er nicht. Jim zuckte mit den Achseln, blieb eine Weile am Spülbecken stehen und merkte nach fünf Minuten, dass er vergessen hatte, den seitlich am Wasserkocher befindlichen »An«-Schalter zu betätigen.

Als der Tee fertig war, tranken wir übrig gebliebenen drei in kontemplativer Stille. Simon las die »Liebe Deirdre«-Kolumne in der *Sun*, in der Deirdre die sexuellen Probleme von Lesern anpackte, die meiner Überzeugung nach von Journalistenkollegen im Büro nebenan erfunden worden waren.

»Mein Schwager ist mein Geliebter«, las er uns vor. »Liebe Deirdre, ich bin eine attraktive Blondine mit einer, wie es allgemein heißt, guten Figur. Als mein Mann neulich abends weg war, kam mein Schwager vorbei. Eines führte zum anderen, und wir landeten im Bett ...« Simon unterbrach seine Rezitation. »Es heißt immer: Eines führte zum anderen. Wie geht denn das, dass eines zum anderen führt? Das ist genau der Teil, den ich nicht kapiere. Der Bruder schaute also vorbei, das verstehe ich, und dann waren sie zusammen im Bett, das verstehe ich auch. Aber wie kamen sie von der ersten Phase in die letzte?«

»Ist doch ganz einfach, Simon«, sagte Jim.

»Also, dann: Wie geht das?«

»Du lernst ein Mädchen kennen.«

»Ja.«

»Sie geht auf einen Kaffee mit zu dir nach Hause.«

»Gut, und dann?«

»Na, dann führt eben eines zum anderen.«

Nach der zweiten Tasse Tee hatte ich keinen triftigen Grund mehr, die Werbeagentur noch länger warten zu lassen. Ich holte das Band aus meinem Zimmer und ging zur U-Bahn-Station Balham. Eine halbe Stunde später befand ich mich auf der Berwick Street, wo gerade mehrere französische Studenten um ein Haar überfahren wurden, als sie mittels einer Wegwerfkamera versuchten, das Cover von *What's the Story Morning Glory?* nachzubilden. Ich kam gern nach Soho, es war dort alles so aufregend und lebendig, und ich genoss es, eine Weile so zu tun, als würde ich dazugehören. In Soho lebten Menschen, die mit einem einzigen Werbe-Offtext tausend Pfund am Tag verdienten und das ganze Geld verjubelten, indem sie sich eine Krabben-Avocado-Focaccia und einen Milchkaffee zum Mitnehmen leisteten.

Ich warf einen Blick auf die andere Straßenseite und sah Hugo von DD&G, der gerade ein Schaufenster betrachtete. Komisch, dachte ich, warum interessiert sich Hugo für das Schaufenster eines asiatischen Schmuckgroßhändlers? Plötzlich blickte er hastig um sich und verschwand in einer schäbigen Einfahrt, über der ein nicht gerade professionell angeschlossenes Rotlicht schimmerte. Ich war schockiert. Ich ging zu der offenen Einfahrt und warf einen Blick hinein. Auf einem Stück Pappe, das mit breitem braunem Paketband am Eingang festgeklebt war, stand »Neues Modell. Sehr fräundlich. Erster Stock«. Mein Blick folgte der ausgetretenen, läuferlosen Treppe, und ich fragte mich, was sich wohl an ihrem Ende befand. Vielleicht war Hugo ja nur reingegangen, um die Werbung des Etablissements aufzupeppen, um, beispielsweise, einen professionellen Werbetexter zu empfehlen, der einen fetzigeren Slogan erfinden und »freundlich« richtig schreiben konnte. Das erschien mir eher unwahrscheinlich. Ich war gleichzeitig angewidert und fasziniert, aber auch merkwürdig enttäuscht von Hugo, so als hätte er mich persönlich beleidigt.

Ich ging die Berwick Street weiter und betrat den Empfangsbereich der protzigen DD&G-Büros, wo ein Zertifikat prahlerisch mitteilte, dass das Unternehmen im Jahr zuvor den zweiten Radio-Reklame-Preis für die beste Investment- und Bank-Werbung erhalten hatte. Da Hugo angeblich kurz rausgegangen war, um eine Geburtstagskarte für seine Frau zu besorgen, überreichte ich das Band der magersüchtig wirkenden Empfangsdame, die, von üppigen Sträußen mit echten Blumen umrahmt, hinter einer Glasscheibe saß.

Für diese Woche hatte ich meine Arbeit erledigt. Es war Zeit, nach North London zu fahren. Mitten in der Rushhour drängte ich mit all den Leuten in die U-Bahn, die den ganzen Tag gearbeitet hatten. Hunderte verschwitzter Büromenschen standen dicht aneinander gepresst und vermittelten dennoch den Eindruck, sie seien sich der Anwesenheit anderer Mitreisender im Abteil nicht im Geringsten bewusst. Arme bogen sich in unmöglichen Winkeln, damit der dazugehörige Mensch hintenübergebeugt ein Taschenbuch lesen konnte. Hälse reckten sich, um einen Blick in die Zeitung eines Mitfahrenden zu ermöglichen. Christen vertieften sich zum x-ten Mal in die Bibel, als kennten sie sie nicht schon auswendig.

Plötzlich wurde ein Sitzplatz frei, auf den ich mich so schnell wie möglich zubewegte, ohne mir meine würdelose Hast anmerken zu lassen. Behaglich aufseufzend ließ ich mich nieder, doch meine Gelöstheit wich sofort schierer Angst. Direkt vor mir stand eine Frau, unter deren Kleid sich *Die Wölbung des Ungewissen* abzeichnete. War sie im sechsten Monat schwanger oder nur, na ja, ein bisschen dick? Es ließ sich unmöglich sagen. Ich musterte sie von Kopf bis Fuß. Warum gibt sie mir kein Zeichen?, dachte ich. Warum trägt sie keine Tüte einer Ladenkette für Babyausstattung oder hat so ein blödes Sweatshirt an, auf dem »Ja, bin ich!« steht? Ich betrachtete sie noch einmal. Überall hing das Kleid lose herab, nur um ihren rundlichen Bauch spannte es. Was ist schlimmer, überlegte ich, einer Schwangeren einen Sitzplatz zu verweigern oder einer Frau, die nicht schwanger ist, sondern nur so aussieht, einen Sitzplatz anzubieten? Vielleicht ist das der Grund, warum die Männer inzwischen gar keiner Frau mehr einen Platz anbieten – um diesem peinlichen Dilemma zu entgehen. Mein Verhalten kratzte zwar keinen Menschen im Abteil, aber ich fühlte mich verpflichtet, den Anstand zu wahren.

»Entschuldigung, möchten Sie sich setzen?«, fragte ich die Frau und erhob mich.

»Warum sollte ich mich setzen wollen?«, gab sie pampig zurück.

Scheiße. »Ähm ... Na ja, Sie wirken ein bisschen müde ... äh ... und ich steige sowieso an der nächsten Station aus«, log ich.

Unter diesen Umständen nahm sie das Angebot an, und ich sah mich gezwungen, das Abteil zu verlassen, um nicht als Lügner dazustehen. Ich zwängte mich durch die Massen auf dem Bahnsteig und beeilte mich, den Zug ein paar Abteile weiter vorn wieder zu besteigen. Die nichtschwangere Frau hatte mich ziemlich scheel angesehen, nicht so scheel allerdings wie in dem Moment, als wir beide fünfzehn Minuten später die Sperren der Station Kentish Town passierten.

Als ich oben angekommen war, signalisierte mein Handy, dass es eine Nachricht für mich bereithielt. Sie stammte von Hugo. Er bedauerte, mich verpasst zu haben, aber es sei bei ihm den ganzen Nachmittag ein ständiges Rein und Raus gewesen, was ich so genau eigentlich gar nicht hatte wissen wollen. Mein Musikstück gefalle ihm; er erklärte, ich hätte da »echt was ganz Besonderes« zu Wege gebracht. Ich hielt Hugo zwar eigentlich für einen unaufrichtigen Menschen mit schlechtem Urteilsvermögen, war aber in diesem Fall bereit, eine Ausnahme zu machen. Von der Qualität meiner Musikschnitzelchen war ich nie restlos überzeugt. Immer wenn mir eine einigermaßen gute Melodie einfiel, glaubte ich, sie unbewusst irgendwo geklaut zu haben, deshalb sog ich jedes Lob gierig auf. Leider war das Stück nur für eine Wettbewerbspräsentation gedacht – wahrscheinlich würde die Agentur Hugos Produktionsgesellschaft nie den Auftrag erteilen und kein Mensch es je zu hören bekommen. Das hatte ich gewusst, als ich den Auftrag annahm, aber ich hatte eben auch gewusst, dass die Sache rasch zu erledigen war, einigermaßen anständig bezahlt wurde und mir außerdem ein paar stressfreie Tage in meinem selbst gesponnenen Kokon ermöglichte.

Ich bog in Bartholomew Close ein. Hohe, monolithische graue Müllcontainer auf Rollen säumten die Straße wie die Figuren auf den Osterinseln, die gleichmütig der Fremden harren. Ich ging zu Haus Nummer 17 und steckte den Schlüssel ins Schloss. Als ich die Tür öffnete, schlugen mir Chaos und Lärm entgegen.

»Daddy!«, rief meine zweijährige Tochter Millie voller Freude, rannte durch den Flur auf mich zu und umklammerte mein

Bein. Es lief gerade eine Kassette mit Kinderliedern, und Alfie, mein kleiner Sohn, lag in den Armen seiner Mutter und strampelte hinreißend mit Ärmchen und Beinchen.

»So früh hatte ich dich gar nicht erwartet«, sagte Catherine und lächelte mich an.

Ich stieg auf Zehenspitzen über mehrere auf dem Teppich verstreute Holzklötzchen, küsste Catherine und nahm ihr Alfie ab.

»Ja, und weißt du, was? Ich bin mit dem Auftrag fertig und muss das ganze Wochenende nicht arbeiten.«

»Super. Dann haben wir ja gleich zwei Dinge zu feiern. Rate mal, wer heute sein Pipi ins Töpfchen gemacht hat!«

»Wirklich, Millie?«

Millie nickte. Ihr unglaublicher Stolz wurde nur von dem ihrer Mutter übertroffen.

»Und kein einziges Tröpfchen ist auf dem Boden gelandet, stimmt's, Millie? Das schafft nicht mal dein Daddy immer, und der ist zweiunddreißig.«

Ich versetzte Catherine einen zärtlichen Rippenstoß. »Ist doch nicht meine Schuld, dass die Klobrille immer runterfällt.«

»Nein, aber die des Idioten, der sie angebracht hat«, sagte sie in Anspielung auf den Abend, an dem ich drei Stunden gebraucht hatte, um eine neue Klobrille aus Holz falsch zu montieren.

Das Lob, mit dem wir sie überschütteten, gefiel Millie so sehr, dass sie rasch etwas Neues fand, um Aufmerksamkeit zu erregen. »Millie Katze malt«, sagte sie und hielt mir ein Blatt Papier hin, das ich sofort entgegennahm und eingehend betrachtete. Die Zeichnung war, ehrlich gesagt, Schrott. Für das Porträt unserer Katze hatte sie einen blauen Buntstift genommen und das Papier damit voll gekritzelt.

»Mensch, Millie, das ist ja ein tolles Bild! So ein geschicktes Mädchen!« Irgendwann würde sie sich abwenden und sagen:

»Spar dir deine Gönnerhaftigkeit, Vater, wir wissen doch beide, dass das Bild Scheiße ist!« Doch bis auf weiteres kaufte sie mir meine Begeisterung offenbar ab. Ich kam jedes Mal wieder unglaublich gern nach Hause, wenn ich sie alle miteinander mehrere Tage nicht gesehen hatte; sie freuten sich immer so über mein Kommen, über die Heimkehr des verlorenen Vaters.

Ich beschäftigte mich eine Weile mit den Kindern; Catherine nutzte die Zeit und räumte die Küche auf. Mit Millie spielte ich Verstecken, was dadurch erleichtert wurde, dass sie sich dreimal nacheinander an derselben Stelle, hinter dem Vorhang, versteckte. Dann brachte ich Alfie zum Lachen, indem ich ihn in die Luft warf, bis Catherine kam und nachsah, warum er plötzlich zu weinen begonnen hatte.

»Ich weiß auch nicht«, sagte ich, den über ihr schwingenden Metallleuchter mit dem Blick meidend. Sie nahm das schreiende Kind in den Arm. Weil sie mir in diesem Moment ein bisschen müde erschien, sagte ich, sie solle die restliche Aufräumarbeit mir überlassen. Dann schlich ich nach oben – unterwegs hob ich herumliegendes Spielzeug auf –, ließ ein Vollbad mit viel Schaum ein, knipste das Licht aus, zündete ein paar Kerzen an, stellte den tragbaren CD-Player ins Bad und legte Beethovens *Pastorale* auf.

»Kannst du mal kurz raufkommen, Catherine?«, rief ich. Sie kam hoch und bestaunte das von mir geschaffene Instant-Refugium.

»Ich kümmere mich um die Kinder, räume die Geschirrspülmaschine ein und so weiter. Du legst dich jetzt in die Wanne, ich bringe dir ein Glas Wein, und vor dem Schlusssatz ›Schäferlied – freudvolle Gefühle nach dem Sturm‹ steigst du hier nicht mehr raus.«

Sie schmiegte sich an mich. »Ach, Michael, womit habe ich das verdient?«

»Du hast dich immerhin mehrere Tage ganz allein um die Kinder gekümmert und brauchst jetzt ein bisschen Freiraum.«

»Ja, aber du hast schließlich auch hart gearbeitet. Willst du dich nicht ein wenig ausruhen?«

»Ich arbeite nicht so schwer wie du«, erwiderte ich aufrichtig. Sie hatte Schuldgefühle und protestierte, eher halbherzig, noch ein bisschen weiter, schaltete dann aber doch den heizbaren Handtuchhalter ein und stellte den Ton so laut, dass die empörten »Mummy!«-Rufe, die bereits aus der Küche drangen, in der Musik untergingen.

»Michael«, sagte sie und küsste mich auf den Hals, »danke, dass du der beste Ehemann der Welt bist!«

Ich lächelte leicht gequält. Wenn deine Frau dir so etwas sagt, ist das nicht der günstigste Augenblick, ihr reinen Wein einzuschenken.

have
a
break

jeder hat es schon mal gemacht. Jeder hat seinem Partner schon mal etwas verheimlicht, jeder hat es schon mal unterlassen, ihr oder ihm ein peinliches Detail zu erzählen, hat gewisse Themen geschickt umgangen, um zu verhindern, dass etwas Bestimmtes ans Tageslicht kam. Jeder hat schon mal heimlich ein Zimmer am anderen Ende der Stadt gemietet, in dem er sich eine Hälfte der Woche über verstecken konnte, um dem öden, anstrengenden Babykram zu entgehen. Na ja, Letzteres trifft offenbar nur auf mich zu.

Jede Ehe funktioniert anders. Adolf Hitler und Eva Braun heirateten, verlebten einen Tag in einem Bunker und begingen dann gemeinsam Selbstmord. Gut, wenn sie der Meinung waren, dies sei das Beste für ihre Ehe – steht uns ein Urteil zu? Jedes Paar hat seine Eigenarten – bizarre Rituale, skurrile, harmlose Gewohnheiten, die die Partner zusammenschweißen und oft so ausarten, dass man sie von der Liste rationaler Verhaltensweisen streichen muss. Catherines Eltern, beispielsweise, gehen jeden Abend zusammen in den Garten und suchen Bohrasseln, die sie dann in einer Art Ritual mit einem Stößel in einem Mörser zerstampfen. Die Überreste werden auf die Rosen gestreut. Die beiden halten das für völlig normal. »Ich habe schon wieder eine, Kenneth.« – »Warte, Liebling, da ist auch ein Tausendfüßler dabei, und *dich* kleines Kerlchen wollen wir ja nun wirklich nicht zerquetschen!«

Catherine und ich fuhren einmal mit einem anderen Paar in Urlaub. In der letzten Nacht hörten wir durch die Wand, wie die beiden ungeniert über uns herzogen. Sie sagten, beispielsweise, sie könnten nie im Leben mit einem so komischen Menschen wie Catherine beziehungsweise mir verheiratet sein. Unsere Ehe hielten sie für völlig daneben. Dann hörten wir, wie sie mit gedämpfter Stimme sagte: »Kommst du jetzt endlich ins Bett? Meine Titten schwitzen immer so unter der Frischhaltefolie.« Und darauf meinten wir ihn sagen zu hören: »Ja, schon gut. Augenblick noch, der Reißverschluss am Taucheranzug klemmt.« Wenn man einen Blick hinter die Kulissen wirft, ist jede Ehe bizarr.

Natürlich gibt es auch viele Beziehungen, in denen die Partner keine maßgeschneiderten Überlebensstrategien entwickeln; das sind die, die nicht halten. Meine Eltern trennten sich, als ich fünf war, und ich weiß noch, daß ich mir damals immer dachte: Könnt ihr nicht einfach so tun, als ob ihr verheiratet wärt? Nach der Erfahrung des gnadenlosen und chaotischen Ablaufs von Mums und Dads Scheidung beschloss ich, alles daranzusetzen, dass die Eltern meiner Kinder zusammenblieben. Gerade weil ich unsere Ehe so wichtig nahm, legte ich immer wieder Ehepausen ein. Der Stress, den die kleinen Kinder in unser Leben brachten, schuf plötzlich unglaubliche Spannungen und bewirkte, dass wir uns wegen jeder Kleinigkeit anfifteten. Ich hatte große Angst, der dabei entstehende Schaden könnte irreparabel werden. Zugegeben, ich hatte eine persönliche Lösung für ein gemeinsames Problem gefunden, ohne das Ganze je mit Catherine zu besprechen, aber ich konnte einfach nicht zugeben, dass ich Zeit ohne die Kinder brauchte. Das ist ja nun nichts, dessen sich Präsidentschaftskandidaten in ihren Wahlspots rühmen. »Manchmal gehe ich allein am Strand spazieren, weil es mich an die Wunder der göttlichen Schöpfung gemahnt und daran, wie wenig Zeit wir haben, um diese Welt zu einer besseren zu machen. Das Wichtigste aber ist, dass ich durch diese Spaziergänge eine Weile von meinen verfluchten Kindern wegkomme.« Ich liebte Catherine, ich liebte Millie und Alfie, aber manchmal machten sie mich schier verrückt. Da war es doch wohl besser, wegzugehen, als den Druck so stark werden zu lassen, dass die ganze Ehe explodierte und die Kinder sieben Tage in der Woche keinen Dad mehr hatten, so wie es bei mir der Fall gewesen war ...

Deshalb hatte ich auch kein schlechtes Gewissen. Ich hätte ihr sicherlich auch dann ein Schaumbad eingelassen, wenn ich wirklich so hart gearbeitet hätte, wie sie glaubte. Ich brachte ihr die Weinflasche und eine Ausgabe von *Hello!*, das sie wohl leider schon lange nicht mehr mit ironischem Blick las. Ich schenkte jedem von uns ein Glas Wein ein, und sie zog mich zu sich hinunter und gab mir einen liebevollen Kuss auf den Mund, den ich ein wenig verlegen erwiderte.

»Was machen die Kinder?«

»Millie sieht sich ein *Postman Pat*-Video an – das, in dem er sich durch Greendale schießt. Und Alfie ist auf seinem Kinderstühlchen festgeschnallt und sieht sich Millie an.«

»Na, solange der Fernseher läuft! Wir wollen sie ja schließlich nicht unbeaufsichtigt lassen.«

»Heute habe ich etwas gesehen, das errätst du nie! Hugo Harrison auf dem Weg zu einer Prostituierten.«

»Wirklich? Wo warst du denn?«

»Na, ich kam gerade die Treppe runter und machte mir noch schnell die Hose zu.«

»Der ist doch verheiratet, oder? Wir haben seine Frau mal kennen gelernt. Meinst du, er erzählt ihr davon?«

»Natürlich nicht! ›War's ein schöner Tag im Büro, Liebling?‹ – ›Wunderbar, danke. Nachmittags bin ich kurz zu einer

Nutte gegangen.‹ – ›Wie schön, Liebling. Abendessen ist gleich fertig.‹«

»Die arme Frau. Stell dir mal vor, sie kriegt das raus.«

»Es hat mich, ehrlich gesagt, ein bisschen geärgert. Ich will wissen, was er von dem Stück hält, das ich ihm gebracht habe, und er verschwindet einfach und treibt es mit einer Prostituierten.«

»Und – hat er dir gesagt, wie er es fand?«

»So was fragt man doch nicht!«

»Dein Stück.«

»Ach so. Ja, er hat mich auf dem Handy angerufen. Er findet es toll.«

»Wie du das nur immer machst! Hast du wieder bis vier Uhr früh durchgearbeitet?«

»Nein, so spät ist es nicht geworden.«

»Warum arbeitest du nicht normal lang und sagst denen, dass sie einfach ein bisschen länger warten müssen?«

»Weil die den Auftrag dann anderweitig vergeben würden und wir kein Geld hätten und ich mich um die Kinder kümmern müsste, während du als Prostituierte für Freier wie Hugo Harrison anschaffen würdest.«

»Du und dich um die Kinder kümmern – nicht auszumalen!«

Wir lachten, und ich gab ihr noch einen Kuss. Ich fand es herrlich, wenn sie mich ein paar Tage nicht gesehen hatte; das waren immer unsere schönsten Momente.

Catherine hatte eine zarte, blasse Haut, eine spitze kleine Nase und große braune Augen, mit denen ich Blickkontakt zu halten versuchte, während sie sich im dampfenden Wasser räkelte. Wenn ich ihr sagte, dass sie schön sei, widersprach sie jedes Mal; sie bildete sich nämlich albernerweise ein, ihre Finger seien zu kurz. Manchmal erwischte ich sie mit bis zu den Fingerspitzen heruntergezogenen Pulloverärmeln; sie tat das nur, weil sie glaubte, jeder starre auf sie und denke: Sieh sich einer diese Frau an – wie hübsch die wäre, wenn sie nicht so schrecklich kurze Finger hätte! Ihr Haar war lang und dunkel, und obwohl sie keine komplizierte Frisur hatte, fuhr sie aus mir unerfindlichen Gründen für jeden Haarschnitt fünfundzwanzig Kilometer, weil ihr alter Friseur umgezogen war und sie keinen anderen an ihre Haare ranließ. Nur gut, dass er nicht nach Paraguay emigriert war, wir hätten uns schwer getan, alle acht Wochen das Geld für den Flug aufzubringen.

Am liebsten wäre ich zu ihr in die Wanne gestiegen und hätte es mal mit schaumigem, umständlichem Sex versucht, doch ich sprach meinen Wunsch nicht aus. Ich wollte mir keine Abfuhr holen und damit die schöne Stimmung kaputtmachen. Der Hauptgrund aber war, dass wir keine Kondome im Haus hatten, und ein drittes Baby wollte ich unter keinen Umständen riskieren. Ich war ja schon den ersten beiden alles andere als ein perfekter Vater.

Nach der ersten gemeinsam verbrachten Nacht hatten wir uns auch so ein Schaumbad wie dieses gegönnt. Bei unserem ersten Rendezvous sagte sie, sie wisse, wo man nett etwas trinken könne, und fuhr mit mir zu einem Luxushotel in Brighton; ein Zimmer war bereits gebucht. Unterwegs winkte ein Polizist sie wegen überhöhter Geschwindigkeit an den Straßenrand. Während er lässig heranschlenderte, kurbelte sie das Seitenfenster herunter. »Ist Ihnen klar, dass Sie trotz einer Geschwindigkeitsbeschränkung von sechzig Stundenkilometern gerade fünfundachtzig gefahren sind?«, fragte er und wartete mit süffisantem Grinsen ab, wie sie sich herausreden würde.

»*Pardonnez-moi. Je ne parle pas l'anglais donc je ne comprends pas ce que vous dites ...*«

Er war baff. Dafür, dass sie bei der Schulabschlussprüfung in Französisch durchgefallen war, hatte es wirklich überzeugend geklungen. Der Polizist dachte offenbar, die englische Sprache sei möglicherweise verständlicher, wenn er sie mit größerer Lautstärke und krassen grammatischen Fehlern spräche.

»Sie Tempolimit überschritten! Sie zu schnell! Führerschein?«

Sie reagierte mit einem lässigen gallischen Achselzucken und meinte: »*Pardonnez-moi, mais je ne comprends rien, monsieur.*«

Der verdutzte Polizist sah mich an und fragte: »Sprechen Sie Englisch?«, woraufhin ich mich gezwungen sah, »*Äh – non!*« zu antworten, und zwar mit einem katastrophalen französischen Akzent. Ich hatte nicht die Chuzpe, mich wie Catherine mit dem Polizisten quasi zu unterhalten, denn mein Französisch war wesentlich begrenzter als ihres. Außerdem konnte ich mir nicht vorstellen, dass es ihn sonderlich beeindrucken würde, wenn ich ihm die Beobachtung schilderte, dass »auf der Brücke von Avignon alle tanzen, alle tanzen«. Catherine griff ein, bevor ich mich verraten konnte, kratzte diesmal aber sogar ein paar Worte Englisch zusammen: »Mais Gary Lineker – ieste sähr güte!«

Der Polizist war schlagartig besänftigt und glaubte es, nachdem sein patriotischer Stolz zumindest teilweise wiederhergestellt war, verantworten zu können, uns mit der übertrieben deutlich ausgesprochenen Warnung »Lang-sa-mer fah-ren!« zu entlassen.

»*D'accord*«, sagte Catherine, und als sie beim Wegfahren auch noch »*Auf Wiedersehen*« rief, fiel ihm das nicht mal auf. Hundert Meter weiter bogen wir in eine Querstraße ein, weil wir so lachen mussten, dass sie Angst hatte, einen Unfall zu bauen.

Wir hatten uns kennen gelernt, als sie in einem Werbespot mitspielte, für den ich die Musik arrangiert hatte. Sie hatte gerade ihre Abschlussprüfung im Fach Schauspiel an der Manchester University gemacht und trat in ihrer ersten professionellen Rol-

le auf: als einer von fünf tanzenden Joghurtbechern, als Wald-
beerengeschmack, genauer gesagt. Sie war mit Abstand die
Beste. Es wurmt mich heute noch, dass der Orangen- und der
Passionsfruchtgeschmack später Hauptrollen in ›EastEnders‹
bekamen. Danach erhielt sie mehrere Statistenrollen in relativ
unbekannten Seifenopern und trat in einem Video für Gesund-
heitsvorsorge und Sicherheitsmaßnahmen auf, in dem sie die
Zuschauer darüber informierte, dass sie nicht in Glastüren laufen, sondern diese vorher öffnen sollten. Als sie mir erzählte, sie
habe die Rolle der Sarah McIsaac in einem großen TV-Drama
mit dem Titel ›Der ungewöhnliche Fall Sarah McIsaac‹ erhalten,
war ich begeistert. Sie zeigte mir das Drehbuch. Auf Seite eins
stand in etwa Folgendes: Eine Frau sitzt an ihrem Schreibtisch
in einem Büro in London; sie macht Überstunden. Ein Mann
kommt herein und sagt: »Sind Sie Sarah McIsaac?« Sie sagt:
»Ja.« Er greift zur Pistole und erschießt sie. Immerhin war es die
Titelrolle und damit eindeutig ein Schritt nach vorn.

Dann bekam sie eine ziemlich große Rolle in einem West-
End-Stück – am westlichen Ende von Essex nämlich –, und ich
fuhr jeden Abend hin, um sie auf der Bühne des grandiosen
Kenneth More Theatre in Ilford zu sehen. Zuerst war ihr das eine
enorme Hilfe, aber nach einiger Zeit lenkte es sie wohl doch etwas ab, dass ich jedes Mal in der ersten Reihe saß und ihren
Text lautlos mitsprach. Sie stand in dem Stück ziemlich oft allein auf der Bühne und war einfach hinreißend, auch wenn es
mir nicht passte, dass die anderen Männer im Publikum sie die
ganze Zeit anstarrten.

Ihre besten Auftritte hatte sie allerdings, wenn sie Leute aufzog. Sie konnte in Tränen ausbrechen, wenn der Busschaffner
sie ohne das passende Kleingeld nicht in den Bus ließ, und
schaffte es, ohnmächtig auf einen Stuhl zu sinken, wenn die
Sprechstundenhilfe sie davon abhalten wollte, den Arzt zu

sprechen. Als der Typ im Video-Verleih uns einmal nicht erlauben wollte, zwei Videos auf eine Karte auszuleihen, tat sie, als würde sie ihn plötzlich wieder erkennen.

»Mensch, du bist doch Darren Freeman, oder?«

»Äh, ja, warum?«, sagte er erstaunt.

»Wir kennen uns von der Schule, erinnerst du dich nicht an mich?«

»Äh, ja, dunkel.«

»Mann, du hast dich immer total für Filme und so interessiert. Echt witzig, dass du jetzt hier arbeitest. Wahnsinn, Darren Freeman! Erinnerst du dich an diesen blöden Erdkundelehrer, wie hieß er noch gleich?«

Zehn Minuten lang schwelgten sie in Erinnerungen. Catherine erfuhr, dass Darren Julie Hails geheiratet hatte, von der sie behauptete, sie habe sie immer sehr gemocht, und schließlich gab er uns zwei Videos auf eine Karte. Als er sie uns reichte, sah ich, dass er einen Anstecker trug, auf dem »Ich heiße Darren Freeman, kann ich Ihnen helfen?« stand.

Täuschungsmanöver jeder Art waren für uns etwas ganz Normales. Als Catherine mich fragte, ob ich sie heiraten wolle, warf ich ihr vorsichtshalber einen kurzen Seitenblick zu, weil mir nicht klar war, ob sie mich nicht vielleicht auf den Arm nahm. Ich sah mich schon als neunzigjährigen Mann beim Begräbnis meiner Frau, die sich plötzlich im Sarg aufrichtet und »Ha! Ha! Reingelegt!« ruft. Daher wäre einem Außenstehenden mein Doppelleben wahrscheinlich als schockierender Betrug erschienen, während es für mich zu dem Spaß gehörte, den wir miteinander hatten – als eine weitere Runde in unserem ständigen Spiel, auf einen Schelm anderthalbe zu setzen. Über ihre Bluffs musste ich immer lachen. Das Problem bei der Farce, die ich abzog, war, dass ich selbst nicht genau wusste, wie die Pointe lauten würde.

Mein Doppelleben hatte kurz nach Millies Geburt begonnen. Jahrelang war die Beziehung zwischen Catherine und mir perfekt und sehr glücklich gewesen, und nicht im Traum hätte ich gedacht, dass es für mich jemals einen Grund zum Weglaufen geben könnte. Doch dann verliebte sie sich in jemand anderen. Vielleicht hatte ich genau das befürchtet und deshalb so lange versucht, ihr Kinder fürs Erste auszureden.

Ich sagte nie, dass ich keine haben wolle, ich sagte nur, dass ich *noch* keine wolle. Selbstverständlich wollte ich *irgendwann mal* welche, so wie ich irgendwann mal sterben würde, aber auch das plante ich ja nicht Jahrzehnte im Voraus. Catherine dagegen sprach über unsere zukünftigen Kinder ständig so, als stünde deren Geburt unmittelbar bevor. Sie wollte keinen zweitürigen Wagen, weil es dann so anstrengend wäre, den Babysitz hinten reinzustellen und rauszuholen. Was für ein Scheißbabysitz?, hätte ich am liebsten gefragt. Sie machte mich auf Babykleidung in den Auslagen aufmerksam und nannte unser überzähliges Zimmer konsequent »das Kinderzimmer«. »Du meinst mein Aufnahmestudio«, widersprach ich jedes Mal. Manche ihrer Andeutungen fielen weit weniger zart aus. »Ein Sommerbaby wäre schön, findest du nicht?«, fragte sie exakt neun Monate vor Sommeranfang. Sonntags lud sie Freunde mit Babys ein, und ich musste Interesse heucheln, während sich Mutter und Vater ungeniert über die Verdauung ihres Kindes ausließen.

Es ist mir schleierhaft, warum viele Eltern diesen Gegenstand für ein akzeptables Gesprächsthema halten. Schließlich kommt man darauf ja auch nicht zu sprechen, wenn Erwachsene einander höflich nach ihrer Gesundheit erkundigen.

»Hallo, Michael, wie geht's?«

»Danke, gut. Heute Morgen habe ich ein großes Kaka gemacht und gleich danach ein kleineres, nicht ganz so festes, was ziemlich ungewöhnlich ist, weil ich normalerweise nur einmal am Tag Kaka mache.«

Die Körperfunktionen von Babys werden deshalb immer lang und breit diskutiert, weil sie alles sind, was Babys zu bieten haben. Sie essen, kotzen, scheißen, schlafen, schreien, und dann beginnt das Ganze von vorn. Und obwohl es über die Aktivitäten eines Neugeborenen nichts weiter zu sagen gibt, sprechen seine Eltern von nichts anderem. Wenn unsere Besucher vom Planeten Baby wie durch ein Wunder doch einmal von dem faszinierenden Thema des kindlichen Verdauungssystems abkamen, verschob sich das Gespräch nur unwesentlich zu dem gleichermaßen unerquicklichen Thema der mütterlichen Körperfunktionen. Wenigstens dann hatten einige Väter den Anstand, verlegen und peinlich berührt dreinzublicken, während Catherine und die frisch gebackene Mama sich ausführlich über Milchpumpen und Dammschnitte unterhielten. Diese Väter waren noch nicht ganz verloren. Unerträglich waren mir dagegen die Daddys, die durch die traumatischen Ereignisse in gnadenlose Dummschwätzer verwandelt worden waren. Diese armen Irren markierten den Baby-Unterhalter, rollten sich wie die Wahnsinnigen über unseren Teppichboden, prusteten ihre Kinder an und brüllten in dem vergeblichen Versuch, in ihrem Nachwuchs wenigstens den Anflug einer Reaktion zu erzeugen, Baby-Laute durchs Zimmer. »Uuuuuhhhh-bla-bla-bla-bla-bla bumm-bumm«, kreischten sie. »Ach, das liebt sie!«, sagte dann die Mutter beifällig lächelnd, und dass das Baby es liebte, sah man ihm an, weil es – wahrscheinlich nur dieses eine Mal – blinzelte.

Und regelmäßig bestrafte mich die Mutter nach einer Weile für meine nicht zu übersehende Gleichgültigkeit, indem sie fragte: »Möchtest du das Baby mal halten, Michael?«

»Klar, gern«, antwortete ich pflichtgemäß und nahm das Kind

mit der entspannten Körperhaltung des Ministers für Nordirland in Empfang, dem bei einem Rundgang durch West Belfast ein mysteriöses Paket überreicht wird. Und die ganze Zeit saßen Mutter und Vater links und rechts neben mir und stützten mit der Hand das Köpfchen, den Rücken und die Beine des Kindes, um mir zu zeigen, wie viel Vertrauen sie in meine Fähigkeit hatten, einen acht Pfund schweren Säugling zwölf Sekunden lang zu halten, ohne ihn fallen zu lassen.

Diese frisch gebackenen Eltern erinnerten mich an wieder geborene Christen. Mit unglaublicher Selbstgefälligkeit und Arroganz brachten sie zum Ausdruck, dass mein Leben schlicht unvollkommen war, weil ich die Frohe Botschaft von den Babys noch nicht vernommen hatte. Ein ganzheitlicher Mensch würde ich erst sein, wenn ich dem Kreis der wonnig-sonnigen Eltern angehörte, die allwöchentlich ins Gemeindehaus strömten und »Drei Männchen in einer fliegenden Untertasse« sangen. Früher oder später, davon waren sie überzeugt, würde auch ich bekehrt sein. Eines Tages würde ich Kinder in mein Leben einbeziehen, und meine Seele wäre gerettet. So lautete Catherines Plan, daher die Baby-Charme-Offensive. In Anbetracht der Tatsache, dass sie mir die Vorstellung, ein Baby zu haben, schmackhaft machen wollte, war es die denkbar schlechteste Taktik, mir möglichst viele Babys vor die Nase zu setzen. Doch irgendwann hatte sie mich mürbe gemacht. Was blieb mir übrig – an mir lag es, der geliebten Frau zu geben, was sie am glücklichsten machen würde, und ewig konnte ich es ihr nicht vorenthalten.

So ließ ich mich schließlich an einem unserer Heute-sind-wir-richtig-verliebt-Tage auf das Kindermachen ein. Damit meine ich die Phasen totaler Intimität und grenzenloser gegenseitiger Liebe, in denen man mit allem, was die Partnerin sagt, übereinstimmen möchte. Ihr in dieser Phase zu widersprechen, etwa durch die Erwiderung: »Nein, eigentlich finde ich *Hotel Califor-*

nia grauenhaft«, würde die Atmosphäre komplett zerstören, weshalb man dann eben nickt und lächelnd sagt: »Mhm, ja, den Song finde ich auch ganz toll.« In einem solchen Augenblick willigte ich ein, Vater zu werden. Ich nahm es auf mich, ein Leben lang Vater zu sein, nur um einen schönen Nachmittag nicht zu verderben.

Die Männer, die beklagten, dass es bei ihnen und ihren Partnerinnen Jahre bis zur Empfängnis gedauert habe, konnte ich nie verstehen. Monat für Monat gieriger Sex! Catherine wurde schon im ersten Monat nach Beginn unserer Versuchsreihe schwanger. »Gut gemacht!«, sagte sie und umarmte mich, und ich sollte auch noch stolz darauf sein, dass wir es so schnell geschafft hatten. Im Stillen aber dachte ich: Verdammt! War's das schon? Können wir's nicht trotzdem weiterhin jede Nacht machen, um auf Nummer Sicher zu gehen? Sie pinkelte auf ein Stäbchen, und wir sahen gemeinsam zu, wie es sich verfärbte. In der Bedienungsanleitung hieß es, wenn das Stäbchen *hell*rosa werde, sei sie nicht schwanger, werde es jedoch *dunkel*rosa, sei sie schwanger. Es wurde rosa. Irgendwas zwischen hell- und dunkelrosa, ein rosarotes Rosa mit einer Nuance Rosa sozusagen. Sie ging zum Arzt, weil man nur dort wirklich erfährt, ob man schwanger ist, und weil es für eine werdende Mutter nichts Besseres gibt, als neunzig Minuten in einem heißen, stickigen Wartezimmer herumzusitzen und die für möglichst viele ansteckende Krankheiten verantwortlichen Bazillen einzuatmen.

Vor der Geburt des Babys interessierte ich mich für das Ganze mehr als Catherine. Ich las jede Broschüre über Schwangerschaft, die ich in die Finger bekam, erkundigte mich nach den besten Kindersitzen, überwachte Catherines Gewichtszunahme und trug die Werte in ein an der Küchenwand befestigtes Diagramm ein. Dass sie es, als wir einmal abends Gäste erwarteten, abhängte, kränkte mich tief; es sollte doch gerade zeigen, wie sehr ich ihr half und Anteil nahm. Diese Geburt war mein neues Projekt, meine neueste Initiative, eine Prüfung, die ich bestehen würde, wenn ich den Stoff nur oft genug wiederholte. Ich lernte das Drehbuch aller werdenden Eltern auswendig.

»Was wünschst du dir, einen Jungen oder ein Mädchen?«

»Ist mir völlig egal, Hauptsache, es ist gesund.«

Korrekte Antwort.

»Wie soll das Kind auf die Welt kommen?«

»So natürlich wie möglich, aber ein medizinisches Eingreifen schließen wir natürlich nicht aus, falls es notwendig werden sollte.«

Korrekte Antwort.

Vielleicht glaubte ich alles im Griff zu haben, wenn ich den Stoff beherrschte, doch im Verlauf der Schwangerschaft tauchten plötzlich Warnzeichen auf. Dass nicht die Männer, sondern die Frauen die Kinder kriegen, lässt sich nun mal nicht leugnen. »Das ist nicht unsere Show, Freunde«, sagte einer der werdenden Väter im Geburtsvorbereitungskurs. Und so pflichtbewusst ich auch zu jedem dieser Treffen mitging, meiner Frau unter die Arme griff, ständig nickte und mir, wie die anderen stillen, verlegenen Männer auch, alles anhörte, so hartnäckig hielt sich in mir der Gedanke: Was genau soll ich eigentlich tun, wenn es so weit ist? Wenn die Mutter richtig atmet und herumgeht und sich konzentriert und Wehen hat und die Wehenabstände misst, damit sie nicht zu früh ins Krankenhaus fährt – was bleibt dem Mann dann noch zu tun?

Die Antwort auf diese Frage lautet offenbar: Sandwiches machen. Das war die einzige von mir notierte Anweisung, die sich eindeutig auf mich bezog – ja, während der gesamten neun Monate haben die Männer im Grunde nur zwei Aufgaben, von denen Sandwiches zu machen die eine ist. Ein Spermium am Anfang der Schwangerschaft, zwei Käse-Gurken-Sandwiches am Ende. Doch mein Tatendrang war nicht zu bremsen – wenn das alles war, was ich tun konnte, dann wollte ich es ordentlich machen. Als die Kursleiterin sofort wieder zum Thema Eröffnungswehen zurückkehrte, ohne uns genau erklärt zu haben, wie unsere Aufgabe optimal zu erfüllen sei, hob ich die Hand.

»Ich möchte nur kurz noch mal auf die Sandwiches zu sprechen kommen. Gibt es einen bestimmten Belag, der für eine Frau in den Wehen am besten ist?«

»Na ja, nichts schwer Verdauliches natürlich, aber davon abgesehen einfach das, was Ihre Partnerin auch sonst gern isst.«

»Ich dachte nur, dass sich die Hormone vielleicht auf die Geschmacksknospen auswirken oder so. Könnte ja sein, dass gebärende Frauen eine heftige Abneigung gegen bestimmte Lebensmittel entwickeln.«

»Am besten nimmt man wohl verschiedene Beläge, da kann man nichts falsch machen. Also, sobald der Gebärmutterhals zehn Zentimeter weit ist ...«

»Helles oder dunkles Brot?«

»Bitte?«

»Soll man für die Sandwiches helles oder dunkles Brot nehmen? Es soll alles perfekt sein für das Baby, deshalb will ich wissen, welches Brot sich am besten eignet. Dunkles Brot ist normalerweise gesünder, ganz klar, aber ist es auch leichter verdaulich? Bei einer natürlichen Geburt sollte man aber wahrscheinlich doch eher dunkles nehmen ...«

Ein anderer Mann nahm den Faden auf und schlug vor, sowohl dunkles als auch helles Brot mit verschiedenen Sachen zu belegen, was mir sehr vernünftig erschien. Eine Frau mit großer Brille meinte jedoch, es tue ihr zwar Leid, dass die Männer es nicht gewohnt seien, an Gesprächsrunden teilzunehmen, die sie nicht dominieren könnten, wir sollten jetzt aber trotzdem end-

43

lich aufhören, über diese beschissenen Sandwiches zu diskutieren, ihr gehe das nämlich tierisch auf den Sack. Diese Ausdrucksweise trieb selbst der Kursleiterin die Schamröte ins Gesicht, obwohl sie zuvor eine Stunde lang über nichts anderes als über Geschlechtsverkehr, Vaginas und Brüste gesprochen hatte.

Da während Catherines Schwangerschaft einige kleinere gynäkologische Probleme aufgetreten waren, hatte man sie an einen Spezialisten im St.-Thomas-Hospital überwiesen. Sie war anfangs ziemlich unglücklich darüber – es bedeutete, dass sie als Nordlondonerin sich südlich der Themse einzufinden hatte, doch später gab es nie Probleme damit, abgesehen davon, dass ich meine Frau, als die Wehen eingesetzt hatten, in der Hauptverkehrszeit auf dem Rücksitz durch halb London kutschieren musste. Im Kreißsaal machte Catherine alles genauso, wie man es ihr gesagt hatte, atmete und presste und wartete und presste noch einmal und brachte ein wunderschönes kleines Mädchen zur Welt. Auch ich tat alles, was man von mir erwartete, wenn auch kein einziges Sandwich je aus der Tasche geholt wurde. Selbstverständlich tupfte ich ihr den Schweiß von der Stirn und sagte: »Du machst das ganz prima!« – »Super!« und Ähnliches, aber da ich normalerweise nicht so zu sprechen pflege, kann es unmöglich überzeugend geklungen haben. Andererseits war an dem Tag sowieso nichts normal. Diesen Alien aus Catherine rausflutschen zu sehen war so ziemlich das surrealste Erlebnis meines ganzen Lebens. Als Catherine die Kleine im Arm hielt, wirkte sie von der ersten Sekunde an ganz vertraut und sicher mit ihr. Ihre Glücksdrüse hatte solche Mengen an Glückshormonen ausgeschüttet, dass Catherine in Tränen ausbrach. Es berührte mich tief, aber insgeheim hatte ich Gewissensbisse, weil ich deutlich weniger tief berührt war als sie. Ich brachte ein mattes Lächeln zu Stande, war aber nicht sicher, ob ich sie nun trösten oder so tun sollte, als ob ich selbst weinte. Wahrscheinlich hatte ich schlicht und einfach einen gewaltigen Schock.

Technisch gesehen war ich in diesem Moment Vater geworden, doch es dauerte mehrere Stunden, bevor mir das richtig bewusst wurde. Catherine schlief, und ich fläzte auf dem Kunstlederstuhl neben ihrem Bett. Plötzlich ertönte aus dem Babybettchen ein zartes Husten, und da ich Catherine nicht wecken wollte, hob ich das Kind hochgradig nervös selbst hoch. Meine Tochter erschien mir so zerbrechlich und winzig, ich trug sie zum Stuhl wie eine unbezahlbare antike Vase.

»Hallo, kleines Mädchen, ich bin dein Dad«, sagte ich. Und dann hielt ich sie ungefähr eine Stunde lang im Arm und betrachtete dieses perfekte kleine Modell eines Menschen, und mein Verantwortungsgefühl nahm ungeahnte Dimensionen an. Dieses Baby war völlig abhängig von Catherine und mir. Ohne irgendwelche Prüfungen oder Bewerbungsgespräche waren wir plötzlich für ein Kind verantwortlich. Es war bewegend, aufregend, ja Ehrfurcht gebietend, vor allem aber beängstigend. Während ich so dasaß und sie betrachtete, dachte ich an die stolzen Eltern, die uns mit ihren Babys besucht hatten, und sagte mir grinsend, wie dumm sie gewesen waren. Sie hatten allen Ernstes geglaubt, ihre Kinder seien die schönsten Babys überhaupt, dabei musste doch jedem klar sein, dass dieses kleine Mädchen in meinem Arm bei weitem das schönste Wesen war, das die Welt bisher gesehen hatte. Ich war überzeugt, dass jeder Mensch diese Tatsache sofort anerkennen würde, sobald sein Blick auf meine Tochter fiel. Sie war so unschuldig, so unverdorben, so neu. Ich wollte sie vor der Welt schützen und ihr gleichzeitig alle Schönheiten der Erde zeigen. Als sie unruhig wurde, trat ich mit ihr ans Fenster und blickte, während die Sonne über London aufging, von hoch oben im St.-Thomas-Hospital über die Stadt.

»Das da unten ist die Themse, kleines Mädchen«, erklärte ich ihr. »Und das da drüben ist das Parlament. Die Uhr heißt Big Ben, und das große rote Ding, das gerade über die Brücke fährt, heißt Bus. Sag ›Bus‹!«

»Bus«, quiekte jemand zu meiner Verblüffung. Entweder hatte ich ein Genie gezeugt, oder Catherine war aufgewacht und beobachtete mich. Das Baby war immer unruhiger geworden. Catherine nahm es mir ab, legte es an und stillte es, als machten die beiden das schon seit Jahren.

Bereits Wochen vor der Entbindung hatten Catherine und ich uns auf Millie als Namen für ein Mädchen geeinigt, doch jetzt, als es wirklich ein Mädchen geworden war, empfand ich plötzlich den Wunsch, sie nach meiner verstorbenen Mutter zu nennen. Ich sagte es Catherine; sie hielt es für eine sehr schöne Idee.

»Nach allem, was du mir von ihr erzählt hast, war deine Mutter ein wunderbarer Mensch, und es ist schade, dass du und ich uns nicht schon kennen gelernt haben, als sie noch lebte. Es wäre wunderschön, dieses Kind nach seiner Großmutter zu nennen, die es nie kennen lernen wird – sehr anrührend, sehr poetisch. Das Problem, liebster Mann, ist nur, dass deine Mutter Prunella hieß.«

»Ich weiß.«

»Findest du nicht, dass es für ein Kind schon hart genug ist, überhaupt auf diese Welt zu kommen – muss man ihm da auch noch den Namen Prunella zumuten?«

Wir beschlossen, darüber zu schlafen, und nahmen zwei Tage später Millie mit nach Hause.

Daheim angekommen, legten wir das Baby in der Mitte des Wohnzimmers auf den Boden. Ich dachte: Und was machen wir jetzt? In diesem Augenblick wurde mir klar, dass ich den Stoff nur bis zu diesem Punkt und nicht weiter gelernt hatte. Wir waren so sehr auf den Tag der Geburt konzentriert gewesen, dass ich an das, was danach passieren würde, nur flüchtig gedacht hatte. Nichts und niemand hatte mich auf die Veränderung vorbereitet, die dieses Kind für mein Leben bedeutete. Nicht einmal sämtliche mir bekannten Eltern, die versichert hatten, das Baby werde mein Leben komplett umkrempeln, hatten mich darauf vorbereitet, dass das Baby mein Leben komplett umkrempelte. Es war, als wäre der schwierigste und anspruchsvollste Verwandte, den man hatte, eingezogen, um *für immer* zu bleiben. Ich hätte es, ehrlich gesagt, leichter ertragen, wenn meine neunzigjährige Großtante sich morgens um drei zu uns ins Bett gelegt hätte; sie hätte wenigstens ein, zwei Stunden weitergeschlafen.

In jener Nacht im Krankenhaus, als ich mich zum ersten Mal als Vater fühlte, lag ich bereits mehrere Stunden hinter Catherine zurück, und diese Differenz zwischen uns wurde nun immer größer. Fast vom ersten Augenblick an kam ich mir überflüssig vor. Wenn Catherine etwas dringend gewünscht hatte, war normalerweise ich derjenige gewesen, der das Ding aus dem Karton hob und die Lautsprecher anschloss. Als wir aber das Baby nach Hause gebracht hatten, war ich plötzlich der zu nichts zu gebrauchende Mann, der von allem keinen Schimmer hatte. Ich konnte keine Logik, kein System erkennen, nichts, woran ich mich hätte halten können. Manchmal schlief Millie durch, manchmal schrie sie durch. Manchmal trank sie, manchmal verweigerte sie alles. Bei ihr gab es keine Regeln, keine Routine, keinen Rhythmus, keinerlei Vorhersehbarkeit – zum ersten Mal im Leben stand ich einem Problem gegenüber, für das es offenbar keine Lösung gab. Die Welt war aus den Fugen geraten. Ich hatte keine Ahnung, warum das Baby schrie und wie ich darauf reagieren sollte, während Catherine es genau zu wissen schien. Sie hörte es Millie an, ob es ihr zu warm war, ob

47

sie fror, Hunger oder Durst hatte, quengelig, müde, traurig oder was immer war. Dass ihre Mutter die richtigen Maßnahmen ergriff, hieß zwar nicht, dass unsere Tochter weniger schrie, aber die Gewissheit, mit der sie mir jedes Mal den Grund für das Unwohlsein des Kindes nannte, wagte ich nie in Zweifel zu ziehen. Millie hätte mich erfreuen und erfüllen sollen, doch das stärkste Gefühl, das sie in mir hervorrief, war eine kaum erträgliche Angst. Es war Angst auf den ersten Blick. Ich war in meine Tochter nicht verliebt, ich war in sie verängstigt.

Catherine dagegen war verliebt wie zum ersten Mal. Es war eine überwältigende, glühende, obsessive Liebe. Jeder ihrer Gedanken galt Millie.

»Pass auf das rote Auto auf!«, rief ich erschrocken, als sie sich einmal umgedreht hatte und ihr auf der Rückbank angeschnalltes Baby betrachtete.

»Millie hat ein Häubchen, das ist genauso rot«, erwiderte sie verträumt.

»Au! Ich habe mich mit dem Brotmesser geschnitten.«

»Du, zeig das mal Millie, sie hat noch nie Blut gesehen!«

»Hast du in der Zeitung gelesen, dass die USA Europa zwingen wollen, amerikanischen Multis Bananen abzukaufen?«

»Millie liebt Bananen.«

Sie nannte Millies Namen in der Ansage unseres Anrufbeantworters. »Hallo. Wenn Sie Catherine, Michael oder Millie eine Nachricht hinterlassen möchten, sprechen Sie bitte nach dem Pfeifton.« Da Millie noch ein Baby war und weder telefonieren noch Englisch konnte, überraschte es kaum, dass sie nicht besonders viele Nachrichten erhielt.

Bei wirklich jeder Gelegenheit kam Catherine auf das Baby zu sprechen. Als ich eine neue Stereoanlage kaufen wollte, sagte sie in dem Laden: »Ich finde, du solltest diese Lautsprecher da nehmen, die haben sehr gute Bässe, und man sagt, das hilft Babys zu entspannen.« Klar – das wichtigste Kriterium beim Kauf einer neuen Stereoanlage ist, welches Gerät dem Baby zur größten Entspannung verhilft. Ich hatte mich zwar bereits für andere Boxen entschieden, doch den Bedürfnissen des Babys gegenüber durfte ich mich nicht gleichgültig zeigen, Gott bewahre! »Die sind besser«, sagte ich, »die haben abgerundete Ecken, da tut sie sich nicht weh, wenn sie dagegenstößt.« Catherine zeigte sich hocherfreut über meine Wahl.

Ich hatte den Eindruck, von einem Tag auf den anderen nicht mehr das zu machen, was ich eigentlich machen wollte. Diese Erkenntnis kam mir während unseres ersten Familienurlaubs, der überhaupt kein Urlaub war. Mit der krabbelnden Millie in einem gemieteten Cottage mit einer besonders steilen, ungesicherten Treppe, lockeren Steckdosen und einem echten, Funken sprühenden Kaminfeuer zu wohnen war weit weniger entspannend als daheim zu sitzen und zuzusehen, wie sie halbzerkaute Zwiebackstückchen in den Videorecorder stopfte. Während meines ersten Urlaubs als Vater merkte ich, dass ich wieder zum Teenager geworden war, der sich muffig vom Spielplatz zum Kinderbauernhof schleppen ließ und alles völlig idiotisch und sinnlos und einfach zum Heulen fand. »Schau mal, Millie, schau, das Lama da frisst Heu!« Jawohl, sie warf einen Blick auf das Lama, es hatte sich also gelohnt. Warum waren wir nicht einfach daheim in London geblieben? Ich wäre liebend gern ab und zu mit ihr ein paar Schritte vor die Tür gegangen und hätte gesagt: »Schau mal, Millie, der Hund da scheißt auf den Gehsteig!« Sie wäre kein bisschen weniger beeindruckt gewesen. Aber nein, wir mussten den weiten Weg nach Devon fahren und in einem eiskalten Cottage wohnen, damit das arme, desorientierte Kleinkind alle zwei Stunden aufwachen konnte und dann wieder in den Kindersitz geschnallt wurde, weil sich zwanzig Kilometer entfernt ein Bauernhof für Kinder befand, wo es Lamas, nicht genug Kinderstühlchen und eine Schaukel gab, die nicht wesentlich anders aussah als die daheim am Ende unserer Straße. In Wirklichkeit hatten wir das Ganze nicht für sie, sondern für uns veranstaltet. Wir machten viel zu viel, weil wir uns beweisen wollten, dass wir genug machten.

Und dann natürlich die Nächte. Einst hatten Catherine und ich uns aneinander gekuschelt und waren eng umschlungen eingeschlafen. Dann kam Millie zu uns ins Bett und im wahrsten Sinn des Wortes zwischen uns. Am Fußende unseres Betts stand ein Kinderbett, in dem sie eigentlich hätte schlafen sollen, doch nachdem Catherine sich nicht mehr bei jedem Stöhn- und Gurgelgeräusch oder auch bei lang anhaltender Stille zwanghaft im Bett aufsetzte, behauptete sie besser zu schlafen, wenn sie Millie neben sich habe. Das Baby schlief ein, wachte auf, schlief wieder ein, während es an Catherines Brüsten trank – die ich nun nicht mehr anfassen durfte –, und ich lag wach und dachte wütend: Verdammt – weiß dieses Kind nicht, für wen diese Brüste bestimmt sind?

Ich schlief schlecht, weil das Baby ständig schniefte und mit den Füßchen trat, während ich gefährlich nah an der Matratzenkante die Balance zu halten versuchte. Ein Paar Mal fiel ich tatsächlich aus dem Bett und landete mit dem Gesicht auf dem Parkettboden. Dort weiterzuschlafen war, wie ich herausfand, ebenfalls alles andere als angenehm.

»Schschsch, du weckst Millie auf«, flüsterte Catherine, als ich nachsehen wollte, ob ich Nasenbluten hatte. Nach mehreren schlaflosen Nächten schlug Catherine vor, ich solle nach unten auf das Sofa umziehen. Von nun an schlief sie nicht mehr mit ihrem Mann, sondern mit ihrer neuen Liebe, dem Baby. Die Gefühle aller Menschen mit Ausnahme des Babys interessierten sie nicht mehr. Sie war vernarrt, verzaubert, verzückt. Es war wie damals, als sie sich in mich verliebt hatte. Nur dass diesmal nicht ich der Glückliche war.

Millie hatte mich verdrängt. Sie hatte meinen Platz im Bett, im sozialen Leben und in meinem Zusammensein mit Catherine eingenommen; sogar meinen Geburtstag hatte sie mir geklaut. »Das ist aber ein schönes Geschenk!«, sagte jeder zu mir, denn sie war an meinem dreißigsten Geburtstag zur Welt gekommen. Es sollte mein letzter gewesen sein. Im Jahr darauf bekam Millie an unserem »gemeinsamen« Geburtstag einen Förmchensortierer, einen Ball, der unkontrolliert herumsprang, einen kleinen Handwagen mit bunten Bauklötzen, ein Badetier aus Plastik, einen Babytrainer, ein Quietschbuch und ungefähr dreißig Plüschtiere. Ich bekam ein Fotoalbum, in das ich Fotos von Millie kleben sollte. Alles Gute zum Geburtstag, Michael! »Tut mir Leid, es ist nicht viel, aber ich hatte keine Zeit, dir etwas zu kaufen«, erklärte Catherine, während die Mülltüte, in die sie die Verpackung der Spielsachen stopfte, bereits überquoll.

Ich wäre an diesem Abend gern ausgegangen, doch Catherine meinte, ihr sei nicht wohl bei dem Gedanken, Millie an deren erstem Geburtstag allein zu lassen. Ich versuchte ihr deutlich zu machen, dass Millie nicht nur tief und fest schlafen würde, sondern obendrein nicht die leiseste Ahnung von ihrem Geburtstag hatte und, falls sie tatsächlich aufwachte, sich problemlos von Catherines Mutter beruhigen lassen würde. Doch Catherine behauptete, sie würde es einfach nicht genießen können. Wir blieben daheim und sahen uns eine Sendung über Gartenarbeit an.

Seinen Abschluss fand dieser denkwürdige Abend, als Catherine mich bat, kurz zum Supermarkt zu fahren und Windeln zu kaufen. Da es mein Geburtstag war, gönnte ich mir zwei Dosen Bier und eine Packung Chips mit Käsegeschmack. Bei meiner Rückkehr war das Haus völlig dunkel. Mir war sofort klar, was

Catherine getan hatte. Mein Eheweib, Gott segne es, hatte heimlich eine Überraschungsparty für mich organisiert! Der Windelkauf war nur ein Vorwand gewesen, um mich aus dem Haus zu locken. Ich überprüfte meine Frisur im Autospiegel, öffnete die Haustür, ging auf Zehenspitzen ins Wohnzimmer und legte die Hand an den Lichtschalter. Ich war darauf eingestellt, gleich sehr überrascht und erfreut dreinzuschauen, während man mir »Alles Gute zum Geburtstag, Michael!« zurufen würde. Ich atmete durch und knipste das Licht an. Ich glaube, ich schaute wirklich sehr überrascht drein. Der Raum war völlig leer. Ebenso die Küche. Ich ging hinauf. Catherine lag tief schlafend im Bett. Ich ging wieder hinunter, ließ mich aufs Sofa fallen, trank eine Dose Bier und zappte, was das Zeug hielt. In der Chipsackung lag eine *StarWars*-Sammelkarte, wenigstens ein Trost. »Die Freiheit nehm ich mir«, dröhnte es während einer Werbepause aus dem Fernseher, und so trank ich auch noch das zweite Bier, bevor ich ins Bett ging.

Ich hatte geglaubt, meine Jugend, meine Freiheit würden ewig dauern. Mit achtzehn war ich von zu Hause ausgezogen, hatte mich in eine Wohngemeinschaft einquartiert und gemeint, endlich frei zu sein, endlich tun zu können, was ich wollte – für immer. Kein Mensch hatte mir gesagt, dass diese Emanzipation zeitlich begrenzt sein würde, dass ich nur während einer kurzen Lebensphase völlige Freiheit genießen könnte. Als Kind hatte ich tun müssen, was meine Eltern mir befahlen, jetzt, als Erwachsener, musste ich tun, was meine Kinder mir befahlen. Ich saß wieder im Knast, mein Zuhause hatte sich in ein Gefängnis verwandelt: Ich konnte nicht mehr nach Lust und Laune kommen und gehen, die Fenster im ersten Stock waren vergittert, an den Treppen befanden sich oben und unten Absperrgitter, überall Überwachungsgeräte, Schlösser und Alarmvorrichtungen. Bald würde ich sogar ein stinkendes Töpfchen auszuleeren haben. Dieses kleine Kind – der Neuzugang – war eine Kombination aus Aufseher und Gefängnistyrann. Es erlaubte mir nicht, länger als bis sechs Uhr morgens zu schlafen; ab dann war ich sein Mädchen für alles, sein Lakai, der tat und machte, wie es dem Kind gefiel. Millie demütigte mich, indem sie einen Löffel auf den Boden warf und mir befahl, ihn aufzuheben, und wenn ich gehorchte, machte sie es gleich noch mal.

Jeder Gefangene träumt von der Flucht. Meine erfolgte zunächst unbewusst. Ich lag in der Badewanne, tauchte die Ohren ins Wasser und verwandelte den aus Kindergeschrei und wütendem Gebrüll bestehenden Lärm in ein gedämpftes, weit entferntes Stimmengewirr. Als Millie einmal in ihrem Buggy eingeschlafen war, bot ich an, sie durch Hampstead Heath zu schieben, damit Catherine sich hinlegen und im leeren Haus ein bisschen entspannen könnte. Während ich den Buggy die einzigen steilen Anhöhen Londons rauf und runter schob, wurde mir klar, dass ich das augenscheinlich großzügige Angebot nur aus einem einzigen Grund gemacht hatte: um ein bisschen Zeit für mich zu haben. Denn mittlerweile musste ich auch schon vor Catherine fliehen, die mir ständig das Gefühl gab, alles falsch zu machen. Ich ging zum »Bull and Last«, setzte mich in den Pubgarten, trank zwei Bier und war so entspannt und gelassen wie lange nicht mehr. Millie schlief die ganze Zeit, die wir draußen verbrachten, und innerhalb kürzester Zeit hatten die schaumigen Bierwogen alle Sorgen und Spannungen hinweggeschwemmt. Als ich nach Hause kam, war ich heiter-beschwingt und im Frieden mit der Welt, bis Catherines wütendes Gesicht im Fenster mich mit einem ernüchternden Plumps auf den Boden der Realität zurückbrachte. O Gott, was habe ich jetzt schon wieder falsch gemacht?, dachte ich. Ich beschloss, ihren nicht zu übersehenden Missmut einfach zu ignorieren, doch schon während ich noch, Hände in den Hosentaschen, fröhlich auf unser Haus zuging, kam sie an die Tür und wartete dort auf mich.

»Wo ist Millie?«

»Millie?«

»Ja, deine Tochter, mit der du einen Spaziergang machen wolltest ...«

Seit diesem Tag weiß ich, dass man die Strecke von unserem Haus zum »Bull and Last« in vier Minuten und siebenundvierzig Sekunden schaffen kann.

Bei dieser Geschichte muss ich wohl eine gewisse Mitschuld eingestehen. Die Hauptschuld, genauer gesagt. Doch Catherine hatte an allem, was ich mit den Kindern machte, etwas auszusetzen. Ich trocknete sie mit dem falschen Handtuch ab, ich bereitete die Babymilch mit dem falschen Wasser zu und klatschte die falsche Menge Creme auf ihre Hintern. Nach und nach bekam ich den Eindruck, dass es für Catherine einfacher war und schneller ging, wenn sie alles selbst erledigte. Beim Anziehen, Füttern und Baden war ich immer brav zur Stelle in der Hoffnung, irgendwie helfen zu können, stand aber eigentlich nur im Weg herum. Ich war ständig bereit, mit Hand anzulegen, in Wirklichkeit aber hingen meine Hände schlaff herab und wussten nicht, wie sie sich beschäftigen sollten. Im Babyland war Catherine die Queen und ich Prince Philipp, der unbeholfen im Hintergrund herumstand und dumme Bemerkungen von sich gab.

Geht es allen Vätern so? Ist das der Grund, weshalb sich die Männer auf diesem Gebiet seit Jahrtausenden rar machen – damit ihnen die demütigende Erfahrung erspart bleibt, nur Zweitbester zu sein? Schon nach kurzer Zeit war meine Abwesenheit der Normalfall. Immer öfter wurde ich durch Besprechungen aufgehalten; ich bemühte mich nicht mehr, pünktlich nach Hause zu kommen, nur um dort getadelt zu werden, weil ich

Plastiklöffel in die Geschirrspülmaschine gesteckt hatte. Wenn ich auswärts zu tun hatte, erwischte ich grundsätzlich immer nur den letzten Zug zurück nach London und kam erst heim, wenn Catherine schon fest schlief.

Eines Nachts kam ich spät nach Hause, schlich mich in das Zimmer, das ich weiterhin hartnäckig als mein Aufnahmestudio bezeichnete, und konnte es kaum fassen: Catherine hatte eine ganze Wand mit einer »Wind in the Willows«-Tapete tapeziert. Wo einst ein Clash-Poster gehangen hatte, auf dem Joe Summer eine Gitarre zertrümmerte, waren jetzt niedliche Kinderbildchen mit der Ratte und dem Maulwurf in Tweedanzügen und Knickerbockers zu sehen. Das war meine väterliche Kristallnacht, der Augenblick, in dem ich erkannte, dass ich aus dem Haus gejagt werden sollte.

Wir hatten vereinbart, dass ich mir, sobald das Baby ins »Kinderzimmer« umzöge, irgendwo ein Arbeitszimmer mieten solle, doch dieser Umzug war eines von vielen in weiter Ferne liegenden Problemen, mit denen ich mich nur äußerst ungern auseinander setzte. Dass ich mich einverstanden erklärt hatte, meine Sachen anderswohin zu bringen, hieß noch lange nicht, dass ich wirklich vorhatte, mich darum zu kümmern. Ich wies Catherine darauf hin, dass es lange dauern und nicht einfach sein würde, etwas Passendes zu finden.

»Im Haus von Heathers Bruder in Balham ist ein Zimmer frei, das könntest du kurzfristig mieten.« Catherine war bereits wesentlich weiter als ich. Am nächsten Wochenende packten wir die Sachen zusammen, die ich in meinem neuen Aufnahmestudio brauchen würde, und noch einiges dazu. Gegen Mittag war die Diele mit einem hohen Stapel Kartons voll gestellt, in denen sich meine gesamte Jugend befand: CDs, Tonbänder, Musikzeitschriften, meine Baseballmütze mit dem Autogramm von Elvis

Costello und die vielen albernen Henkelbecher, die ich mit ironischem Augenzwinkern gekauft hatte, bevor wir zusammengezogen waren. Zum vorletzten Geburtstag hatte ich Catherine ein CD-Gestell aus Chrom in Form einer E-Gitarre geschenkt; es landete ebenfalls auf dem vor der Tür entstandenen Haufen. Mir schwante, dass es bestimmte Aspekte meiner Person gab, die Catherine gar nicht schnell genug aus dem Haus haben konnte.

»Der Beatles-Spiegel muss unbedingt in dein Studio, da macht er sich bestimmt ganz toll. In unser Schlafzimmer passt er nämlich nicht besonders gut«, sagte sie und nahm das Ding ein bisschen übertrieben genüsslich von der Wand.

Und so begann ich zwischen unserem Haus und einem kleinen Zimmer im Süden Londons zu pendeln. Die Fahrt dorthin mit der Northern Line dauerte nur eine halbe Stunde, aber ich kam mir vor wie auf einem anderen Planeten. Wenn Catherine mich sprechen wollte, rief sie auf dem Handy an, außer wenn ich wirklich konzentriert arbeitete. Dann schaltete ich das Handy aus – und ich arbeitete sehr oft wirklich konzentriert. Nichts verbesserte unsere Ehe so sehr wie die räumliche Distanz. Je mehr Zeit ich im Studio verbrachte, umso mehr mochten wir uns. Ich hatte immer zu allen möglichen Tages- und Nachtzeiten gearbeitet und tat es auch weiterhin mit Hilfe einer Bettcouch, die ich zwischen den Verstärkern und Keyboards ausziehen konnte. Catherine dachte, je länger ich mich in meinem Studio aufgehalten hatte, umso mehr hatte ich wohl auch gearbeitet, und war stolz darauf, einen Mann zu haben, der sich trotz dieser Schufterei auch noch in der Familie engagierte, wenn er heimkam.

»Woher nimmst du bloß diese Energie?«, fragte sie mich, als sie nach dem Bad im Bett lag und zusah, wie ich Millie an den Armen herumwirbelte. »Abwechslung bringt eben genauso viel wie Ausruhen«, antwortete ich bescheiden und dachte bei mir, dass Abwechslung *und* Ausruhen noch besser war. Ich steckte die Kinder noch schnell in das duftende Badewasser ihrer Mutter, während diese auf dem Bett lag und die Flasche Wein leerte. Sie versicherte mir, sie sei nicht zu betrunken, um Millie ihre Gutenachtgeschichte vorzulesen, und las auch wirklich perfekt, riss allerdings zwei Schiebestreifen im *Pocahontas*-Pop-up-Buch ab. Kurz darauf waren Millie und Alfie eingeschlafen, im ganzen Haus herrschte Ruhe. Catherine lag, in ein riesiges Badetuch gehüllt, weich und gut gepudert auf unserem Bett und strahlte noch die Wärme des stundenlangen Bades aus. Sie schaute zu mir hoch.

»Wenn wir noch mehr Kinder möchten, wäre es gut, wenn sie vom Alter her nahe beieinander wären, findest du nicht?«

Von dieser Art der Anmache hatte in der »Erotikbibel durch die Formen sexueller Verführung« komischerweise nichts gestanden. Catherine sah unwiderstehlich aus, aber zwei Kinder reichten mir.

»Alfie ist doch erst neun Monate alt, wir brauchen uns wirklich nicht zu beeilen«, sagte ich, um einer Auseinandersetzung aus dem Weg zu gehen. Doch Catherine hatte immer schon gewusst, dass sie einmal vier Kinder haben würde, und sie hatte ein sehr überzeugendes Argument dafür parat, dass wir uns auf der Stelle an die Erzeugung eines dritten machen sollten – ein Argument, das darin bestand, dass sie nackt auf einem warmen, weichen Bett lag. Drei Wochen und vier Tage zuvor hatten wir das letzte Mal miteinander geschlafen, und jetzt schmiegte sie sich an mich und drückte mir feuchte Küsse auf die Lippen. Dass ich das nicht verlockend fand, will ich wahrlich nicht behaupten, doch mir war klar, ich musste stark bleiben. Ohne Verhütungsmittel wäre das Risiko einfach zu groß gewesen. Ich war nicht bereit, für ein paar Minuten Vergnügen all das in Kauf zu nehmen, was ein drittes Baby mit sich bringen würde, nämlich weitere Jahre mit schlaflosen Nächten, Ehestreitigkeiten und anhaltender Täuschung meinerseits. Man konnte es drehen und wenden, wie man wollte, es war das alles einfach nicht wert, und deshalb würde ich auf fünf Minuten ekstatischen Sex mit meiner schönen Frau ganz einfach verzichten.

Der letzte Teil des Satzes sollte sich bewahrheiten – es dauerte nur eineinhalb Minuten. Noch während ich sie an mich presste und kam, verfluchte ich meine Willensschwäche. In diesem Augenblick stoßen viele Männer lautstark Obszönitäten aus; ich dagegen stöhnte nur leise »Oh, Scheiße!« – nicht im Sinn von »Wow! Das war super!«, sondern mehr wie »Oh, Scheiße, was habe ich nur getan!« Sex war verboten, und ich hatte gerade meine Bewährung vermasselt. Ich hatte mich in diesem Doppelleben eingerichtet und es für eine zeitlich befristete Maßnahme gehalten, hatte geglaubt, die Kinder kämen bald in ein Alter, das es uns erlaubte, das Kampfgebiet der Babys zu verlassen, und mir, wieder ein normaler Ehemann und Vater zu werden. Zum Glück war die Wahrscheinlichkeit, dass Catherine so schnell erneut schwanger werden würde, sehr gering. Da sie noch einmal am Tag stillte, wähnte ich mich in Sicherheit.

Zwei Wochen später teilte sie mir mit, dass sie schwanger sei.

milch
macht
müde
männer
munter

Während Catherines erster Schwangerschaft hatte ich in einem Buch gelesen, ich solle, um mit meiner Frau mitempfinden zu können, einen Tag lang einen wassergefüllten Luftballon am Bauch festgebunden tragen. Ich wollte zeigen, wie sehr ich zur Mithilfe bereit war, und nahm die Übung allen Ernstes in Angriff. Den Angaben in dem Buch folgend, band ich mir den wabbeligen Ballon um den Bauch, ging, mit einer Hand mein Kreuz stützend, in der Küche herum und versuchte zu strahlen. Hinterher konnte ich meiner Frau in die Augen sehen und ihr sagen, jetzt endlich wisse ich, wie es sich anfühle, wenn man sich einen wassergefüllten Ballon unter den Pulli stopfe. Das Experiment dauerte allerdings nur eine Stunde, weil das Wasser brach, als ich die Rosen beschnitt.

Von einem guten werdenden Vater erwartet man Einfühlungsvermögen. Ich habe gelesen, dass extrem sensible Männer sogar die körperlichen Symptome aufweisen, die die Schwangerschaft ihrer Partnerin mit sich bringt, wozu allerdings die Erfahrung, dass einem ein vier Kilo schweres Baby aus der Vagina flutscht, nicht gehören dürfte. Dieses so genannte »Couvade-Syndrom« hatte mir während Catherines erster Schwangerschaft zu schaffen gemacht. In den ersten sechs, sieben Wochen, als Catherine zuzunehmen begann, legte auch ich aufgrund einer ausgeprägten empathischen Sensibilität allmählich zu. Seit wir nicht mehr zusammen Squash spielten, sondern daheim blieben und uns Pizzas sowie eine Packung »Ben and Jerry's«-Eiscreme nach der anderen kommen ließen, war mein Bauchumfang erstaunlicherweise fast genauso gewachsen wie ihrer – ein Wunder der Natur.

Die Lektüre all dieser Konzepte und Ratschläge hinterließ das Gefühl, ich müsse unbedingt mütterlicher werden, ja, eine Art Zweitmutter sein. Ich sollte empfinden, was die Mutter empfand, sollte über dieselben Instinkte verfügen. Als ich nicht losheulte, obwohl der Milcheinschuss bei mir ziemlich lang auf sich warten ließ, bekam ich fast Schuldgefühle. Kein Wunder, dass ich mich für einen Versager hielt – dieses Ziel war unmöglich zu erreichen. Meine Frau würde immer eine bessere Frau sein als ich.

Wir hatten uns ganz konventionell in die jeweilige Geschlechterrolle gefügt. Catherine hatte beschlossen, ihre Schauspielkarriere auf Eis zu legen, solange die Kinder klein waren. Sie hatte den Eindruck, nicht recht weiter zu kommen, obwohl sie nach Millies Geburt nicht mehr nur als »Passantin« besetzt, sondern zur »Passantin mit Baby« befördert worden war, und entschied sich, Mutter und Hausfrau zu werden. »Ja, ja, das ist die schwierigste Rolle überhaupt«, erklärte ihr nerviger Vater hundertzwölf Mal. Leicht verwirrt reagierte Catherine, als manche Leute ihr Vorwürfe machten, weil sie keine aufstiegsgeile Karrierefrau war. Wenn sie erzählte, dass sie nicht mehr berufstätig sei, trat schlagartig peinliches Schweigen ein. Sie erklärte, sie werde erst dann wieder zu Partys gehen, wenn ich ihr erlaubte, mit einer Handglocke zu läuten und ein Schild mit der Aufschrift »uninteressant« um den Hals zu tragen. Sie wollte bei ihrem Kind sein, und ich unterstützte sie gern in diesem Entschluss, obwohl ich ihr gelegentliches Erscheinen im Fernsehen immer toll gefunden hatte, ganz zu schweigen vom gelegentlichen Erscheinen der Schecks auf unserer Fußmatte.

Wir hatten uns immer als Künstler und Bohemiens verstanden – ich der Musiker, sie die Schauspielerin –, doch in Wirklichkeit unterschieden wir uns in nichts von den Buchhalterinnen und Versicherungsmaklern in unserer Straße. Wir bewohnten ein kleines Haus mit drei Zimmern in Kentish Town, das die Immobilienmaklerin als »Cottage« bezeichnet hatte, was nichts anderes hieß, als dass man zwar den Kinderwagen durch die Haustür brachte, sich selbst aber unmöglich daran vorbeizwängen konnte und im Vorgarten schlafen musste. Ich verbürge mich für die Richtigkeit der Behauptung, dass man in unserem Haus aus Platzgründen keine Katze im Kreis schwingen konnte, weil ich Millie mal dabei erwischte, wie sie es versuchte.

Da wir großen Wert darauf legten, in einer Gegend in relativer Nähe einer Postleitzahl zu wohnen, welche sich in unmittelbarer Nähe eines Bezirks befand, der einigermaßen dicht an einem gefragten Viertel Londons lag, blieb uns nichts übrig, als in einem winzigen Haus zu wohnen. Ich weiß noch, wie ich mal in *Toys R Us* in ein Kinderspielhäuschen stieg und mir dachte, Mann, ist das geräumig! Wie wir in diesem Haus ein weiteres Kind unterbringen sollten, war mir schleierhaft, aber wenn es die alte Dame im Schuh geschafft hatte, mussten wir uns eben einfach Mühe geben und es versuchen. Diesen Kinderreim hatte ich erst nach meinem Umzug nach London richtig verstanden. Wäre er in der Gegenwart angesiedelt, würde garantiert ein Bauunternehmer daherkommen, der alten Dame den Schuh abkaufen und mehrere Wohnungen daraus machen.

Obwohl das dritte Baby erst in acht Monaten zur Welt kommen sollte und gerade mal einen Zentimeter lang war, bereitete es seiner Mutter bereits Übelkeit und machte sie müde und weinerlich – eine Vorwarnung, die besagte, dass zwischen der Größe eines Babys und dem Ausmaß der von ihm verursachten Störung keinerlei Zusammenhang besteht. Ein Embryo bringt das Leben selbstverständlich anders durcheinander als ein Neugeborenes, und ein Neugeborenes erledigt das wiederum anders als ein Kleinkind, aber in dieser Phase richteten bei uns alle drei, jedes auf seine Art, gleichzeitig verheerende Schäden an. Dass sich die wenigsten Menschen an die Zeit vor ihrem dritten Geburtstag erinnern können, ist eine evolutionäre Notwendigkeit, denn wenn wir in Erinnerung behielten, welche Teufel wir für unsere Eltern waren, bekämen wir nie eigene Kinder. Millie war zweieinhalb, Alfie zehn Monate, das Embryo vier Wochen alt, und ich fühlte mich wie hundertfünf. Der Müdigkeit, mit der ich ständig zu kämpfen hatte – von Catherine ganz zu schweigen –, stand ich völlig unvorbereitet gegenüber. Schlafentzug ist eine beliebte Foltermethode, die von der indonesischen Geheimpolizei und von kleinen Kindern angewendet wird. Wenigstens konnte Alfie mir nicht jedes Mal, wenn ich endlich eingedöst war, in die Eier treten. Das überließ er seiner großen Schwester, die üblicherweise gegen drei zu uns ins Bett kroch. Selbst wenn ich allein schlief, ertappte ich mich immer wieder dabei, dass ich im Liegen meine Hände über den Unterleib wölbte wie ein Fußballer, der beim Freistoß in der Mauer steht.

Catherine war stets zu Beginn ihrer Schwangerschaften am müdesten, dann, wenn alle anderen noch nichts davon wussten. Freunden gegenüber musste ich erklären, sie falle deswegen ständig in Ohnmacht und breche immer wieder in Tränen aus, weil wir in der Nacht zuvor lang aufgeblieben und alte James-Stewart-Filme angeschaut hätten. Sie selbst dagegen behauptete stets, alles sei halb so schlimm. »Müde? Nein, ich bin nicht müde«, sagte sie einmal, als ich den Abendbrottisch abräumte; mein Verdacht erhärtete sich jedoch, als ich mit dem Pudding zurückkam und sie, Kopf auf dem Küchentisch, tief schlafend vorfand.

Obwohl wir schon fünf Jahre zusammenlebten, hatte ich noch nicht gelernt, das, was sie mir sagte, richtig zu übersetzen. Vor ihrem letzten Geburtstag hatte sie beiläufig mitgeteilt, ich solle ihr »dieses Jahr nichts Besonderes schenken«, was ich törichterweise als »Du brauchst mir dieses Jahr nichts Besonderes zu schenken« interpretierte. Ich hatte es nicht geschafft, den feinen Unterton in ihrer Stimme zu entschlüsseln, hatte mehr auf den Text als auf die Musik geachtet. Und genauso konnte sie auf mindestens zehn verschiedene Arten »Ich bin nicht müde« sagen. Es konnte dann jeweils exakt das bedeuten, was es besagte, ebenso gut aber auch »Ich bin total müde, bitte besteh darauf, dass ich sofort ins Bett gehe!«

An dem Abend, als zwei Zeugen Jehovas vor unserer Tür standen, war sie für mich ersichtlich anders als sonst. Heute ist sie aber komisch, dachte ich, sie will ja gar nicht mit ihnen reden. Normalerweise bat sie die Leute nämlich herein, servierte ihnen eine Tasse Tee und fragte sie, ob sie schon mal über die Möglichkeit nachgedacht hätten, ihr Leben dem Satan zu weihen. Einmal rekrutierte sie fast einen von ihnen, indem sie ganz ernsthaft die erhebende geistige Katharsis der Nackt-in-der-Hüpfburg-hüpfen-Nacht beschrieb.

An diesem Abend dagegen verwandelte die Müdigkeit sie in eine nur noch roboterhaft funktionierende Drohne. Sie hatte alles erledigt, was getan werden musste, um die Kinder ins Bett zu bringen, für mehr waren ihr weder Kraft noch Motivation geblieben. Alfie hatte uns gerade drei aufeinander folgende Horrornächte beschert; wir waren beide total erschöpft und demoralisiert. Ich kann nicht mal behaupten, dass wir schlecht geschlafen hätten; wir hatten überhaupt nicht geschlafen. Die durchwachten Nächte machten orientierungslos und raubten das Zeitgefühl. Wie es Catherines biologischer Uhr jeden Morgen gelang, sie pünktlich zum Erbrechen zu bringen, war mir ein Rätsel.

Als sie ihr zerknautschtes Gesicht vom Küchentisch hob, schlug ich vor, sie solle bei geschlossener Tür unten auf dem Sofa schlafen, wo sie das Baby nicht hören könne. Ich wollte, dass sie wenigstens einen Teil ihres Schlafmangels an mich delegierte, bevor ich am nächsten Morgen zur Arbeit musste, doch es fiel ihr schwer, mein Angebot anzunehmen. Sie war gierig, wollte das Elend ganz für sich. Ich ließ nicht locker, und schließlich hatte sie keine Kraft mehr, meinen Argumenten zu widersprechen. Ich packte sie mit einer Bettdecke und mehreren Kissen aufs Sofa, gab ihr einen Gutenachtkuss und ging nach oben, um mich mutterseelenallein der Nacht zu stellen.

Es war wie ein drohendes Unwetter, dem ich mich mit ängstlicher Erwartung näherte. Luken dicht, wir fahren in die Nacht! In der Zeit vor den Kindern war ich oft bewusst bis in die frühen Morgenstunden aufgeblieben. Ich fand das cool und verrückt. Catherine und ich kletterten dann manchmal über den Zaun in den Hyde Park und alberten auf den Schaukeln herum. Einmal ging ich zu einem nächtlichen Science-Fiction-Festival in einem Filmkunstkino. Ich besuchte Partys, nahm Speed oder Kokain, setzte mich auf die höchste Anhöhe von Hampstead Heath und sah zu, wie die Sonne über London aufging. Wenn ein hartes Stück Arbeit auf mich wartete, verbrachte ich den Abend meist mit Catherine und verschwand, sobald sie ins Bett gegangen war, im Studio, setzte die Kopfhörer auf und arbeitete bis zum Morgengrauen am Keyboard. Ich frühstückte mit Catherine, bevor sie zu ihrem Vorsprechtermin oder was immer aufbrach, und legte mich hin, bis sie wiederkam. Ich arbeitete gern nachts, dann war alles ruhig und still und man konnte sich in seinen Gedanken verlieren. Mir fiel eine Melodie ein, und ich dachte: Woher kommt die? Irgendwer hat sich meines Körpers bemächtigt und schenkt mir diese Melodie. Wenn ich nicht weiterkam, ging ich manchmal mitten in der Nacht spazieren und genoss die Stille der schlafenden Stadt. Die Nächte hatte ich ganz für mich. Nachtgespenst lautete Catherines Spitzname für ihren Freund, der so gern die Nacht durchmachte. In intimen, zärtlichen Augenblicken nannte sie mich immer noch so, aber da ich jetzt immer öfter wie ein Gespenst bei uns daheim erschien und wieder verschwand, fühlte ich mich mit diesem Spitznamen nicht mehr besonders wohl.

Ich ging auf Zehenspitzen in Millies Zimmer und sah nach, ob sie schlief. Sie sah so süß aus, war geborgen und voller Vertrauen. Unter sorgfältiger Umgehung der knarzenden Bohle hob ich ein paar Plüschtiere vom Boden auf und platzierte sie vorsichtig hinter Millies Kissen. Dann deckte ich sie so vorsichtig und sanft wie möglich wieder zu. Mit der Umsicht und Präzision eines Mikrochirurgen entfernte ich die Plastikpuppe, die ihr aufs Gesicht drückte, und legte sie an die Bettkante. Als ich mich aufrichtete, krachte ich mit dem Kopf in das Buntglasmobile über ihrem Bett, dass es nur so klirrte und rasselte. Millie schlug die Augen auf und sah mich verwirrt und ungläubig an.

»Warum bist du hier?«, fragte sie verträumt. Die Antwort fiel mir in jeder Hinsicht schwer. Ich sagte, sie solle weiterschlafen, was sie erstaunlicherweise tat.

Alfie schlief in seinem Kinderwagen, den wir aus Gründen, die mir früher eingeleuchtet hatten, jetzt aber unverständlich waren, jeden Abend in unser Schlafzimmer hochtrugen. Er schlief sehr tief, tankte Energie, damit ihm in der bevorstehenden langen Nacht so viel wie möglich davon zur Verfügung stand. Ganz allein und ganz, ganz leise machte ich mich zum Schlafen fertig. Wie einem Soldaten am Vorabend der Schlacht ging mir die Frage durch den Kopf, was die nächsten Stunden bringen mochten. Weil ich wusste, dass ich bald geweckt würde, versuchte ich verzweifelt, so schnell wie möglich einzuschlafen. In panischer Konzentration lag ich da und dachte: Schlaf ein! Schlaf ein! Das Ergebnis war, dass ich wesentlich länger wach lag als sonst. Doch irgendwann war ich tatsächlich weg.

Schon in der ersten Stunde, wenn mein Bewusstsein in die tiefsten Tiefen des Schlafs schoss und sich ins Traumreich senkte, wurde ich normalerweise vom plötzlich einsetzenden, wütenden Gebrüll des Babys brutal aus dem Schlaf gerissen und wachgerüttelt. In dieser Nacht kam Alfie auf die Sekunde pünktlich, und obwohl ich plötzlich merkte, dass ich wach war, blieb ich einige gespenstische Augenblicke lang wie gelähmt liegen, während mein Körper mit dem Bewusstsein gleichzuziehen und ebenfalls aktiv zu werden versuchte. Dann schlug ich wie ein schlaftrunkener Automatenmensch die Bettdecke zurück, wankte zum Kinderwagen und steckte Alfie den kleinen Finger in den Mund. Er hörte auf zu weinen, nuckelte und nuckelte. Ich setzte mich, immer noch nicht ganz wach, ans Fußende des Betts. Ich rieb mir den schweren Kopf, warf einen Blick in den Spiegel und sah die krumme, angegraute Gestalt eines erschöpften Mannes, den Schatten meines früheren Selbst. Mein schütter werdendes Haar stand wirr ab, das Gesicht wirkte faltig und runzlig. Auf einer der Glückwunschkarten, die wir nach Alfies Geburt bekommen hatten, war das Schwarzweißfoto eines muskulösen Mannes, der ein nacktes Baby an den Waschbrettbauch drückte. Mein Bild vom Vatersein sah im Augenblick etwas anders aus. Der Wecker zeigte mir, dass ich gerade mal eine Stunde und vierzig Minuten geschlafen hatte und es für Alfies Fütterung noch viel zu früh war. Nach einiger Zeit nuckelte Alfie weniger gierig und beruhigte sich allmählich, während ich den Kinderwagen sicherheitshalber sanft vor und zurück bewegte. Als ich den Finger mit einer geschickten Drehung aus Alfies Mund zog, reagierte er kaum.

Dieser Finger hatte bei beiden Kindern als tragbarer Schnuller funktioniert. Da sie, kaum verwunderlich, Catherines lange, spitze Fingernägel weniger angenehm fanden, war mein kleiner Finger der einzige orale Trost, den sie bekamen. Ganz zu Beginn hatte ich einmal zaghaft vorgeschlagen, doch ein paar Kunststoffschnuller anzuschaffen, aber Catherine hatte mit den Argumenten widersprochen, Schnuller seien unhygienisch und beeinträchtigten die Sprachentwicklung, außerdem würden wir uns damit nur schlimme Konsequenzen aufhalsen, weil es fast unmöglich sein werde, den Kindern die Schnuller wieder abzugewöhnen, sowie mit weiteren irgendwo aufgeschnappten Weisheiten. Den wahren Grund nannte sie nie: Insgeheim fand sie, dass Schnuller ordinär wirkten, und dass ihre Babys ordinär aussahen, kam nicht in Frage. Gegen eine Überzeugung, derer ich sie nicht zu beschuldigen wagte, gab es kein Argument. So blieb den Kindern als einziger Schnuller mein nach oben gedrehter kleiner Finger, und ich war mal wieder der Dumme.

Damit der kleine Alfie weiterschlief, musste ich den Kinderwagen sanft schaukeln; deshalb manövrierte ich ihn Zentimeter für Zentimeter in eine günstige Position neben dem Bett. Jetzt konnte ich mich wenigstens hinlegen. Aber wahrscheinlich machte ich es mir damit nur noch schwerer. Wie ein Alkoholiker, der ins Pub geht, um ein Glas Wasser zu trinken, quälte ich mich mit der Nähe dessen, wonach ich mich am meisten sehnte. Doch ich war schlicht zu müde, um länger sitzen zu bleiben. Ich legte mich dicht an die Bettkante und schob den Kinderwagen gemächlich vor und zurück, wobei nach und nach alles Blut aus meinem ausgestreckten Arm wich. Solange die Bewegung mit dem entsprechenden Schwung ausgeführt wurde, schwieg Alfie widerwillig, und ich konnte mir einreden, er werde bald einschlafen. Doch er war aus härterem Holz geschnitzt als ich. Das Hin und Her wurde zunehmend halbherzig, langsamer und lahmer, bis mein müder Arm plötzlich abfiel und an der Seite des Betts schlaff herabhing – für Alfie das Zeichen, wieder loszubrüllen, woraufhin meine Hand unabhängig vom Rest des komatösen Körpers erneut den Griff des Kinderwagens umfasste und ihn wieder vor und zurück zu schieben begann. Dieses Muster wiederholte sich ohne Unterlass. Im Verlauf einer Stunde dösten wir beide abwechselnd immer wieder fast ein. Irgendwann hörte ich auf. Stille. War es möglich, dass er mich endlich einnicken ließ und meinem müden, kaputten Körper ein wenig Ruhe gönnte? Ich hatte nur mehr einen Wunsch: schlafen.

Ach, schlafen, ich will nur schlafen, ich würde alles geben für acht Stunden tiefen Schlafs ohne Unterbrechung. Nicht dieses brutale Bungee-Jumping in den Halbschlaf hinein und wieder heraus, sondern echter, tiefer, tiefer, richtiger Schlaf. Die einzige Droge, die ich brauche: Schlaf.

Anfixen, anturnen, einpennen. Wenn ich doch nur einen Dealer fände und mir ein Schläfchen beschaffen könnte – ich würde viel dafür zahlen, und dass es illegal ist und wem man es geklaut hat, ist mir scheißegal, ich würde sogar das Portemonnaie meiner Mutter ausräumen, um bezahlen zu können, ich brauche unbedingt eine Dosis Schlaf. Ich würde ihn sniffen, rauchen, schlucken, spritzen – ich würde sogar eine gebrauchte Nadel benützen, wenn das die einzige Möglichkeit wäre, an Schlaf ranzukommen – eine Riesendosis reinen Rohschlaf würde ich mir reinknallen, würde mich zurücklehnen, während das Zeug zu wirken begänne und mein Hirn taub und mein Körper schlaff würde, und dann würde ich einfach die Augen schließen und weg sein, eingepennt, nicht mehr von dieser Welt. Besseren Stoff gibt es nicht, und wenn ich nicht sofort Schlaf kriege, bin ich tot. Wenn ich mich umbrächte – vielleicht wäre das wie schlafen. Bitte, bitte, bitte, ich brauche Schlaf! Ich stehle ihn einfach Catherine, ja, genau, die braucht ihn nicht. Ich nehme mir ihren Schlaf! Morgen früh fahre ich wieder über die Themse und sage ihr, ich müsse arbeiten, und dann gehe ich in mein Zimmer, schalte das Handy ab, ziehe mich nackt aus, schüttle die Daunenkissen auf, lege mir die Bettdecke über den Kopf, spüre, wie meine Glieder schwer auf der Matratze liegen, und dann spüre ich nur noch, dass ich mich immer weiter entferne, langsam verschwinde, und dann verpasse ich mir einen Wahnsinnsdruck, nach diesem Fix werd ich so gut drauf sein, ich werd mich fühlen wie ein Sportler, wie der Weltmeister im Schwergewicht, als könnte ich einen Marathonlauf schaffen, aber jetzt schlaf ich erst mal ein, ach, wie wunderbar, das ist alles, was ich will, bitte, lass mich schlafen, Baby, lass mich schlafen, ich brauch das jetzt, ich halt's nicht länger aus, schlafen muss ich, und schlafen werd ich, schlafen, schlaf …

Träumte ich oder hörte ich tatsächlich ein feines Winseln aus dem Kinderwagen? Ich hielt die Luft an – vielleicht störte ihn ja sogar mein Atmen. Und wirklich ertönte ein kaum vernehmbares kurzes Jaulen, und Verzweiflung ergriff mein Herz. Zuerst war es immer nur ein schwaches Ächzen – von Stille unterbrochene, halbherzige Versuche wach zu werden, wie ein Auto mit leerer Batterie, das einfach nicht anspringt. Ich schloss die Augen und versuchte die Laute zu ignorieren, die sich jedoch nach und nach zu einer Art Blöken entwickelten, und das Blöken verwandelte sich in ein hustenartig hervorgestoßenes Brüllen, und dann wurde das Geschrei immer rhythmischer und penetranter, bis der Motor endlich ansprang und dröhnend aufheulte und das Baby mit einer Kraft schrie, die man seinem winzigen Körper nie zugetraut hätte.

Ich lag wach, lauschte dem wütenden Gebrüll und brachte

nicht die Motivation auf, meinen schweren Leib noch einmal aufzurichten. Catherine wäre schon längst aus dem Bett gesprungen, um zu verhindern, dass Millie vom Baby geweckt würde, was ich aber für nicht sehr wahrscheinlich hielt. Das war ja doch nur wieder eine dieser völlig unnötigen, aus Überängstlichkeit resultierenden Verhaltensweisen, die Catherine ständig an den Tag legte. In Türnähe knarzte eine Bohle.

»Alfie hat mich aufgeweckt«, teilte mir Millie weinerlich mit. Sie stand im Halbdunkel, in der Hand eine angenagte Schmusedecke.

»O nein!« Ich nahm das Baby aus dem Kinderwagen, damit das Geschrei aufhörte, was Millie veranlasste, die Arme nach mir auszustrecken, um zu signalisieren, dass auch sie hochgehoben werden wollte. Ich tat es. So stand ich einsam da im Nadir der Nacht und hielt zwei kleine, weinende Kinder im Arm. Mein müder Körper bog sich fast unter der Last, während ich überlegte, was, um alles in der Welt, ich jetzt tun sollte.

Noch schlimmer als Kinder, die nicht schlafen wollen, sind die selbstzufriedenen Eltern der Babys, die gut schlafen. Und sie halten sich das auch noch selbst zugute! Immer wenn Catherine und ich auf dem Höhepunkt unserer Verzweiflung angelangt waren, mussten wir uns ihre blöde Hippie-Schwester Judith anhören, die uns süffisant erklärte, was wir falsch machten. Am liebsten hätte ich sie geschüttelt und angeschrien: »Du hast Glück gehabt, das ist alles! Rein zufällig hast du ein Baby bekommen, das schläft. Es schläft doch nicht deshalb, weil es per Unterwassergeburt zur Welt kam oder mit biodynamischer Babynahrung gefüttert wurde oder weil du das Scheiß-Kinderzimmer nach Feng-shui-Richtlinien eingerichtet hast. Man kann sie sich nun mal nicht aussuchen!«

Catherine und ich hatten alles, wirklich alles mit Millie und Alfie versucht; es blieben nur noch leere Drohungen. »Wenn ihr

Teenager seid, räche ich mich. Dann hole ich euch in einem lila-geblümten Hemd von euren Freunden ab und tanze in der Schuldisco Twist, und wenn ihr eure ersten Freunde oder Freundinnen mit nach Hause bringt, zücke ich Fotos, die euch zeigen, wie ihr euch nackt auf dem Teppichboden räkelt.« Doch diese Drohungen waren sinnlos, und überdies stand jetzt mehr auf dem Spiel als zuvor. Ich hatte dafür sorgen wollen, dass Catherine nicht geweckt wurde; sie brauchte den Schlaf so sehr. Wenn beide Kinder wach waren, erhöhte das die Wahrscheinlichkeit, dass auch sie aufwachte, und wenn es so weit käme und sie sähe, dass Alfie durch meine Schuld auch noch Millie aus dem Bett getrieben hatte, würde es Streit geben, und Catherine würde es mir so lange hinreiben, bis ihr Kopf am nächsten Morgen wieder in der Kloschüssel hing. Dass Alfie seine Schwester geweckt hatte, war in jeder Hinsicht eine Katastrophe, denn abgesehen von allem anderen stellte das Füttern und Wickeln eines Babys in den frühen Morgenstunden eine äußerst prekäre Angelegenheit dar, die einer präzisen Ausführung bedurfte, bei der ein quengeliges zweieinhalbjähriges Mädchen insgesamt eher eine Belastung als eine Hilfe war.

»Ich will *Barney*-Video schauen«, sagte Millie.

Wir waren keine besonders strengen Eltern, aber auf eine Regel hatten wir uns geeinigt, und diese Regel besagte, dass Millie uns nicht mitten in der Nacht wecken durfte, weil sie Kindervideos anschauen wollte. Die Regel funktionierte wunderbar in der Theorie, war jedoch unter Missachtung der Tatsache aufgestellt worden, dass Millies Persönlichkeit der von Margaret Thatcher ähnelte. Sie ließ sich weder auf Verhandlungen noch auf Kompromisse ein und war nicht zu bestechen und nicht zu überreden. Sobald sie einen bestimmten Standpunkt eingenommen hatte, zeigte bereits ein Blick in ihre dämonischen Augen, wie überzeugt sie von der totalen, absoluten Rechtmäßigkeit ihrer Sache war. Auch jetzt erwies es sich als völlig unmöglich, ihren felsenfesten Glauben zu erschüttern, sie werde nun gleich ihr *Barney*-Video anschauen.

In einem unserer Erziehungsbücher stand, man dürfe einem Kleinkind niemals etwas direkt verbieten, sondern müsse es austricksen, indem man das Thema wechsle oder das Kind mit etwas Überraschendem ablenke. Die Technik der fantasievollen Ablenkungsmanöver ist etwas für ausgeruhte, ausgeglichene Menschen – zu denen man wahrscheinlich erst dann wieder zählt, wenn die Kinder groß sind und die Schule abgeschlossen haben.

»Nein, Millie, das *Barney*-Video wird jetzt nicht geguckt!«, fuhr ich sie an. Nachdem sie dieses mit Bestimmtheit vorgebrachte Verbot gehört hatte, warf Millie sich mit der Geste einer trauernden Mutter, die ihr Kind verloren hat, auf den Boden. Während ich Alfie wickelte, wiederholte sie ihre Forderung einhundertsiebenundvierzig Mal. Ich beschloss, nicht darauf einzugehen. Alles war in Ordnung, ich rastete nicht aus, ich ignorierte sie ganz einfach und ließ mich nicht von ihr provozieren.

»HÖR ENDLICH AUF DAMIT, MILLIE, VERDAMMT NOCH MAL!«, brüllte ich. Tief im Herzen war mir klar, dass sie es schaffen würde, noch vor Tagesanbruch das *Barney*-Video anzuschauen. Ich mühte mich immer noch damit ab, Alfie in eine saubere Windel zu legen, aber er hielt nicht still. Die Creme, die ich ihm auf den roten Po hatte schmieren wollen, war oben am Bund gelandet, genau auf der Stelle, wo der Klebestreifen hingehört, und nun hielt die Windel nicht mehr zusammen. Ich legte sie zur Seite, beschloss, von vorn zu beginnen, und sah mich nach der Windelpackung um. Genau diesen Augenblick wählte Alfie zum Pinkeln. In hohem Bogen schoss die Pisse über seinen Kopf hinweg, als hätte jemand plötzlich den Rasensprenger eingeschaltet. Ich versuchte noch, die letzten Tropfen mit der alten Windel zu erwischen – ein völlig sinnloses Unterfangen, da er das meiste in alle Richtungen versprüht hatte und sowohl sein Unterhemd als auch sein Strampler bereits durchnässt waren.

Millie verstärkte nun den Nachdruck, mit dem sie ihren ständig wiederholten Vorschlag vorbrachte, ich solle sie das *Barney*-Video anschauen lassen, indem sie mich bei jeder Wiederholung auf den Arm haute. Dass sie in der anderen Hand ein knallrotes Holzbauklötzchen hielt, sah ich nicht. Plötzlich holte sie aus und traf mich mitten ins Gesicht. Die spitze Ecke erwischte mich knapp über dem Auge. Es tat so unglaublich weh, dass ich sie, blind vor Wut, hochhob und etwas zu grob aufs Bett warf. Sie schlug mit dem Hinterkopf an das hölzerne Kopfende und brüllte augenblicklich los. Erschreckt durch die Lautstärke von Millies Geschrei, vielleicht aber auch nur aus geschwisterlicher Solidarität, begann jetzt auch Alfie wie am Spieß zu kreischen. Ich drehte fast durch. Ich legte Alfie die Hand auf den Mund, um ihn zum Schweigen zu bringen, was aber, wenig verwunderlich, durchaus nicht zu seiner Beruhigung beitrug, sondern dazu führte, dass er zu prusten begann und so wild den Kopf schüttelte, dass ich zurückwich. Und dann empfand ich nur noch Angst und Scham darüber, dass die hochkochende Wut und Frustration mich fast dazu gebracht hatten, dem Baby den Mund so lange zuzuhalten, bis es still geworden wäre und sich nicht mehr gerührt hätte.

Ich ließ die beiden brüllen, schlug so fest ich konnte in mein Kissen – und noch mal und noch mal – und schrie: »VERFLUCHT, WARUM HÖRT IHR NICHT ENDLICH AUF ZU BRÜLLEN? WARUM LASST IHR MICH NICHT SCHLAFEN, VERDAMMTE SCHEISSE?« Als ich den Blick hob, sah ich, dass Catherine in der Tür stand und sich einen Überblick zu verschaffen suchte.

Sie hatte diesen ganz bestimmten Gesichtsausdruck, der besagte, dass ich meine Sache nicht besonders gut machte. Sie zog Millie vom Boden hoch und erklärte ihr, sie werde jetzt sofort ins Bett zurückgebracht, was Millie offenbar aufgrund eines von Catherine benutzten Geheimcodes akzeptierte.

»Genau das wollte ich auch gerade tun«, sagte ich wenig überzeugend. »Warum kannst du mich nie was auf meine Art machen lassen?« Sie erwiderte nichts. »Du solltest doch schlafen!«, rief ich ihr trotzig hinterher, als hätte sie eine völlig normale Situation vorgefunden.

»Ist Millie durch Alfies Geschrei aufgewacht?«, lautete ihre erste Frage, als sie zurückkam.

»Ja. Ich bin zwar sofort aufgestanden, aber er ließ sich nicht beruhigen.«

»Na, wunderbar. Morgen wird sie den ganzen Tag total nervig sein.« Catherine seufzte verärgert auf. Ich sah, dass sie ein Fläschchen mit warmer Milch in der Hand hielt. »Warum hat Alfie sein Fläschchen noch nicht bekommen?«

»Es war noch zu früh.«

»Es ist drei.«

»Ja, *jetzt* ist der richtige Zeitpunkt, aber als er zu schreien begann, war es noch nicht so spät. Du hast gesagt, ich soll ihn nicht zu früh füttern. Ich habe nur getan, was du gesagt hast.«

Catherine nahm Alfie von der Wickelunterlage und schob ihm den Plastiksauger in den Mund.

»*Ich* gebe ihm sein Fläschchen!«, rief ich empört. »Es war ausgemacht, dass *ich* das heute Nacht übernehme. Du legst dich hin und schläfst weiter.« Sie reichte mir Baby und Fläschchen, legte sich aber nicht auf das Sofa unten, sondern in unser Ehebett, um die Zeit, in der sie *einmal* nicht Alfie mitten in der Nacht füttern musste, damit zu verbringen, dass sie mir dabei zusah, wie ich Alfie mitten in der Nacht fütterte.

Und dann kamen auch noch Zwischenrufe vom Spielfeldrand. »Wenn du es so hältst, trinkt er nicht!« Aufgrund des Tons, in dem sie mir diese Mitteilung machte, sah ich mich gezwungen, ihren Hinweis zu ignorieren. Prompt begann das Baby sich zu winden und loszubrüllen.

»Was soll das? Warum machst du es absichtlich falsch?«

»Ich habe es nicht absichtlich falsch gemacht.«

»Gib ihn mir.« Sie stieg aus dem Bett, nahm das Baby und gab ihm das Fläschchen, während ich schmollend unter die Decke kroch und in stiller Wut dasaß. Das Baby saugte rhythmisch; es war selig. Geborgen und entspannt lag es im Arm seiner Mutter, und immer wenn das Saugen schwächer wurde und Alfie schlagartig in tiefen Schlaf fiel, klopfte Catherine ihm sanft auf die Fußsohlen, damit er aufwachte und weitertrank, als gäbe es an diesen winzigen, pummeligen Füßchen einen Geheimknopf, den nur Catherine kannte und der bewirkte, dass das Kopfende ordnungsgemäß zu trinken begann. Und so gekränkt und wütend ich war, fand ich es doch auch toll, wie sie sich damit auskannte.

Sie legte sich wieder neben mich ins Bett. Ich beschloss, nicht weiter darauf herumzureiten, dass ich sehr wohl allein zurechtkam.

»Ich habe nur eineinhalb Stunden geschlafen«, jammerte ich, Mitleid heischend.

»Bei mir war es in letzter Zeit weniger«, gab sie zurück.

Das Baby war satt, gewickelt und warm eingepackt und würde jetzt doch wohl ganz bestimmt schlafen. Starr und schweigend lagen wir nebeneinander; jeder wusste, dass der andere schon auf das erste jaulende Winseln aus dem Kinderwagen wartete. An Entspannung war ebenso wenig zu denken wie bei

75

einem Patienten, der sich auf dem Zahnarztstuhl zurücklehnt; wir konzentrierten uns ganz auf den Augenblick, in dem der Bohrer den Zahn berührt – auf den ersten quengeligen Schrei, der uns mitteilen würde, dass der nächste Brüllanfall bevorstand. Als es so weit war, sagte ich nichts, aber ich spürte, wie Catherine zusammenzuckte. Keiner von uns war an der Reihe mit Aufstehen, und so behielten wir beide, während das Gejaule rhythmischer und nachdrücklicher wurde, unsere absurd optimistischen Schlafpositionen bei wie ein Pärchen, das sich bei strömendem Regen zu sonnen versucht.

»Lassen wir ihn doch einfach mal schreien«, schlug ich vor, als sich das Gewinsel zu einem ausgewachsenen Gebrüll entwickelt hatte.

»Ich kann das nicht, wenn du arbeitest und ich hier ganz allein bin.«

»Heute Nacht bin ich hier. Es könnte die Nacht werden, in der er lernt, dass wir nicht immer gleich angerannt kommen.«

»Ich kann es nicht.«

»Nur bis der Wecker drei Uhr fünfzig anzeigt.«

Als ich das sagte, war es 3:42. Ich stand auf und schloss die Tür, damit Millie nicht wieder geweckt wurde. Catherine erhob keinen Einwand, starrte aber unverwandt auf das leuchtende Digitaldisplay des Radioweckers, während das Baby dicht aufeinander folgende, atemlose Schreie ausstieß.

Nach einer halben Ewigkeit – 3:43 – legte sich Catherine wütend das Kissen auf den Kopf – ein Geste, mit der sie mir offenbar etwas mitteilen wollte, denn ich bemerkte, dass sie das Kissen am Ohr ein Stückchen hob, um Alfie weiterhin hören zu können. Ich hatte angenommen, die Lautstärkenadel des Babys hätte bereits die rote Linie erreicht und seine kleine Lunge und der winzige Kehlkopf könnten unmöglich noch mehr Lärm produzieren, doch um 3:44 verwandelte sich das Gebrüll von einer

Sekunde zur nächsten in einen quadrophonischen Hypersound mit doppelter Power, Wut und Lautstärke. Wäre das Ganze eine *Son et lumière*-Veranstaltung gewesen, hätte man jetzt den Augenblick erwarten dürfen, in dem das Feuerwerk losgeht und der Chor sich erhebt. Woher nahm er plötzlich diese Energie? Was verlieh ihm dieses Durchhaltevermögen, diese Entschlossenheit zu einer nächtlichen Stunde, in der wir, seine Eltern, zwanzig Mal schwerer und kräftiger als er, am liebsten schon vor Stunden das Handtuch geworfen hätten? Jetzt verstand ich, warum Mütter immer glaubten, die große Sicherheitsnadel an der Windel sei aufgegangen und pieke das Baby in den Oberschenkel, denn genau einen solch extremen Schmerz brachte Alfie zum Ausdruck. Selbst ich kam zu dem Schluss, dass seine Haut wohl von einer Nadel durchbohrt wurde, dabei benutzten wir Wegwerfwindeln.

Das Wutgeheul hielt bis 3:45 in voller Lautstärke an. Dann betätigte Alfie gewissermaßen die Gangschaltung und produzierte allmählich kürzere, unregelmäßiger erfolgende Schreie, knappe, schmerzerfüllte, bestürzte Schreie, die von der Frage kündeten: »Mutter, Mutter, warum hast du mich verlassen?« Und obwohl sie mir den Rücken zukehrte, war mir klar, dass Catherine aller Wahrscheinlichkeit nach inzwischen auch weinte. In den ersten Monaten, als sie noch stillte, hatte ich ihr einmal geraten, das Baby schreien zu lassen. Während das Baby brüllte, war Catherine aufrecht im Bett gesessen, die Tränen rollten an ihren Wangen herab, und aus ihren Brüsten quoll Pawlowsche Milch. Da hatte ich ihr nahe gelegt, das Baby zu holen. Ich wollte nicht, dass sie, so oder so, völlig austrocknete.

Wenn sie jetzt weinte, würde ich mir die Schuld daran geben. Jetzt war ich der Peiniger. Ich hatte diese arme Mutter mitten in der Nacht in einen abgedunkelten Raum gebracht und gezwungen mit anzuhören, wie ihr Baby in offenkundiger Todesangst brüllte und sich krümmte. Das Geschrei ärgerte mich, es machte mich wütend, aber es zerriss mir nicht das Herz, so wie es das ihre zerriss. Dies mit anzuhören, tat ihr unglaublich weh, doch die Gefühle, die sie dabei empfand, konnte ich nicht nachempfinden. Ich konnte mich davon abgrenzen, konnte den Teil meines Gehirns abschotten, in dem sich mein Wissen um das Unglücklichsein unseres Babys befand, und zwang jetzt Catherine dazu, dies ihrerseits zu versuchen. Ich wollte, dass sie sich ein bisschen männlicher verhielt. Vielleicht war das ja meine unbewusste Rache. Tagsüber gab sie mir ständig das Gefühl, ich müsste weiblicher sein und die Stimmungen und Bedürfnisse des Babys genauso instinktiv erfassen wie sie. Tagsüber hatte sie eindeutig Oberwasser. Jetzt, nachts, war meine Stunde gekommen. Ich hatte sie gezwungen, die mit meiner Ansicht übereinstimmenden Stellen in den Büchern zu lesen. Ich hatte ihr schwarz auf weiß den Beweis für die Gültigkeit dessen gezeigt, was ich ihr immer wieder gesagt hatte: dass sie nicht bei jedem Schrei sofort zum Baby eilen solle, dass sie versuchen müsse, sich zusammenzureißen, sich an den Mast zu binden und das Weinen ihres Kindes zu ertragen, damit es lerne, allein einzuschlafen. Sie war zwar bereit, sich auf diese Verhaltensweise rein theoretisch einzulassen, schaffte es aber nie, sie in der Praxis zu übernehmen.

Zumindest was diesen Aspekt des Elternseins betraf, war ich besser als sie. Ich konnte etwas, was sie nicht fertig brachte. Es entbehrte zwar nicht der Ironie, dass ich der Sachverständige war, wenn es darum ging, das Baby im Kinderwagen schreien zu lassen, aber ich brauchte auch einmal etwas, worauf ich stolz sein konnte, und darauf war ich stolz. Ich konnte einfach besser daliegen und nichts tun als sie. Da diese Kompetenzverschiebung kaum spürbar war und womöglich unbemerkt geblieben wäre, wenn ich sie nicht irgendwie hervorgehoben hätte, erkundigte ich mich um 3:46 sanft und voller Mitgefühl bei Catherine, ob sie mit der Situation klarkomme.

»Ja!«, fuhr sie mich an. Sie ärgerte sich über meine herablassende Frage.

»Ich weiß, es ist schwer«, erklärte ich in unendlich tröstlichem, verständnisvollem Tonfall, »aber du wirst mir bald dankbar sein, dass ich dich dazu gebracht habe.«

Sie schwieg. Jetzt konnte ich den entscheidenden Treffer landen. »Versuch stark zu sein! Es ist auf lange Sicht auch für das Kind das Beste.«

Daraufhin geschah etwas sehr, sehr Unfaires: Sie stimmte mir zu. »Ich weiß«, sagte sie. »Du hast Recht, wir müssen das durchstehen.«

»Was?«, rief ich konsterniert.

»So kann es nicht jede Nacht weitergehen. Das Baby macht mich völlig kaputt. Wir müssen das in den Griff kriegen.«

Mit allem hatte ich gerechnet, nur damit nicht. Ich hatte geglaubt, sie werde aus dem Bett springen, zum Baby laufen und sagen: »Tut mir Leid, Michael, aber ich bin einfach nicht so stark wie du. Ich kann nicht anders, tut mir Leid.«

Ich versuchte meinen überlegenen Status als abgebrühter Familienvater zu wahren. »Wenn du unbedingt zu ihm gehen willst, habe ich nichts dagegen.«

»Nein! Wir müssen stark sein!«

»Du bist sehr tapfer, Catherine, aber ich weiß, dass du in Wirklichkeit zu ihm gehen und ihn aus dem Wagen nehmen willst.«

»Nein, das mache ich nicht. Wir stehen das jetzt durch!«

»Soll ich ihn für dich holen?«

»Bloß nicht! Lass ihn schreien!«

Ich lag da, lauschte dem Gebrüll, und hätte, da mir mein letztes bisschen Stolz und Status genommen waren, am liebsten mitgeweint.

Alfie lernte tatsächlich, allein einzuschlafen, was in unseren Augen einen Triumph, eine Spitzenleistung, einen Meilenstein in der Geschichte unserer Familie darstellte. Eine Stunde später hatte er seine Lektion offenbar komplett vergessen und musste alles von vorn lernen. Abwechselnd schoben wir den Kinderwagen durchs Schlafzimmer, diagnostizierten Koliken, Blähungen und jedes andere Leiden, von dem wir je in den Aushängen an dem schäbigen Schwarzen Brett in der Poliklinik gelesen hatten. Dann befiel uns plötzlich die panische Angst, er schreie vielleicht deshalb so viel, weil er Meningitis habe, und ich lief runter und holte die Taschenlampe. Zeigt das Kind eine Abneigung gegen grelles Licht, ist das ein deutlicher Hinweis auf Meningitis, und tatsächlich – dieses Baby, das die ganze Nacht in einem dunklen Raum gelegen war, schrak zu unserer größten Bestürzung zurück, als wir ihm mit einer 200-Watt-Lampe voll ins Gesicht strahlten. An Meningitis kann man sterben, und die Krankheit ist ansteckend. Was, wenn auch Millie sie hatte? Wir liefen in ihr Zimmer, rüttelten sie wach und leuchteten ihr mit meiner superstarken Taschenlampe in die Augen. Auch sie schrak zurück. Und Schläfrigkeit – ein weiteres Symptom! Unsere beiden Kinder hatten Meningitis! Die völlig verwirrte Millie wurde vor den Fernseher gesetzt, während wir rasch alle weiteren Symptome in unserem Buch nachlasen – Kopfschmerzen, Fieber, steifer Nacken. Unter diesen Beschwerden litten die beiden offenbar nicht. Und dann wurde uns klar, dass Millie, wenn sie seelenruhig in das Bildschirmlicht eines Fernsehers starrte, unmöglich Meningitis haben konnte.

»Los, Millie, ab ins Bett!«

»Aber ich schau *Barney* an.«

»Du weißt genau, dass du nachts nicht fernsehen darfst.«

Sie schob die Unterlippe vor und begann zu weinen, und wir mussten uns wohl oder übel eingestehen, dass es vielleicht ein bisschen ungerecht war, ein Kind um fünf Uhr morgens wachzurütteln und vor die Glotze zu setzen, um ihm dann zu sagen, es dürfe nicht fernsehen. Und so verbrachte ich die Stunde vor Tagesanbruch damit, mir neben Millie sitzend anzusehen, wie ein riesiger, knuddeliger rosa-grüner Dinosaurier von vielen kränklich wirkenden amerikanischen Kindern umarmt wurde.

Das Frühstück verlief in angespannter Atmosphäre. Daran war Catherines morgendliche Übelkeit nicht allein schuld, aber die Geräusche, die sie beim Erbrechen machte, hoben die Stimmung nicht wesentlich. Zu diesem Zeitpunkt waren wir beide vor lauter Gereiztheit bereits so irrational, dass ich felsenfest glaubte, sie täusche das Erbrechen nur vor, um zu zeigen, dass es ihr schlechter gehe als mir. In einer solchen Phase brauchten wir Abstand voneinander, dann musste ich weg und mich in meiner Höhle verkriechen. Catherines Vater hatte den Schuppen hinten im Garten zu einem kleinen Arbeitsraum umgebaut, in den er sich zurückziehen und still und ungestört meditieren und das nächste Bohrasselmassaker planen konnte. Ich aber hatte ganz South London für mich. Für Catherine, in North London geboren und aufgewachsen, wäre eine Fahrt in die Niederungen von Balham nicht weniger unvorstellbar gewesen als eine Trekking-Tour durch Kasachstan. Sie besaß eine vage Vorstellung von der ungefähren geografischen Lage beider Gebiete, hätte aber nie auch nur einen einzigen Gedanken daran verschwendet, welche Visa, Landkarten und Reiseführer man bräuchte, um in Gegenden wie diese zu gelangen.

Es wäre besser gewesen, wenn ich mich sofort auf die andere Seite des Flusses zurückgezogen hätte; Catherine würde sehr viel entspannter sein, sobald sie mich endlich los war. Doch vorher mussten noch ein paar Kleinigkeiten erledigt werden: Ich wollte wenigstens die Babymilch zubereiten, musste das Ladegerät für mein Handy finden, ein paar Sachen in meine Reisetasche packen und obendrein den ausgewachsenen Ehekrach hinter mich bringen, der sich bereits mit der deprimierenden Zwangsläufigkeit einer Weihnachtssingle von Cliff Richard anbahnte.

»Streich das Pulver mit einem Messer ab«, sagte Catherine, als ich die Babymilch zubereitete.

»Was?«

»Man muss das Pulver im Messlöffel mit einem Messer glatt streichen, damit die Menge auch wirklich stimmt.«

»Catherine, was ist denn so schlimm, wenn die Babymilch ein kleines bisschen stärker oder schwächer ist? Wäre das eine Art Lebensmittelvergiftung für Alfie? Oder würde er dann verhungern?«

»Du sollst dich an die Anweisungen halten.«

»Du meinst, ich soll mich an *deine* Anweisungen halten. Warum traust du mir nicht zu, dass ich in der Lage bin, dieses blöde Babymilchpulver abzumessen, ohne dass du mich dabei belauerst wie ein Falke?«

Und schon ging's los. Keiner von uns hatte Schuld an dem Streit, er war die unausweichliche Kollision zweier erschöpfter Partner, die in einem winzig kleinen Haus zusammengepfercht waren wie Batteriehennen, die man zu lang in einen engen Käfig gesperrt hatte. Innerhalb kürzester Zeit warfen wir uns gegenseitig rücksichtslos die ganze Wut, den ganzen Frust an den Kopf. Ich brüllte Obszönitäten, sie warf ein dickes Taschenbuch nach mir. Der Titel lautete »Liebevolle Eltern«; es verfehlte mich knapp und traf Millie am Bein. Millie reagierte nur ein bisschen verdattert und spielte weiter, aber ich demonstrierte mein Mitgefühl für sie derartig übertrieben, dass sie sicherheitshalber doch losheulte, was mir die Möglichkeit verschaffte, Catherine einen hasserfüllten Blick zuzuwerfen und zu sagen: »Da siehst du, was du angerichtet hast!« Und dann tröstete ich unsere völlig aufgelöste Kleine, indem ich mich mit ihr hinsetzte und ihr ein Beatrix-Potter-Buch vorlas, um einmal klarzustellen, wer in dieser Ehe der liebevolle Elternteil war.

»Ihr dummen Kätzchen habt verlor'n die Lätzchen«, sagte Mrs. Tabitha Twitchet. Und dann fügte die knuddelige Mieze angeblich hinzu: »Du bist so was von launisch! Du bist die einzige Frau, die es schafft, an achtundzwanzig Tagen im Monat das prämenstruelle Syndrom aufzuweisen!« An diese Stelle im Buch konnte Millie sich offensichtlich nicht erinnern, war aber beruhigt, als ich weiterlas: »Da marschierten drei Quakentlein vorbei ...«

Der Streit verlief gemäß der üblichen symphonischen Struktur, wobei jeder Satz auf dem vorangegangenen aufbaute. Catherine sagte, ich würde ihr nie etwas erzählen, würde nie mit ihr über meine Arbeit oder meine Pläne sprechen. Ich beklagte, dass ich ihr nichts, was ich mit den Kindern täte, recht machen könne, dass sie mir nie zugestehe, etwas auf meine Art zu tun. Mittlerweile zitterte ich vor Wut. Um ihren Anblick nicht länger ertragen zu müssen und meinem aufgestauten Zorn durch Hausarbeit ein Ventil zu schaffen, begann ich erbittert einige Plastikteller vorzuspülen. Als mir bewusst wurde, dass Catherine sie bereits gespült hatte, machte ich trotzdem weiter in der Hoffnung, sie werde es nicht merken.

»Diese Teller habe ich schon gespült«, sagte sie.

Schließlich befahl sie mir abzuhauen und zu arbeiten, woraufhin ich ziemlich wenig überzeugend erwiderte, ich hätte eigentlich noch dableiben und ihr helfen wollen.

»Was würde mir das schon bringen?«, fragte sie, während ich meine Jacke anzog. »Ich muss ja sowieso raus, einkaufen, Milchpulver besorgen, Millie zur Spielgruppe bringen, und so weiter, und so weiter. Es ist alles so beschissen *langweilig!*«

»Es müsste überhaupt nicht langweilig sein. Ich habe dir den Sony-Walkman gekauft, damit du Radio 4 hören kannst, wenn du mit den Kindern auf den Spielplatz gehst, aber du benützt ihn ja praktisch nie.«

»So funktioniert das nicht, Michael. Du kannst meine Probleme nicht mit vorgefertigten Lösungen abtun, als ob es sich um irgendwelche Banalitäten handeln würde! Ich will nicht, dass du etwas gegen meine Langeweile unternimmst, ich wünsche mir, dass du die Langeweile hin und wieder mit mir *teilst*!«

Die Absurdität dieser Vorstellung machte mich sprachlos. Sie wollte, dass ich mich mit ihr zusammen langweilte – die Frau, mit der man mehr Spaß haben konnte als mit jedem anderen Menschen, den ich kannte! Die Frau, die einmal einem holländischen Autostopper weisgemacht hatte, ich sei stocktaub, und mich dann eine Stunde lang zum Lachen zu bringen versuchte, indem sie dem Typen erzählte, wie mies ich im Bett sei. Diese Catherine wollte ich wiederhaben. Ich wollte sie den Körperfressern entreißen und in die Zeit zurückbringen, als wir keinen anderen Wunsch hatten, als jede Sekunde des Tages zusammen zu sein. Jetzt dagegen waren wir wie zwei Magneten: Die eine Seite zog uns zueinander, die andere trieb uns auseinander, immer abwechselnd Anziehung und Abstoßung, Liebe und Hass.

Als ich eben gehen wollte, würgte sie mir noch eins rein. »Weißt du, Michael, es macht mir nichts aus, dass du nie hier bist, aber es stört mich, dass du nicht hier sein *willst*.«

Wie schaffte sie es bloß, wach zu liegen und sich solche Sätze auszudenken?

Angriff war jetzt die einzig mögliche Form der Verteidigung. »Das ist so was von unfair«, fuhr ich sie mit erhobener Stimme an, um ihr klarzumachen, dass sie eindeutig zu weit gegangen war. »Meinst du, ich sehe meine Kinder *freiwillig* so selten? Weißt du nicht, dass ich jedes Mal so schnell wie möglich zurückfahre, um sie zu sehen? Wenn ich mich um drei Uhr früh ins Bett lege, weißt du, wie elend mir dann zu Mute ist, weil ich sie nicht sehen kann, wenn sie aufwachen?

Und warum sehe ich sie nicht so viel wie du? Weil ich arbeiten muss. Tag und Nacht schufte ich mich ab, um meine Frau und meine beiden Kinder zu finanzieren und eine Hypothek abzuzahlen, die wir uns im Grunde überhaupt nicht leisten können. Und wenn du eine Geschirrspülmaschine willst, ist das Geld wie von Zauberhand herbeigeschafft, oder neue schicke Klamotten oder einen Urlaub oder ein Scheiß-Bidet, das vierhundert Pfund gekostet hat und als Behälter für Plastikbadetiere benützt wird. Geld ist immer da, und warum ist es immer da? Weil ich mich dafür abrackere!«

Ich war zu voller Form aufgelaufen. Catherine wusste nicht, was sie sagen sollte.

»Weißt du, so leicht ist das wirklich nicht, erschöpft zum Studio zu fahren, dann sechsunddreißig Stunden ohne Unterbrechung zu arbeiten, um Kompositionen termingerecht abzuliefern, ein Stück zu schreiben und sich währenddessen schon um den nächsten Auftrag zu bemühen, nonstop ganz allein in einem winzigen Studio am anderen Ende der Stadt zu arbeiten, einsam einzuschlafen, aufzustehen und sofort weiterzuschuften. Aber ich muss es tun, damit wir einen einigermaßen hohen Lebensstandard halten, unsere Kinder ernähren und kleiden und es uns weiterhin leisten können, in diesem Haus zu wohnen. Ich muss so hart arbeiten, damit wir uns über Wasser halten!«

Ich ergriff meine Reisetasche und eilte wütend Richtung Haustür, um mir einen triumphalen Abgang zu bereiten. Auf dem Fußabstreifer lag ein Umschlag, dessen Form und Größe

85

mir bereits vertraut waren. Ich hob ihn auf und stopfte ihn in die Tasche. Ich brauchte ihn nicht zu öffnen, ich wusste, was er enthielt: einen weiteren Mahnbrief unserer Bank. Sie wollten wissen, warum seit vier Monaten keine Hypothekenzahlungen mehr erfolgt waren.

weil
ich
es
mir
wert
bin

auf die ein oder andere Weise wurde ich immer von Kindergeschrei wach. Auf meinem Radiowecker war es 3:31, und einen Moment lang wusste ich nicht, ob es Morgen oder Nachmittag war, doch dann machte mir der Lärm der Kinder, die gerade von der Schule gegenüber abgeholt wurden, klar, dass es Nachmittag sein musste. Schließlich würde man ja wohl nur extrem hyperaktive Kinder bis halb vier Uhr morgens in der Schule lassen. Obwohl ich meinen persönlichen Langschlafrekord einmal mehr überboten hatte, wäre ich weiteren zwölf Stunden durchaus nicht abgeneigt gewesen. Wem tagelang der Schlaf entzogen wurde, giert, nachdem er sich eine Riesendosis verpasst hat, nur noch mehr danach. Die lange Ruhepause hatte mich ausgepowert, ich war so müde und groggy wie nach einer Vollnarkose. Dass Dornröschen es geschafft hatte, nach hundert Jahren mit einem strahlenden Lächeln aufzuwachen, grenzte meiner Ansicht nach an ein Wunder. Ich zog die Bettdecke über den Kopf und versuchte wieder einzuschlafen.

Die Igel machten es richtig. Wenn sie das Gefühl hatten, es sei an der Zeit, mal wieder so richtig auszuspannen, suchten sie sich einen Riesenhaufen Reisig und Laub und krochen hinein. Es war zwar schade, dass dies normalerweise um den fünften November herum geschah, aber das dem Igel-Verhalten zu Grunde liegende Prinzip erschien mir sehr vernünftig. Warum hielten die Menschen keinen Winterschlaf? Ende Oktober würden wir uns hinhauen, Weihnachten und Silvester verschlafen und Mitte März aufstehen, denn auf dieses Datum hätten wir den Radiowecker gestellt. Wenn es dann immer noch regnete, würden wir die Schlummertaste drücken, noch ein paar Wochen liegen bleiben und nur aufstehen, um das Ende der Fußballsaison mitzukriegen. Genau, dachte ich, das probiere ich sofort aus. Aber es klappte nicht, ich war hellwach. Ich setzte mich auf und schaltete den Wasserkocher ein.

Ich dachte zurück an den vielen überschüssigen Schlaf, in dessen Genuss ich mit sechzehn, siebzehn, achtzehn gekommen war. Wie leichtsinnig hatte ich ihn damals verschwendet! Hätte ich ihn doch nur auf eine Schlafbank bringen und als Schlafpension für später aufsparen können. »Steh endlich auf, Michael!«, rief meine Mutter immer von unten zu mir hoch. Erst setzen wir alles daran, dass unsere Kinder im Bett bleiben, dann mühen wir uns ab, sie von dort wieder rauszubekommen. Das mit dem Schlafen klappt offenbar in kaum einer Lebensphase. Kleine Kinder wachen immer zu früh auf, Teenager überhaupt nicht, frisch gebackene Eltern kriegen wegen des Babygeschreis gar keinen Schlaf, ein paar Jahre später können sie nicht einschlafen, weil sie ihr Kind sonst nachts nicht heimkommen hören. Im Alter wacht man wieder so früh auf wie als Kleinkind, und eines Tages schlafen wir dann für immer – eine Vorstellung, die mir manchmal gar nicht unangenehm erscheint. Aber wahrscheinlich werde ich neben einem Kindergarten zu liegen kommen und von den Toten erweckt werden, weil zu jeder Tageszeit kreischende, tobende Kinder auf mir herumhopsen.

Ich machte mir eine Tasse Tee, schaltete den Fernseher ein und zappte ein bisschen herum, weil ich mir Werbespots ansehen wollte. Wie immer waren die Werbepausen von viel zu viel Programm umgeben. Als Erstes kam eine schwungvolle Interpretation von George Gershwins »Summertime« – ein Paul-Robeson-Imitator sang »Somerfield ... und das Shoppen ist easy. Platz zum Parken, und die Preise astrein.« Es folgte ein Shampoo-Spot, in dem uns ein französischer Fußballspieler erklärte, weshalb er L'Oréal verwendete. »Weil ich es mir wert bin.« Genau deshalb liege ich um drei Uhr nachmittags noch im Bett, dachte ich – weil ich es mir wert bin. Weil ich es kann und weil ich keinem damit wehtue. Dann kam Werbung für eine Bausparkasse, in der es hieß: »Denken Sie daran: Sie setzen Ihr Haus aufs Spiel, wenn Sie keine Abzahlungen leisten!« Ich zappte rasch zu einem anderen Sender. Meine überfälligen Hypothekenraten würde ich schon noch zahlen. Das hieß zwar, mehrere Monate lang so hart zu arbeiten, wie Catherine glaubte, dass ich es ständig täte, doch meiner Einschätzung nach würden die Rückstände bis zur Geburt des Babys beseitigt sein.

Die Gedanken an das ungeborene Kind waren mir bei einer Sendung der Open University auf BBC2 gekommen. Es ging um ein verrücktes Institut in Kalifornien, in dem schwangere Frauen sich durch ein auf den Bauch gedrücktes Sprachrohr mit Algebraformeln und Shakespeare-Zitaten beschreien ließen. Angeblich verschläft ja der Fötus die meiste Zeit im Bauch, aber auch das soll jetzt offenbar ein Ende haben. »Man kann gar nicht früh genug damit beginnen, die unterschiedlichsten Dinge zu lernen«, erklärte die Lehrerin. Dass die eigenen Eltern durchgeknallt sind, beispielsweise.

Das dürfte der tiefste Schlaf überhaupt sein, dachte ich: kuschelig in diesem dunklen, warmen Wasserbett liegen, den dumpfen, einschläfernden Herzschlag im Ohr, und bis die Sorgen der Welt dort draußen das Unbewusste aufzumischen beginnen, ist es noch lang hin. Alles vorhanden, nie muss man das behagliche, sichere Fleischnest verlassen. War das vielleicht der eigentliche Grund? Stellte meine geheime Zuflucht in South London den Versuch dar, in die natürliche Geborgenheit zurückzukehren, die ich in den neun Monaten vor meiner Geburt genossen hatte? Ich legte mich wieder hin, rollte meinen nackten Körper wie ein Fötus zusammen und stellte fest, dass dies die Position war, in der ich am besten einschlafen konnte. Mein dunkles, gemütliches kleines Versteck bot all das, was mein allererster Schlafplatz mir geboten hatte. Nicht im wörtlichen Sinne natürlich – am Uterus meiner Mutter hatte kein großes Ramones-Poster geklebt –, aber symbolisch betrachtet war diese kleine Höhle mein eigener künstlicher Schoß. Neben dem Bett hing eine aus verhedderten Stromkabeln bestehende Nabelschnur herab – die Heizdecke, die mich wärmte, das Kabel des Wasserkochers, der mich mit Flüssigkeit versorgte, und das Kühlschrankkabel für die Nahrung. Der Drumbeat aus Jims Anlage pulsierte rhythmisch durch die Wand, und das Sonnenlicht, das durch den rot gemusterten Vorhang drang, tauchte mein Fenster zur Außenwelt in venöses Rosarot. Um der Tyrannei der Babys zu entfliehen, musste ich selbst in einen pränatalen Zustand zurückfallen.

Dass ich meine Familie hin und wieder als ungemein aufreibend empfand, war kein Grund für Schuldgefühle, redete ich mir ein und machte mir wieder einmal bewusst, dass mein Verhalten auch nicht schlimmer war als das aller anderen Männer meiner Generation. Manche Väter blieben viel länger in der Arbeit als nötig. Manche Väter arbeiteten die ganze Woche und spielten am Wochenende Golf. Manche Väter kamen heim, setzten sich sofort an ihren Computer und blieben den restlichen Abend davor sitzen. Diese Männer waren für ihre Frauen und Kinder nicht mehr da als ich, ich aber machte mir diesbezüglich wenigstens nichts vor. Es ging doch allen besser, wenn ich mich nicht ständig zu Hause aufhielt. Das Problem war nur, dass es mir umso schwerer fiel und ich umso weniger gern dort war, je seltener ich mich dort blicken ließ.

In den Werbespots, deren Musik ich arrangiert hatte, waren die Familien stets enorm gut drauf und kamen unheimlich toll miteinander aus. Obwohl ich selbst in der Branche arbeitete, hatte ich die Lügen immer noch nicht durchschaut. Dass »Lite 'n' lo« keine wirklich wohlschmeckende Alternative zu Butter war, wusste ich selbstverständlich, aber dass auch mit den glücklich lächelnden Kindern und den herzlich lachenden Eltern am Frühstückstisch gelogen wurde, war mir nie in den Sinn gekommen. Wäre das *meine* Familie gewesen, hätte man gesehen, wie die Mum zum Buttermesser greift und den Dad damit bedroht.

Die Werbung machte uns weis, wir könnten alles haben, könnten tolle Väter sein und trotzdem zum Snowboarden fahren und viel Geld verdienen und kurz mal aus der Geschäftsbesprechung rausgehen und unseren Kindern übers Handy eine Gutenachtgeschichte erzählen. In Wahrheit ist das unmöglich. Arbeit, Familie und eigene Interessen – ein unlösbarer Rubikwürfel. Kein Mensch schafft es, ein engagierter, einfühlsamer Vater und gleichzeitig ein knallharter, gut verdienender Geschäftsmann, ein lokalpolitisch aktiver Bürger, ein handwerklich geschicktes Do-it-yourself-Genie und ein romantischer, aufmerksamer Ehemann zu sein – irgendwo setzt es unweigerlich aus. In meinem Fall überall.

Es gab aber einen weiteren Grund, weshalb ich bisher keine Lust hatte, mich stundenlang mit meinen Kindern zu beschäftigen. Kein Vater und keine Mutter besaß den Mut, sich diesen Grund einzugestehen; es war ein schuldbehaftetes Geheimnis, das meiner Ansicht nach ausnahmslos jeder kannte, das aber keiner aussprach aus Angst, für einen schlechten Vater beziehungsweise eine schlechte Mutter gehalten zu werden:

Kleine Kinder sind langweilig.

Wir tun immer so, als fänden wir an unseren Sprösslingen alles bis in die kleinste Nuance wunderbar und faszinierend, doch damit machen wir uns etwas vor. Kleine Kinder sind langweilig. Niemand wagt es diese Eintönigkeit beim Namen zu nennen. Am liebsten würde ich mich outen, mich ganz oben auf das höchste Klettergerüst des Landes stellen und der Welt verkünden: »Kleine Kinder sind langweilig.« Die anderen Eltern, die ihre Kinder gerade zum hundertsten Mal auf der Wippe hochziehen und runterdrücken, würden schockiert und beleidigt reagieren, doch insgeheim wären sie unglaublich erleichtert zu hören, dass sie nicht allein sind. Und alle Schuldgefühle, die sie empfunden hatten, weil sie es in Wahrheit grausam fanden, den ganzen Tag mit ihren geisttötenden Zweijährigen zu verbringen, wären wie weggeblasen, wenn ihnen bewusst würde, dass sie keineswegs schlechte, lieblose Eltern sind und dass nicht sie das Problem darstellen, sondern ihre Kinder – ihre langweiligen Kinder.

Bevor die Kinder kamen, war mir nie langweilig gewesen. Wenn mir ein Urlaub keinen Spaß machte, fuhr ich nach Hause. Wenn mich ein Videofilm anödete, spulte ich ihn ein Stück vor. Am liebsten hätte ich die Fernbedienung auf die Kinder gerichtet und sie ein paar Jahre vorgespult, denn ich wusste, dass sie mit vier, fünf Jahren wesentlich interessanter sein würden. Catherine hatte mehr Geduld als ich. Ihr machte es nichts aus, noch ein paar Jahre zu warten, bis sie die in ihre Kinder investierte Zeit und Liebe zurückbekommen würde.

Ich tapste schläfrig in die Toilette und wollte gerade die Klobrille heben, als mir einfiel, dass sie in diesem Haushalt ohnehin ständig oben war. Ich versuchte, jeden Gedanken an Catherine zu vermeiden, schließlich war das hier meine Freizeit. Mein Urin roch schwefelig – ich hatte am Abend zuvor Spargel gegessen. Catherine hatte gekocht, sie wusste, wie gern ich Spargel mochte. Noch meine Pisse erinnerte mich an sie.

Heute würde sie sich wahrscheinlich, wie fast jeden Tag, mit einer von den Müttern treffen, die sie in Millies Spielgruppe kennen gelernt hatte. Catherine hatte mir einmal die verschiedenen Muttertypen genau beschrieben. Da war die Karrieremutter mit dem schlechten Gewissen, die sich an dem einen, einzigen Tag, an dem sie in der Spielgruppe erscheinen konnte, unglaublich ins Zeug legte und beim Absingen von »Die Räder am Bus dreh'n sich rum und rum« alle anderen übertönte. Dann gab es die zum Hausfrauendasein konvertierte Mutter, die zuvor eine äußerst erfolgreiche Geschäftsfrau gewesen war, sich dann aber mit genau demselben Ehrgeiz und Konkurrenzdenken ins Muttersein gestürzt hatte. Weil sie jetzt nicht mehr in regelmäßigen Abständen befördert wurde, brachte sie jedes Jahr ein Kind zu Welt und war damit, ihrer Ansicht nach, allen anderen Frauen in ihrer Umgebung überlegen. Da gab es die Mutter des Satans, der nicht im Mindesten bewusst war, dass sie das bösartigste Wesen des Universums geboren hatte, die ungeniert weiterplauderte, während ihr Zweijähriger dem eigenen Kind unablässig ins Gesicht schlug, und dazu nur beiläufig bemerkte: »Toll, wie gut die beiden sich verstehen!« Und dann gab es noch die Ökomutter, die ihrem Sohn ganz ruhig und sanft erklärte, weshalb er nicht mit vollem Munde sprechen solle, während ebendieser vierjährige Sohn an ihrem Busen nuckelte.

Mit ihnen allen hatte Catherine sich angefreundet. Es beeindruckte mich immer wieder, wie leicht Frauen Freundinnen gewinnen. Auf dem Spielplatz beteiligte ich mich gezwungenermaßen an einem komplizierten Vatertanz, der darin bestand, meine Kinder von den anderen vom Vater beaufsichtigten Kindern unauffällig wegzubugsieren, damit uns die Peinlichkeit erspart blieb, allen Ernstes ein paar Worte miteinander wechseln zu müssen. Und selbst wenn ein gewisses Maß an Kommunikation unausweichlich wurde, sprachen wir nicht etwa direkt miteinander, sondern benützten unsere Kinder als Mittler. Wenn Millie, beispielsweise, absichtlich die Rutsche blockierte, entschuldigte ich mich bei dem anderen Vater, indem ich laut sagte: »Rutsch endlich runter, Millie, das kleine Mädchen möchte auch mal!«

Dass alles in Ordnung war, signalisierte mir der andere Vater daraufhin mit der Erwiderung: »Hör auf, das Mädchen zu schubsen, Ellie! Die Kleine darf rutschen, wann sie will!« Selbst der Augenkontakt zwischen den beiden Männern konnte so vermieden werden, während drüben auf der anderen Seite des Spielplatzes seine und meine Frau sich bereits darüber unterhielten, wie bald nach der Entbindung sie wieder Geschlechtsverkehr gehabt hatten.

Notgedrungen musste nun auch ich mit den neuen Paaren, die wir durch unsere Kinder kennen gelernt hatten, Umgang pflegen. Catherine und die Mütter quatschten und quatschten, unsere Kinder waren im gleichen Alter und spielten wunderbar miteinander, nur die anderen Väter und ich hatten nicht das Geringste gemein. Am Sonntag zuvor hatte ich mich mit einem gewissen Piers unterhalten müssen, dessen Vorstellung von einem entspannten Wochenende sich im Tragen eines Blazers erschöpfte.

»Und wie ist das Fahrgefühl im Astra, Michael?«

Er hatte gesehen, dass Catherine und ich in einem Vauxhall

Astra gekommen waren, und hielt das offenbar für ein geeignetes Thema, um ins Gespräch einzusteigen.

»Das Fahrgefühl? Äh, ich weiß nicht so recht. Mir war noch nie klar, was das eigentlich heißt. Was genau ist das, das Fahrgefühl? Ist das mein Gefühl beim Fahren oder das Gefühl, das das Auto hat, wenn es von mir gefahren wird?«

Piers sah mich an, als wäre ich ein Geistesgestörter, und trank einen großen Schluck Bier aus dem mit seinem Namen beschrifteten Bierkrug, ehe er sich der Mühe unterzog, mich aufzuklären: »Wie liegt er auf der Straße?«

Das also bedeutete es. Eine völlig absurde Vorstellung. Piers fragte mich, wie unsere Familienkutsche »auf der Straße liegt«. Durch die Schwerkraft liegt sie auf der Straße, durch die Schwerkraft! Das kann nicht die richtige Antwort sein, überlegte ich. Irgendetwas an meinem Auto musste ich übersehen haben, aber was? Es tat alles, was ich wollte. Wenn ich das Lenkrad linksherum drehte, fuhr der Wagen nach links, drehte ich es rechtsherum, fuhr er nach rechts.

»Gut«, sagte ich. »Sehr gut sogar. Ja, das Fahrgefühl im guten alten Astra ist ganz hervorragend.«

»Hast du eigentlich einen SXi oder einen 1.4LS?«

»Hm?«

»Der Astra. Welches Modell hast du?«

Am liebsten hätte ich gesagt: Hör zu, ich weiß nicht, welches Scheiß-Modell es ist, und es ist mir auch völlig egal, kapiert? Es ist ein Auto. Auf der Rückbank sind zwei Kindersitze und auf der Polsterung jede Menge Saftflecke und im Kassettenrecorder steckt ständig eine Kassette mit Disney-Kinderliedern.

»Also, mit der Technik kenne ich mich bei Autos nicht so aus«, lautete meine dürftige Antwort. Piers musterte mich, als sei ich ein Angehöriger eines abgelegenen Stammes in Papua-Neuguinea und hielte mich zum ersten Mal in der westlichen Welt auf.

»Also, das ist eigentlich ganz einfach – hat der Wagen einen Einspritzmotor oder nicht? Das ›i‹ steht nämlich für ›Injektion‹.«

Ich schwieg. Jeden Tag öffnete ich die Kofferraumhaube, aber ich konnte mich nicht erinnern, welche Buchstaben dort standen. SXi war sehr gut möglich, L.S. ebenso gut. Wie lautete die Aufschrift? Irgendetwas musste ich sagen.

»Nimm nicht immer alles weg, Millie!«, rief ich unvermittelt und lief hinter Millie her, um ihr eine Puppe zu entreißen, die Piers' Tochter ihr gerade freiwillig gegeben hatte.

»Aber sie hat mir die Puppe gegebt!«, sagte Millie verwirrt.

»Bitte, Millie, ihr könnt doch schön miteinander spielen! Komm, wir bitten jetzt die kleine Hermione, dass sie uns alle ihre Spielsachen im Kinderzimmer zeigt!« Und dann ging ich mit zwei zweijährigen Mädchen nach oben – nicht ohne dem anderen Vater noch einen kurzen Blick zuzuwerfen und das Gesicht zu einem gequälten »So sind sie nun mal, da kann man nichts machen«-Ausdruck zu verziehen – und versteckte mich lieber vierzig Minuten lang im Kinderzimmer, als mich unten weiter mit den Erwachsenen unterhalten zu müssen.

»Sie ist echt nett, findest du nicht?«, fragte mich Catherine, als wir drei Stunden später heimfuhren. »Ich habe die beiden fürs nächste Wochenende zum Mittagessen eingeladen.«

Sie hörte meinen resignierten Seufzer und sagte: »Genau das mag ich so an dir, Michael. Für dich gibt es keine Fremden, sondern nur Freunde, gegen die du noch keine Abneigung entwickelt hast.«

Ihr machte das alles nichts aus. Die Frauen waren eigentlich alle nett, die Männer aber erfüllten jedes Klischee. Catherine steuerte den Wagen durch den höllischen Verkehr auf der Camden Road.

»Wie findest du eigentlich das Fahrgefühl im Astra?«, fragte ich sie.

»Was?«

»Dieses Auto da, der Astra. Wie findest du sein Fahrgefühl?«

»Was soll das Gelabere, du langweiliger Spießer?«

Mir war wieder mal klar, dass ich eindeutig die richtige Frau geheiratet hatte.

Ich hielt es für ausgeschlossen, dass sich zwischen den Männern der Familien, die Catherine in Millies Spielgruppe kennen gelernt hatte, je Freundschaften entwickeln würden, war aber leicht eingeschnappt, als ich erfuhr, dass Piers und mehrere andere Väter eines Sonntagabends einen trinken gegangen waren, ohne mir die Chance zu geben, mich nicht mit ihnen anzufreunden. Meine Kumpels suchte ich mir genauso aus wie meine Klamotten. Morgens lagen Jeans und Sweatshirt auf dem Stuhl neben dem Bett, also zog ich beides an. Und auf den Stühlen im Nebenzimmer saßen Simon, Paul und Jim, also verbrachte ich den Rest des Tages mit ihnen. Entscheidend war nicht, was mir gefiel oder stand, sondern was am bequemsten war. Männerfreunde traten in mein Leben und verließen es wieder, wenn der Entstehungsgrund unserer Freundschaft nicht mehr existierte. Ich hatte oft mit Typen zusammengearbeitet, die ich wirklich mochte, war mit ihnen ins Pub gegangen und so weiter. Wahrscheinlich hatten wir ehrlich vorgehabt, in Kontakt zu bleiben, aber man kann nicht zwei Monate später jemanden anrufen und fragen: »Hast du Lust, einen trinken zu gehen?« Der andere könnte dann nämlich sagen, an diesem Abend passe es ihm nicht, und dann würde man ziemlich dumm dastehen.

Deshalb waren meine derzeit besten Freunde die drei anderen Männer in dieser Wohnung.

»Wie geht's?«, murmelte ich, als ich das Wohnzimmer betrat.

»Geht schon«, murmelten sie zurück.

Toll, wie umstandslos man das Neueste aus ihrem Leben erfuhr. Ich setzte mich hin und las in einer alten Ausgabe einer Boulevardzeitung einen Bericht über ein französisches Ehepaar. Beide Partner waren über hundert, wollten sich aber scheiden lassen. Auf die Frage, warum sie sich nach so langer Ehe trennten, antworteten sie, sie hätten warten wollen, bis alle Kinder gestorben seien.

Weil gerade Osterferien waren, mussten weder Paul noch Simon arbeiten. Wir hingen zu viert in der Wohnung herum und hatten nichts zu tun. Fasziniert sah ich zu, wie die drei anderen ihre Zeit vergeudeten, als könnten sie sich diesen Luxus ewig leisten. Sie beherrschten das Nichtstun wesentlich besser als ich, mussten sich längst nicht so anstrengen beim Faulsein. Jim lag auf dem Sofa und hatte die letzten drei Stunden herauszufinden versucht, wie sein Palmer ihm Zeit sparen könnte. Paul las demonstrativ eine Erwachsenenzeitung, während Simon am Küchentisch saß und schlicht nichts tat. Das tat er oft. Als ob er auf etwas wartete. Darauf, seine Unschuld zu verlieren, wie Jim meinte.

Simon hatte das Geheimnis der ewigen Jugend entdeckt. Phasenweise war er derart unbeholfen und verlegen, dass er keinen normalen Satz herausbrachte. Er hatte eine eigene Kommunikationsform entwickelt, die ausschließlich aus Quizfragen bestand. Anstatt zu sagen: »Hallo, Michael, lange nicht gesehen!«, grinste er aufgeregt und krähte fröhlich: »Hauptstadt des Bundesstaates New York?«

»Albany«, antwortete ich brav, und Simon brummte zufrieden, wie um auszudrücken, dass die Welt in Ordnung war.

»B-Seite von ›Bohemian Rhapsody‹?«, lautete die nächste Frage.

»›I'm in Love With My Car‹. Mit Musikfragen kriegst du mich nicht. Ist zufälligerweise mein Spezialgebiet.«

»Na gut, dann wüsste ich gern, welche Zeile aus ›Bohemian

Rhapsody‹ Titel eines Songs war, der im selben Jahr Nummer eins wurde.«

Eine Musikfrage, die ich nicht beantworten konnte – ich geriet in leichte Panik. »Also bitte! Das hast du doch erfunden!«

»Quatsch, das weiß doch jeder«, warf Jim ein.

Ich tat gleichgültig. »Also, äh, vielleicht ›Scaramouche, Scaramouche‹ von Will Doo and the Fandangos?«

»Nein.«

»Der Song kam nur auf Platz zwei«, erklärte Jim.

In rasender Eile ging ich gedanklich den gesamten Text von »Bohemian Rhapsody« durch, um einen weiteren Nummer-eins-Hit des Jahres 1975 zu finden. Es gab keinen, ich war mir sicher.

»Gibst du auf?«

»Quatsch!« Ich beschloss allerdings, in mein Zimmer zu gehen und ein bisschen zu arbeiten, anstatt noch mehr Zeit zu vergeuden. Eine Stunde später kam ich wieder heraus und sagte: »Ich gebe auf.«

»Die Antwort lautet: ›Mamma Mia!‹«, verkündete Simon triumphierend.

Ich war baff. Das war nicht fair! Ich hätte es herausbekommen, wenn ich mir ein bisschen mehr Zeit gelassen hätte. »Eine Zeile, hast du gesagt. Das ist keine Zeile, das ist nur ein Ausruf. Das zählt nicht.«

»Es lebe der Quizkönig!«, rief Simon und riss die Arme hoch.

Einen Außenstehenden hätte Simons enormes Wissen wahrscheinlich beeindruckt. Er wusste, dass die Schlacht von Malplaquet 1709 stattgefunden und der Dodo auf der Insel Mauritius gelebt hatte. Auf der Sollseite aber hatte er keine Antwort auf Fragen wie: Was wirst du in nächster Zeit unternehmen, um Geld zu verdienen? Er wusste weder, dass seine Eltern sich große Sorgen um ihn machten, noch, wie er jemals eine Freundin an Land ziehen sollte. Er wusste nicht mal, dass er ein bisschen

99

stank. Zum Glück war die Frage: Stinkt Simon ein bisschen? bei Trivial Pursuit in der Abteilung Naturwissenschaften nie aufgetaucht – wäre sie aber gestellt worden, hätte es ihn weit mehr bestürzt, eine Quizfrage falsch beantwortet zu haben, als zu erfahren, dass alle fanden, er stinke wie schweißgetränktes Sportzeug, das die ganzen Sommerferien über in einer Sporttasche vor sich hin gammelt.

Paul hatte sich aus dem Quiz herausgehalten, bemerkte aber, nachdem die Lösung der letzten Frage mitgeteilt war: »Genau, richtig«, wobei er wissend nickte. Vielleicht konnte er deshalb nicht am Quiz teilnehmen, weil er seine gesamte Energie für die fast unmöglich zu bewältigende Aufgabe benötigte, auf eine unglaublich nervige Art Zeitung zu lesen. Hielt er die Zeitung hoch, so nicht etwa, um die Artikel zu lesen, sondern um zu verkünden: »Alle mal hersehen, ich lese ein seriöses Blatt!« Sein Schweigen unterbrach er mit zustimmendem Grunzen, wenn er uns wissen lassen wollte, dass er mit dem Leitartikel übereinstimmte, beziehungsweise mit übertrieben lautem »Ts-Ts« nach Lektüre einer bestürzenden Nachricht aus der Dritten Welt. Das Lösen des »Um die Ecke gedacht«-Kreuzworträtsels war begleitet von einem unablässig dahinströmenden, aus resignierten Seufzern und selbstzufriedenen Ausrufen bestehenden Kommentar.

»Löst du das Kreuzworträtsel, Paul?«

»Was? Ach so, ja. Bin sogar schon fast fertig«, erwiderte er dankbar, ohne zu merken, dass Jim sich über ihn lustig machte.

»Das leichte oder das schwierige?«

»Das schwierige. Mit dem anderen gebe ich mich gar nicht erst ab.«

»Wow!«, sagte Jim.

Der Spätnachmittag ging in den Abend über, und Paul wurde, wie immer um diese Zeit, zappelig und nervös.

»Hat sich einer von euch überlegt, was wir zu Abend essen sollen?«, fragte der Mann, der letztlich immer das Abendessen kochte. Die anderen reagierten leicht verwundert auf seinen Vorschlag, über Essen nachzudenken, bevor es Zeit war zu essen. Jim warf einen Blick auf seine Armbanduhr.

»Ich habe eigentlich noch gar keinen Hunger ...«

»Schön und gut, aber man sollte Essen kaufen und kochen, *bevor* man Hunger bekommt, damit es ungefähr dann fertig ist, wenn man Hunger hat.«

Er erntete gleichgültiges Schweigen.

»Also?«, sagte Paul. Er stand vor dem leeren Kühlschrank.

»Was – also?«, fragte Jim.

»Was sollen wir zu Abend essen?«

»Äh, für mich ist das jetzt noch ein bisschen zu früh, danke.«

»Ich sage ja nicht, dass ich schon wieder kochen werde. Ich frage nur, ob sich zur Abwechslung mal einer von euch Gedanken hinsichtlich des Abendessens gemacht hat!«

Das Schweigen war zu viel für mich, ich brach es als Erster. »Schon gut, Paul, ich kümmere mich um das Essen. Ich hole nachher Fish and Chips oder irgendwas.«

»Das hat nichts mit Abendessenkochen zu tun; das ist Fish-and-Chips-Holen. Ich will keine Fish and Chips.«

»Indisch vielleicht?« Ein durchaus großzügiges Angebot in Anbetracht der Tatsache, dass der Inder noch mal fünfzig Meter weiter weg lag.

»Warum können wir nicht frische, hier in unserer Küche frisch zubereitete Lebensmittel essen?«

Wieder herrschte tiefes Schweigen. Keiner war bereit, freiwillig ein so gewaltiges Projekt anzugehen. Jim stand volle zwanzig Minuten gedankenverloren über den Herd gebeugt da und sagte schließlich total erschöpft: »Ich hätte nichts gegen Fish and Chips, Michael.«

»Ich auch nicht«, warf Simon ein.

»Na denn – dreimal Fish and Chips«, resümierte ich.

»Tja, wenn ihr euch alle etwas holt, werde ich mir wohl Nudeln oder irgendwas kochen müssen.«

In der kurzen Stille, die nun eintrat, spürte ich förmlich, wie Jim bei dem Gedanken an Pauls köstliche Nudelgerichte das Wasser im Munde zusammenlief.

»Also, Paul, wenn du sowieso Nudeln für dich kochst, könntest du da auch ein paar für mich mitmachen?«

Paul suchte nach Worten, die auszudrücken vermochten, warum er das nicht fair fand, doch Simon ließ ihm gar nicht die Zeit dazu.

»Ja, genau, ich esse auch Nudeln.«

»Danke, Paul«, sagte ich.

Irgendwie war aus diesen vier in einer Wohnung lebenden Männern eine traditionelle Kleinfamilie geworden. Ich weiß nicht, wie das geschah oder ob sich diese Metamorphose bei allen Menschen vollzieht, die eine Zeit lang zusammenleben – auf jeden Fall hatten wir uns unwillkürlich in Mum, Dad und zwei Kinder verwandelt.

Ich spielte wohl die Rolle des ältesten Sohns – nicht recht festzulegen, verschlossen, schweigsam –, der an den Tagen, an denen er nicht die Nacht durchgemacht hatte, morgens nicht aus dem Bett kam. Simon war das jüngste Kind, linkisch und ohne Selbstwertgefühl, das ständig Fragen stellte, um Aufmerksamkeit zu erringen. Paul war die gequälte, schwer geprüfte, ständig besorgte Mutter, die sich für alle anderen zerriss. Und Jim war der Vater, faul, geheimnisvoll, witzig und mit sich selbst beschäftigt. Sein in einer Privatschule erworbenes Selbstbewusstsein verlieh ihm eine gutmütig-väterliche Ausstrahlung, die wir alle an ihm bewunderten, auch wenn mir nicht immer wohl war bei dem Gedanken, eine Vaterfigur zu haben, die sechs Jahre jünger war als ich.

Als Kind verstand ich nicht, woher das Geld meines Vaters kam, er schien einfach immer welches zu haben, und dasselbe galt für Jim. Die einzige Schwierigkeit, die Jim mit Geld hatte, bestand darin, alles auszugeben. Er kaufte Mini-Discs, um sämtliche CDs zu ersetzen, die an die Stelle seiner Vinylplatten getreten waren. Er kaufte elektronische Spielereien, Designer-Taschenmesser, Handy-Oberschalen. Wir nahmen an, das Geld stamme von seiner Familie, waren aber allesamt viel zu höflich und zu englisch, um nachzubohren, wenn er auf Kommentare über seinen auffälligen Reichtum etwas Ausweichendes vor sich hin nuschelte.

Er hatte sein Italienisch- und Geografiestudium mit Auszeichnung abgeschlossen, konnte sich aber angeblich nur noch daran erinnern, dass Italien die Form eines Stiefels besaß. Danach war er zu dem Schluss gelangt, eine Promotion könnte vielleicht ganz nützlich sein, womit er völlig Recht gehabt hatte, weil er sich auf diese Weise Peinlichkeiten ersparte, wenn man ihn fragte, was er denn so mache. Jim promovierte und würde promovieren, bis er starb. Man hätte ihn das Aufschieben in Person nennen können, wenn er überhaupt je so weit gekommen wäre, etwas aufzuschieben. Mit seiner Unfähigkeit, einem Plan zu folgen oder sich an Vereinbarungen zu halten, trieb er Paul permanent in den Wahnsinn. Wenn Paul, um ein Beispiel zu geben, an einem Samstagmorgen vorschlug: »Hättest du Lust, heute ins National Film Theatre zu gehen?«, zuckte Jim auf die ihm eigene vornehme, coole Art gleichgültig mit den Schultern und sagte: »Mal sehen.«

Paul blieb eine Weile still, sehr darauf bedacht, sich seine nervöse, verkrampfte Stimmung nicht anmerken zu lassen, konnte jedoch, als er noch einmal auf den Vorschlag zu sprechen kam, den ärgerlichen Unterton in seiner Stimme nicht verbergen.

»Nichts, rein gar nichts wird passieren, wenn wir nicht aufstehen und es tun. Wir können uns nicht ins NFT wünschen, wir müssen zur South Bank, Eintrittskarten kaufen, reingehen und uns hinsetzen. Also, willst du jetzt ins NFT?«, fragte er noch einmal, nicht ohne rasch noch ein affektiert-lässiges »Oder wie, oder was?« hinzuzufügen.

»Schauen wir mal, wie sich der Tag anlässt.«

»Der Tag kann sich nicht anlassen! Der Tag ist passiv! Der Tag wird hier nicht mit einem Taxi und vier Eintrittskarten für den Scheiß-*Malteserfalken* antanzen!« Endlich brüllte er. Daraufhin sagte Jim: »Ist ja schon gut«, und wir anderen baten ihn, sich zu beruhigen, sich abzuregen, wir würden den Tag alle miteinander gemütlich in der Wohnung verbringen, und schon stürmte er los und kam eine Stunde später mit all den Sachen, inklusive Salzbrezeln, Oliven und köstlichem tschechischem Bier zurück, die uns, wie er wusste, unheimlich gut schmeckten.

Es war wirklich ungerecht, dass alle Jim mochten und Paul keiner. Paul war Lehrer an einer Londoner Problemschule – überarbeitet, unterbezahlt und unterschätzt. Jim war ein träges, privilegiertes Millionärssöhnchen in Hippie-Aufmachung, das von ererbtem Geld lebte und aus dem Riesenvorsprung, dem ihm das Leben gegeben hatte, nichts machte. Trotzdem war mir Jim lieber als Paul, weil der reiche Nichtstuer, im Gegensatz zum verarmten Staatsdiener, Humor besaß. Jim brachte mich zum Lachen, was zu meiner Schande ausreichte, um ihm alles andere nachzusehen. Wäre ich im fünfzehnten Jahrhundert in der Walachei auf die Welt gekommen, hätte ich wahrscheinlich Vlad den Pfähler verteidigt, nur weil er hin und wieder ziemlich witzig war. »Gut, er pfählt ziemlich viele Bauern, stimmt schon, aber man muss den Burschen einfach gern haben. Dem Zimmermann, der die angespitzten Pfähle für ihn herstellt, zu befehlen, er solle einen Extra-Pfahl ›als Überraschung für jemanden‹ machen, und ihn dann selbst darauf aufspießen – gut, das war vielleicht ein bisschen gemein, aber eben auch ein toller Gag, Hut ab!«

Bestandteil der komplexen Gruppendynamik unserer Wohngemeinschaft war die Musik, die Jim und mich verband. Wir hatten einen ziemlich ähnlichen Musikgeschmack, abgesehen von seiner etwas nervigen Angewohnheit, Jazz zu mögen. Ich hatte keine Zeit für Jazz. Musik ist eine Reise, Jazz ist, wenn man sich verirrt. Jims Faulheit hatte nicht verhindern können, dass er ein ziemlich guter Gitarrist geworden war, und wir beide hatten eine eigene Superband gegründet, die sich aus dem enormen Reichtum an musikalischem Talent speiste, das uns in den vier Wänden der obersten Wohnung 140 Balham High Road, London SW12 zur Verfügung stand.

»Eines Tages«, hatte Jim einmal gesagt, »wird es neben den heiligen Stätten Graceland und Cavern Club ein weiteres Ziel für Rockpilger geben. In Scharen werden die Fans zu dieser legendären Adresse strömen und in stillem Gedenken verharren, denn hier, an diesem Ort, geschah es vor langer Zeit, dass zwei Musiker allen Widrigkeiten zum Trotz hervorbrachten, was auf der ganzen Welt als ›Balham-Sound‹ berühmt wurde.«

Dass ich wirklich geglaubt hatte, dereinst ein Popstar zu werden, lag natürlich lange zurück. In der Welt der Rockmusik sind zwei Dinge sicher: erstens, dass Image wichtiger ist als Talent, und zweitens, dass im Jahr 2525 die Single »In the Year 2525« neu herausgebracht wird. Ich ging auf Mitte dreißig zu, und mein Bauchumfang wuchs im selben Tempo, in dem mein Haar sich verdünnisierte. Ein Kylie Minogue unähnlicherer Mensch war kaum vorstellbar. Weil mir klar war, dass die Popindustrie kein Interesse an einem dicken, alten Dad, wie ich einer war,

105

hatte, nahmen Jim und ich unsere Songs nur für den Hausgebrauch auf. Wir dachten nicht im Traum daran, dass unsere Sachen jemals als Singles veröffentlicht werden könnten. Wir nahmen sie aus Lust an der Sache auf, einfach so, aus reiner Freude. In Anbetracht der ziemlich annehmbaren Aufnahmegeräte, die ich besaß, fand ich allerdings, dass wir die Songs spaßeshalber einfach mal an eine Schallplattenfirma schicken sollten. Mir war klar, dass man uns nie einen Vertrag anbieten würde, aber es konnte ja nicht schaden, sie nur mal so, aus Jux, zu verschicken. Gerade an diesem Vormittag, beispielsweise, war ein Band mit einem Schreiben zurückgekommen, in dem es hieß, dieses spezielle Label habe für diese spezielle Musik im Augenblick keine Verwendung, aber das war in Ordnung, mehr hatten wir nicht erwartet. Wichser.

Mein Ehrgeiz hatte zwar stark nachgelassen, doch es war mir ein immer wiederkehrender Tagtraum geblieben, in dem ich am Keyboard saß, und plötzlich ruft einer der Top-Talent-Sucher der Musikbranche an.

»Spreche ich mit Michael Adams, *dem* Michael Adams, dem Komponisten des Cheesey-Dunkers-Jingle?«, fragt er.

»Ja.«

»Ich arbeite für EMI und finde, dieser Riff hat das Zeug zum Nummer-eins-Hit. Wir müssten nur den Text, den dieser Chinese singt – ›So wülzig und pikant – beliebt im ganzen Land‹ –, dahingehend abändern, dass ein junges Mädchen ›Ich will dich in mir, komm, o komm, ich will Sex‹ singt. Das würde voll einschlagen, gar keine Frage.«

Dieser Tagtraum war ziemlich gewagt, aber ich konnte die Hoffnung einfach noch nicht vollständig aufgeben, und so schrieb ich weiterhin Songs, und Jim schrieb den Text dazu, und dann nahmen wir die Songs in meinem Zimmer auf, und die Geschichte des Rock and Roll musste nicht umgeschrieben

werden, was vor allem daran lag, dass das Aufnehmen des end-
gültigen Demotapes ständig wegen wichtigerer Angelegenhei-
ten wie tagelangem Fernsehen oder Installieren eines neuen
Bildschirmschoners auf Jims Laptop zurückgestellt wurde. Ich
hatte es geschafft, mit jemandem zusammenzuarbeiten, der
noch weniger motiviert war als ich. Jim hatte keinerlei Antrieb;
Jim war Dauerparker.

Am Abend zuvor hatten wir allerdings vereinbart, heute unsere beiden neuen Songs aufzunehmen, und machten uns ans
Tagwerk, als der Tag sich schon seinem Ende zuneigte. Während Jim seine Gitarre stimmte, gab ich mir redlich Mühe, mein
Zimmer in ein Aufnahmestudio zu verwandeln, indem ich Socken aufhob, Verstärker einschaltete, die Bettcouch zusammen-
schob und Mikroständer auf die richtige Höhe einstellte.

»Wie nennt ihr euch eigentlich?«, fragte Simon, der in der Tür
stand und hoffte, wir würden ihn zum Mitmachen auffordern.

»Wir haben uns noch auf keinen Namen geeinigt«, erklärte
Jim. »Hast du eine Idee?«

In meinem Kopf schrillten sämtliche Alarmglocken. O nein,
dachte ich, jetzt geht diese Diskussion wieder los – die ewige
Wie-sollen-wir-unsere-Band-nennen-Diskussion. Sie gehört zu
den gefährlichen Hummerkorb-Gesprächen, auf die man sich
nie, nie einlassen darf, denn wenn man erst mal drin ist, gibt es
kein Zurück. Die fatalen Wörter »Und wie nennen wir unsere
Band?« besitzen, wenn sie in dieser Reihenfolge fallen, eine unglaubliche Zauberkraft, die einen ganzen Nachmittag zum Verschwinden bringen kann.

»Nichts da«, sagte ich, »wir nehmen jetzt dieses Demoband
auf! Wenn wir erst mal anfangen, über Bandnamen zu sprechen, kommen wir zu nichts anderem mehr.«

Alle nickten und waren vernünftig genug, meinen Vorschlag
aufzugreifen, doch dann warf Jim, der gerade das DAT-Etikett

beschrieb, die Frage ein: »Okay, aber was soll ich jetzt auf das Etikett schreiben?«

»Also mir gefällt immer noch The Extractors.«

»The Extractors? Nein, klingt zu punkig, viel zu sehr wie The Vibrators oder The Stranglers.«

»Ä-ä-ä!«, sagte ich lachend, »kommt nicht in Frage. Damit fangen wir gar nicht erst an. Schreib einfach unsere Nachnamen drauf. Adams and Oates.«

»Klingt wie Hall and Oates«, sagte Paul, der inzwischen auch hereingekommen war und so zu tun versuchte, als würde ihn die Aufnahme unserer ersten Single nicht im Mindesten faszinieren.

»Dann denken die Leute, Mensch! Oates hat sich von Hall getrennt und einen neuen Partner gesucht, und dann checken sie, dass das ein anderer Oates ist, und werfen das Band in den Müll.«

»Also gut, dann eben unsere Vornamen: Michael und Jimmy.«

»Klingt wie zwei von den Osmonds.«

»Stopp! Wir fangen schon wieder damit an!«

Alle stimmten mir zu. Ich schaltete die Geräte ein und schloss Jims Gitarre an. Während das Equipment warm lief, sprach keiner von uns, und nach einer Weile fügte ich abschließend hinzu: »Schreib einfach Band ohne Namen.« Kaum hatte ich es gesagt, wusste ich, dass es ein Fehler gewesen war. Ich schloss die Augen und harrte dessen, was nun unweigerlich kommen würde.

»›Band ohne Namen‹ – gefällt mir irgendwie«, sagte Jim. Die anderen stimmten ihm raunend zu.

Ich versuchte, nicht darauf einzugehen, doch das war unmöglich. »Nein, ich meinte, schreib ›Band ohne Namen‹, weil das bedeuten soll, dass unsere Band noch keinen Namen hat, und nicht, weil es heißen soll, hier ist ein Demo von einer neuen Band namens Band ohne Namen.«

»Band ohne Namen. Hat was, findet ihr nicht?«

»Auf jeden Fall. Geht voll ins Ohr.«

Ich musste die Diskussion im Keim ersticken. »Entschuldigt bitte, aber es kommt überhaupt nicht in Frage, dass wir uns Band ohne Namen nennen. Das ist der grausamste Name, den ich je gehört habe.«

Simon hatte einen grausameren auf Lager.

»Wie wär's mit ›Und Begleitband‹?«, fragte er.

Jim und ich stöhnten auf, denn als erfahrene Musiker wussten wir, dass es jede Band der Welt irgendwann unglaublich verrückt und originell findet, sich ›Und Begleitband‹ zu nennen.

Simons Begeisterung war nicht zu dämpfen. »Dann ist nämlich auf jedem Konzertplakat schon euer Name drauf. Ihr könntet zu den Veranstaltern gehen und sagen: Wir sind Und Begleitband – bitte schön, da auf dem Plakat steht unser Name!«

»Genau, und wenn ihr dann berühmt werdet, steht auf den Plakaten Und Begleitband und Begleitband, und dann müsst ihr zweimal spielen«, sagte Paul lachend.

Jim und ich schüttelten die ganze Zeit über immer nur den Kopf wie zwei weise alte Männer.

»Ja, aber was ist, wenn wir dann mal eine Fangemeinde haben?«, schaltete Jim sich schließlich ein. »Die lesen ›Und Begleitband‹ auf dem Plakat und gehen hin, weil sie uns spielen hören wollen, merken dann aber, dass wir nicht nur offenbar alle Songs verändert haben, sondern dass auch jedes einzelne Bandmitglied auf und davon ist. Oder aber sie sehen den Namen auf dem Plakat und nehmen an, dass es sich nicht um Und Begleitband handelt, sondern um irgendeine andere Band und Begleitband. Das ist der unmöglichste Bandname in der Geschichte der Rockmusik.«

»Abgesehen von Chicoréespitze«, sagte ich.

»Ja, stimmt. Abgesehen von Chicoréespitze.«

Ich glaube, an diesem Punkt wurde mir klar, dass wir bereits tief in der Diskussion ohne Wiederkehr steckten. Ich hatte es nicht geschafft, sie zu verhindern. Wie eine von den guten Feen in *Dornröschen* hatte ich vergeblich geschrien und gewarnt, als sie sich wie in Trance der Spindel näherten.

»Bandnamen zu finden ist doch ganz leicht«, sagte Jim, obwohl wir gerade das Gegenteil bewiesen hatten. »Lies einfach mal was aus der Zeitung vor.«

»›EU-Kommissare erneuern Forderungen nach GATT-Untersuchung.‹«

»Kommt voll gut!«

»Nimm irgendeinen Ausdruck.«

»›Nordischer Biker-Krieg‹.«

»Gefällt mir.«

»Klingt nach einer dieser grauenhaften Heavymetal-Bands. Wie Viking Blitzkrieg oder Titan's Anvil.«

»The Beatles«, rief Simon fröhlich.

»Was?«, fragten wir ungläubig.

»Du hast gesagt, ich soll etwas aus der Zeitung vorlesen. Hier steht ein Artikel über die Beatles.«

»Nennt euch doch einfach Aardvark, dann habt ihr den ersten Eintrag im ›New Musical Express Book of Rock‹«, schlug der Englischlehrer vor.

»Oder A1«, sagte Simon, »um auf Nummer Sicher zu gehen.«

»A1? Dann rufen uns ständig Leute an, die ein Taxi bestellen wollen.«

»Wie wär's mit The Acid Test?«

»Nein, bloß nicht!«, sagte ich. »Das erinnert mich an diese beschissene Band The Truth Test, die in Godalming immer als Vorgruppe von uns gespielt hat. Die haben immer noch meinen Mikroständer!«

Nun geriet die Diskussion, wie immer, in eine neue Phase – es

folgte die Schnellfeuerrunde, in der mit affenartiger Geschwindigkeit Hunderte von Namen aufgestellt und weggeknallt wurden.

»The Smell of Red.«

»Nein.«

»Elite Republican Guard.«

»Nein.«

»Bigger Than Jesus.«

»Nein.«

»Charlie Don't Surf.«

»Nein.«

»Come Dancing.«

»Nein.«

»Buster Hymen and the Penetrations.«

»Nein, Simon!«

»Dead on Arrival.«

»Nein.«

»Who is Billy Shears?«

»Nein.«

»Things Fall Apart.«

»Nein.«

»Caution: May Contain Nuts.«

»Nein.«

»Let Fish Swim.«

»Nein.«

»The Detritus Twins.«

»Nein.«

»Big Bird.«

»Nein.«

»The Man Whose Head Expanded.«

»Nein.«

»Little Fat Belgian Bastards.«

»Nein.«

»The Sound of Music.«

»Nein.«

»Semi-detached.«

»Nein.«

»Mind the Gap.«

»Nein.«

»The Rest.«

»Nein.«

»The Carpet Mites.«

»Nein.«

»Chain Gang.«

»Nein.«

»Ayatollah and the Shi'ites.«

»Nein.«

»Die Snakepit Strollers.«

»Nein.«

»Twenty-four Minutes From Tulse Hill.«

»Nein.«

»Au!«

»Nein.«

»Nein, ich sagte doch nur ›au‹, weil ich mir an diesem Stuhl da einen Splitter eingezogen habe.«

Nach einer gewissen Zeit macht die unablässige Suche nach einer originellen Kombination von zwei oder drei Silben dumm im Kopf, und irgendwann führt die geistige Erschöpfung dazu, dass man nur mehr unverständliche Laute von sich gibt: »Die Blab-blab-blah-blahs.«

»Wie wär's mit was Monarchischem?«

»Ist doch alles schon da gewesen. *Queen*, *King*, *Prince*, *Princess*; bleibt nur noch die Duchess of Kent. Aber man kann doch eine richtungweisende Rockband nicht nach einer stinkvornehmen Tussi benennen, die von ihrer Berühmtheit nur den einen Vorteil hat, Freikarten für Wimbledon zu bekommen!«

»Ich weiß was!« Simon war plötzlich ganz aufgeregt, und schon machten wir uns wieder Hoffnungen, die sich aber sofort als ungerechtfertigt erwiesen. »Wie wär's mit Hey!«

»Hey?«

»Nein, nicht Hey? Nicht Hey mit Fragezeichen. Hey! mit Ausrufezeichen. So wie Wham! Aufmerksamkeit auf sich lenken, versteht ihr?«

Keiner von uns unterzog sich der Mühe, den Vorschlag auch nur zu verwerfen; er war einfach zu mittelmäßig, um Anrecht auf eine Reaktion zu haben. Wir schwiegen ihn tot, und Simon war ziemlich beleidigt, als er merkte, dass die anderen einfach weitere Namen vorschlugen, ohne den von ihm genannten bewertet zu haben. Eine weitere Stunde lang wurden ungezählte Vorschläge ausgestoßen wie Tontauben und sofort durch einen von uns in tausend Stücke geschossen. Wir lehnten ab: The Scuds, Go to Jail, Rocktober sowie, kaum verwunderlich, St. Joan and the Heavy Heavy Dandruff Conspiracy – bis schließlich Jim mit einer Erhabenheit, die dem Wissen entspringt, endlich die richtige Antwort gefunden zu haben, sagte: »Lust for Life.«

»Lust for Life«, wiederholte ich nachdenklich und nicht unbeeindruckt.

»So heißt ein Stück von Iggy Pop«, sagte Paul.

»Ich weiß.«

»Und ein Film über van Gogh.«

»Ja, ich weiß.«

Paul musste zu seiner großen Enttäuschung feststellen, dass die von ihm so wichtigtuerisch vorgebrachten Einwände für uns keine Einwände waren. Wir sprachen den Namen noch ein paar Mal vor uns hin und kamen dann überein, dass wir Lust for

Life heißen wollten. Zweieinhalb Stunden hatten wir dazu gebraucht, aber jetzt konnten wir uns endlich an die Arbeit machen. Ich schaltete das Mikro ein und imitierte den Ansager in der Hollywood Bowl.

»Verehrte Damen und Herren, sie geben heute das erste Konzert ihrer ausverkauften US-Tournee, sie sind weltweit Nummer eins, und sie kommen aus Balham, England – Lust for Life!«

Jim und Simon klatschten und pfiffen, und dann hielt Simon sein Feuerzeug in die Höhe. Paul dagegen nahm eine Reserviertheit und Desinteresse signalisierende Haltung ein: Er saß da und las *Time out*.

»Hat einer von euch Lust, morgen Abend in ein Konzert zu gehen?«, fragte er unvermittelt.

»Wer spielt denn?«

»Ich dachte an das Half Moon in Putney.« Er hielt uns die Ankündigung unter die Nase. »Da tritt nämlich morgen eine neue Band namens Lust for Life auf.«

Alles schwieg.

»Scheiß-Nachmacher!«, fauchte Jim. »Die haben unseren schönen Namen geklaut!«

An diesem Abend wurde kein einziger Ton aufgenommen. Irgendwann sagte ich zwar: »An die Arbeit, Jungs!«, was aber mit dem Argument abgelehnt wurde, es klinge zu sehr nach Men at Work. Ganz dicke kam es, als mitten in der Diskussion mein Handy klingelte und Catherine dran war.

»Was hältst du von dem Namen India?«, fragte sie.

»Es gibt doch schon eine Band namens India«, antwortete ich verwirrt, wiederholte den Satz aber sofort, wobei ich das Wort »Band« betonte: »Es gibt doch schon eine *Band* namens India, was allerdings nicht heißt, dass man nicht auch ein *Baby* India nennen könnte.« Im Grunde war es sowieso egal, denn der Namensvorschlag gab nur den Vorwand dafür ab, den Kontakt nach unserem Streit wiederherzustellen.

Nach dem Anruf hatte ich Heimweh. Meine Mitbewohner hatten mich den ganzen Tag so genervt, dass ich wieder zu Catherine wollte. Die Jungs brachten mich wirklich zur Raserei – Paul mit seinen albernen Anfällen, wenn Jim Tee machte oder ich kein Abendessen kochte, Simon mit seiner öden Abfragerei, Jim mit seinem ewigen Zaudern und der Tatsache, dass wir wieder einmal den ganzen Abend mit der Suche nach einem Scheiß-Bandnamen verbracht hatten. Plötzlich wurde mir blitzartig etwas Schreckliches klar, etwas, das ich nicht bedacht hatte, als ich meiner Familie entfloh, um ein bisschen innere Ruhe zu finden: dass die Ersatzfamilie, der ich mich angeschlossen hatte, genauso unerträglich war wie jede andere Familie auch. Dass ich jedes Mal, wenn ich an dieses weit entfernte Feld gelangte, einen Blick dorthin zurückwerfen würde, woher ich gerade gekommen war, und dass es mir dort dann plötzlich sehr viel grüner erschiene als zum Zeitpunkt meiner Flucht. Dass ich, egal, wo ich mich gerade aufhielte, immer den Wunsch haben würde, anderswo zu sein. Dass ich mir die ganze Mühe gemacht, die Frau, die ich liebte, getäuscht und mich in Schulden gestürzt hatte, nur um zu erkennen, dass mir aller Ärger, alle Belastungen überallhin folgten. Nicht Catherine oder die Kinder waren das Problem und auch nicht Jim, Paul und Simon. Das Problem war ich.

entdecke
die
möglichkeiten

Ich bin fünfzehn und stehe vor einem Theater in der Nähe von Piccadilly Circus. Sechzig andere Fünftklässler sind gerade aus zwei Bussen geschlurft, um sich *Hamlet* von William Shakespeare anzusehen. Sie tragen Jackett und Krawatte und wirken unglaublich linkisch und verlegen. Jeder von ihnen hat meinem Englischlehrer einen Scheck seiner Eltern überreicht, aber sie mussten nicht den vollen Preis bezahlen, weil meine Mutter in dem Theater arbeitet und uns die Karten billiger besorgen kann. Zumindest hatte ich das geglaubt und leichtsinnigerweise meinem Englischlehrer erzählt. In Wahrheit hatte meine Mutter nur einen Teilzeitjob am Theater – sie war für die Reinigung der Kostüme zuständig – und konnte nicht den geringsten Rabatt für uns herausholen, weshalb auch keine vorbestellten Eintrittskarten existierten.

Ich hatte es gut gemeint. Als der Englischlehrer den Namen des Theaters erwähnte, erkannte ich ihn wieder, hob die Hand und erzählte ihm von Mum, und er sagte, halb im Scherz: »Na, dann kann sie uns ja vielleicht billigere Eintrittskarten verschaffen, Michael.« Ich sagte, das könne sie ganz bestimmt, und damit hatte das Verhängnis seinen Lauf genommen. Ich weiß nicht, warum ich in den Wochen davor nichts sagte. Ich wollte ihn wohl nicht enttäuschen. Ich mochte Mr. Stannard sehr, und er schien mich zu mögen, deshalb sagte ich nichts, als er mich fragte: »Und deine Mutter hat auch ganz bestimmt Karten bestellt, ja?« Es wäre wahrscheinlich eine gute Gelegenheit gewesen, mit der Wahrheit rauszurücken. Ich sagte auch nichts, als er die Briefe verteilte, in denen die Eltern über den Schulausflug informiert wurden. Und als er in eine Liste eintrug, wer *Hamlet* anschauen würde und wer nicht, schwieg ich darüber, dass in Wahrheit keiner das Stück zu sehen bekommen würde. Nicht mal als wir in die zwei Busse stiegen, sagte ich etwas.

Die beiden Busfahrer überholten sich abwechselnd auf der zweispurigen Fahrbahn, und die Kinder jubelten. Alle Kinder außer mir. Nur ich wusste, dass wir unsere Zeit völlig unsinnig vergeudeten und dass alles meine Schuld war und dass mein schreckliches Geheimnis bald enthüllt werden würde. Doch ich sagte immer noch nichts. Als alle vierundsechzig Schüler im Theaterfoyer standen und Mr. Stannard mit der Dame am Kartenschalter stritt und er sich schließlich zu mir umdrehte und sagte: »Michael, du sagtest doch, deine Mutter habe vierundsechzig Karten vorbestellt?«, da sagte ich es ihm endlich. Ich tat, als wäre ich durchaus gewillt gewesen, es ihm mitzuteilen, hätte es aber völlig vergessen. »Ach ja, stimmt. Also ... äh ... sie hat keinen Anspruch auf reduzierte Karten, deshalb hat sie auch keine bestellt.«

Meine vorgetäuschte Lässigkeit vermochte ihn nicht von seiner Überzeugung abzubringen, dass dies ein echter Hammer war. Nachdem der Geschäftsführer des Theaters erklärt hatte, die Vorstellung sei ausverkauft, drehte sich Mr. Stannard zu mir und verlor die Beherrschung. Man sagt, die Angst vor einer bestimmten Situation sei oft schlimmer als die Situation selbst. Nicht so in diesem Fall; meine Angst erwies sich als vollkommen berechtigt. Ich glaube, sogar die anderen Lehrer fanden es peinlich, wie er knallrot anlief und zu zittern begann und mich beim Brüllen anspuckte. Ich stand da, wusste nicht, was ich zu meiner Verteidigung vorbringen sollte, und zuckte nach jeder

Frage, die er mir zuschrie, schweigend mit den Achseln. Seine Stirnadern schwollen an, und da er aus einer Entfernung von gerade mal fünf Zentimetern auf mich einschrie, konnte ich abgestandenen Zigarettengestank riechen. Er war so wütend auf mich, dass er sich versprach. Auf dem Höhepunkt seines Ausbruchs geiferte er: »Und jetzt, jetzt wird die gesamte fünfte Klasse *Hamlet* nicht verpassen!«

»Doch, Sir.«

»Was?«

»Sie sagten, die Fünfte wird ihn *nicht* verpassen.«

»Nein, ich sagte, sie werden ihn nicht *sehen*.«

»Nein, Sie sagten, sie werden ihn nicht *verpassen*, Sir.«

Ich hatte vierundsechzig Menschen den Abend versaut, aber in diesem Punkt lag ich eindeutig richtig.

»Sag mir nicht, was ich gesagt oder nicht gesagt habe, verflucht noch mal! Ich sagte *sehen*!« Sein zuckendes, dunkelrotes Gesicht war noch immer nur wenige Zentimeter von meinem entfernt. Ein Tröpfchen Spucke landete auf meiner Nase; ich beschloss, es fürs Erste lieber dort zu belassen.

Einer der anderen Lehrer versuchte ihn zu beruhigen. »Du hast wirklich *verpassen* gesagt, Dave.«

Da wandte sich Mr. Stannard an Mr. Morgan und begann *ihn* anzuschreien, was die anderen Kinder ziemlich aufregend fanden, weil wir noch nie erlebt hatten, wie zwei Lehrer sich anbrüllten.

Das Dumme war nur, dass ich ihm aus einem einzigen Grund nie reinen Wein eingeschenkt hatte: Ich hatte ihn nicht aufregen wollen. Auf lange Sicht war diese Strategie natürlich nicht sehr Erfolg versprechend gewesen. Irgendwann verließen wir alle das Theater, saßen stundenlang unter der Erosstatue herum und warteten auf die Rückkehr der beiden Busse, die uns nach Hause bringen sollten, und ich hatte das Gefühl, dass

Mr. Stannard mich nicht mehr mochte, und es begann zu regnen.

»Wenn wir alle an Lungenentzündung sterben, dürft ihr euch dafür bei Michael Adams bedanken«, sagte er verbittert. Ich fand das ein bisschen unfair, denn für den Regen konnte ich schließlich nichts.

»Bist ein Volltrottel, Adams«, meinte einer meiner Klassenkameraden.

»O schmölze doch dies allzu feste Fleisch, Zerging' und löst' in einen Tau sich auf!«, sagt Hamlet. Ich konnte es ihm nachfühlen.

»Michael, du neigst dazu, Probleme vor dir herzuschieben, bis sie keine Probleme mehr sind, sondern ausgewachsene Katastrophen«, teilte mir der Direktor unserer Schule mit, als ich am nächsten Morgen vor seinem Schreibtisch stand. Und das war im Wesentlichen das, was ich mir sechzehn Jahre später auch vom Direktor meiner Bank anhören musste, als wir am Telefon über meine ausstehenden Hypothekenzahlungen sprachen. Er vereinbarte einen Termin mit mir – ich sollte in die Bank kommen und alles klären –, und um zu beweisen, dass er mit seiner Analyse meines Charakters völlig richtig lag, erschien ich nicht zu dem Gespräch.

Ich setzte mich in meiner Junggesellenbude hin und rechnete aus, wie viel ich berappen musste, um den Rückstand aufzuholen, in den ich mit den Zahlungen für die Hypothek auf unser Haus geraten war. Ich notierte, wie viele Schulden auf meinen Kreditkarten und in Form diverser Ratenkäufe aufgelaufen waren. Daneben listete ich in einer Spalte auf, mit welchen Einnahmen ich in den nächsten Monaten rechnen konnte. Die zweite Zahl versuchte ich ein bisschen aufzupeppen, indem ich mehrere uneingelöste Schallplattengutscheine, die noch von

Weihnachten herumlagen, dazurechnete, doch auch das machte sie nicht wesentlich weniger deprimierend. Lange und sehr konzentriert starrte ich auf die beiden Summen und überlegte, welche der für mich in Frage kommenden Vorgehensweisen die vernünftigste und realistischste wäre. Dann ging ich raus und kaufte mir ein Los.

Es würde der Tag kommen, an dem ich anfangen musste, wie ein Sklave zu schuften, und dieser Tag näherte sich mit Riesenschritten. Bis dahin, so beschloss ich, würde ich diverse Sparmaßnahmen ergreifen. Ich würde weniger Zahnpasta auf die Bürste drücken und statt Cashewnüssen nur mehr Erdnüsse kaufen. In meiner Wohnung in South London gab es noch einen weiteren Haushaltsposten, der mich schon seit längerem ärgerte, ohne dass ich wusste, wie ich ihn auf möglichst taktvolle Weise ansprechen sollte. Unsere Telefongebühren wurden durch vier geteilt, doch nach eingehender Rechnungsprüfung hatte ich festgestellt, dass weit mehr als die Hälfte der Kosten von unserem unsozialen kleinen Simon verursacht und durch das Anklicken seiner Lieblings-Sex-Sites im Internet entstanden war. Seine rituelle Selbstbefleckung wurde von mir subventioniert! Es ist ja schon peinlich, wenn man einen Freund im Restaurant bitten muss, sich ein bisschen stärker an der Rechnung zu beteiligen, aber wie man einem Wohngenossen beibringt, dass er einem viel Geld schuldet, weil er es seine halbe Freizeit hindurch mit seiner rechten Hand treibt, das steht nicht in Debretts ›Buch der Umgangsformen‹. Der Beweis lag schwarz auf weiß vor, die Rechnung mit den einzelnen Gesprächen wies immer wieder dieselbe Nummer auf und teilte mit, wie lange Simon die Verbindung jeweils in Anspruch genommen hatte. Am neunten Februar, beispielsweise, war er um 10:52 online gegangen und hatte exakt sieben Minuten und vierundzwanzig Sekunden onaniert. Das hatte uns alle fünfunddreißig Pence gekostet, ohne Mehrwertsteuer. Noch am selben Tag hatte er es ein weiteres Mal gemacht, zwölf Minuten und dreiundzwanzig Sekunden, aber beim zweiten Mal dauert es eben ein bisschen länger. Seitenweise listete die Rechnung auf, an welchem Datum, zu welcher Uhrzeit und wie lange Simon gesurft hatte. Surfen klingt allerdings viel zu vornehm für das, was er im Internet trieb: *Herumgestreunt* und *herumgelungert* war er darin, hatte sich förmlich darin *gesuhlt.*

Ich wies die anderen auf das Problem hin, und wir beschlossen, Simon darauf anzusprechen. Wir wollten es so schnell wie möglich hinter uns bringen und hofften, uns auf den finanziellen Aspekt beschränken zu können, ohne darüber reden zu müssen, was er sich ansah. Wir hätten es besser wissen sollen. Trotz der Umstände, die wir als äußerst peinlich empfanden, genoss Simon es sichtlich, im Zentrum der Aufmerksamkeit zu stehen, und freute sich allen Ernstes über die Gelegenheit, endlich einmal über das einzige Gebiet referieren zu dürfen, auf dem er wirklich Experte war.

»Da kriegt man echt was für sein Geld«, erklärte er uns freudestrahlend. »Da kann man sich für den Preis eines Stadtgesprächs ansehen, wie Leute mit Gorillas schlafen.«

»Na toll – die Wunder der modernen Technologie«, sagte Jim.

»Oder auch mit allen anderen Menschenaffen, außer mit Orang-Utans. Aber die sind ja auch ziemlich selten, oder?«

Dass wir peinlich berührt waren, nahm er überhaupt nicht wahr; stattdessen quasselte er weiter über die faszinierende Welt der Hardcore-Pornografie.

»Du bist ein mieses kleines Schwein, Simon«, sagte ich zu ihm, was ihn ungemein freute, da er offenbar geglaubt hatte, in meinem Ansehen noch weit tiefer zu stehen. Mich ärgerte nicht so sehr die Tatsache, dass Simon von Pornografie geradezu besessen war, sondern vielmehr, dass es ihm überhaupt nicht in den Sinn kam, die Sache geheim zu halten oder sich dafür zu schämen. Sex ist für jeden Mann wichtig, aber wir anderen geben uns wenigstens ein bisschen Mühe, das zu kaschieren. Er erzählte uns von seiner Fixierung wie von einem netten kleinen Hobby, Laienschauspiel, beispielsweise, oder Aquarellmalerei.

In der Hoffnung, wir würden seine Begeisterung teilen, sobald wir erst einmal sähen, was wir bisher versäumt hatten, zeigte er uns einige der von ihm häufig aufgerufenen Porno-Sites. Wir starrten auf drei oder vier unschön verrenkte Menschen, die aussahen, als würden sie nackt Twister spielen. »Linke Hand auf den roten Punkt, rechter Fuß auf den gelben Punkt, linke Brust auf den schwarzen Penis.« Allerdings war Twister für mich immer ein Riesenspaß gewesen, während die Gesichter dieser Leute große Pein ausdrückten. Ich fand die Fotos gleichzeitig abstoßend und faszinierend. Es war wie bei Autounfällen und Anchovis: Man weiß, dass beides grauenhaft ist, überprüft das aber wie unter einem Zwang immer noch einmal, um ganz sicher zu sein, dass sie wirklich so entsetzlich sind, wie man gedacht hatte. Dabei lag ich mit meinem ersten Eindruck fast immer richtig. Die meisten Darstellungen waren ungefähr so erotisch wie Farbfotos von einer Operation am offenen Herzen. In einer Sequenz wurde dargestellt, wie sich eine Dinnerparty in eine Orgie verwandelte, wobei das eine nahtlos in das andere überging.

»Da habt ihr's wieder«, sagte Simon.

»Was?«

»Na, wie eines zum anderen führt. Hier, Bild eins, sie werden einander vorgestellt. Bild zwei, sie plaudern ein bisschen. Bild drei, sie hat seinen Schwanz im Mund. Ich frage euch, was passierte zwischen Bild eins und Bild drei – genau das will ich wissen! Wie führt eines zum anderen? Wenn *ich* das wäre, würde es bei Bild eins heißen ›Hallo, hallo‹, bei Bild zwei ›Plauder, plauder‹, und bei Bild drei würde sie mir eine scheuern und gehen.«

Er rief eine andere Internet-Site auf, die er unter »Favoriten« gespeichert hatte, und kicherte leise vor sich hin, während das nächste Foto langsam heruntergeladen wurde. Nach und nach zeigte der Computer die Abbildung von oben nach unten, als wollte er uns necken, als spielte er mit dem Gedanken, uns alles zu zeigen, um dann wieder zu zögern und uns zu unserem Ärger nur ein kleines bisschen mehr zu enthüllen. Die Frau, die zum Vorschein kam, war sehr attraktiv. Sie hatte ein hübsches Gesicht, perfekt geformte Brüste, wohlgerundete Hüften und lange, schöne Beine. Der einzige Makel – aber vielleicht bin ich auch einfach zu pingelig – war ihr großer, erigierter Penis. Ich weiß, wir Männer fordern häufig in völlig unrealistischer Weise, dass Frauenkörper in eine vorgefertigte Klischeevorstellung zu passen haben; ich glaube aber, das Fehlen von Penis und Hoden ist eine Grundvoraussetzung, auf der ich bestehen müsste.

Das gekünstelte Stöhnen mühsam übertönend, teilte ich Simon mit, dass ich seine Beziehung zu seinem Computer für nicht sehr gesund hielt, dass es sich hier um reinen Einbahn-Sex ohne Liebe und Vorspiel handelte und dass wir anderen alle der Meinung waren, er solle seinen Computer in Zukunft wenigstens mal zum Essen ausführen, bevor sie zur Sache kämen.

Schließlich wurde eine neue Hausregel aufgestellt: Simon durfte nur in der Zeit der verbilligten Tarife und an den Wochenenden vor seinem Computer masturbieren. Er protestierte mit dem Hinweis, die Gebühren seien bereits verbilligt gewesen. Nachdem er sich bei British Telecom Friends and Family angemeldet hatte, erwies sich sein Internet-Server als sein bester Freund, was auf tragische Weise passte. Nicht, dass dieser beste

Freund ihn jemals angerufen hätte. Doch die Regel wurde von uns dreien einstimmig angenommen, und wir konnten Simon wieder sich selbst überlassen.

»Einverstanden«, sagte Jim, »aber könnte ich jetzt bitte noch mal das Foto mit den blonden Schlamm-Wrestling-Zwillingen sehen?«

Wir hielten deshalb so wenig von Simon, weil er uns auf unglaublich naive Weise ständig Eigenschaften präsentierte, die uns zuwider waren. Er behielt seine Abgründe nicht für sich. Er plapperte alles aus. Das war sowohl eine Schwäche als auch eine Stärke. Er war zwar ein elender Wurm, aber er war ein ehrlicher und bescheidener elender Wurm. Ich nahm mit großer Sicherheit an, dass es sich bei ihm um keinen heimlichen Serienkiller handelte, der seine Opfer auffraß, denn wäre er einer gewesen, hätte er uns munter über sämtliche praktischen Schwierigkeiten bei der Zubereitung von Menschenfleisch erzählt. Er war etwas sehr Seltenes – ein Mensch ohne Geheimnisse.

Ich dagegen hatte mein Leben mit einer instinktiven Verschwiegenheit geführt, die mich sogar zu einem kurzen Zögern veranlasste, wenn der Lehrer meinen Namen aufgerufen hatte und es galt, »hier« zu sagen. Jim, Paul und Simon hatten keine Ahnung, dass ich, wenn ich mich nicht in der Wohnung aufhielt, Ehemann und Vater war. Genau so wollte ich es haben. Kurz nachdem ich das Zimmer gemietet hatte, waren nach und nach die anderen drei eingezogen, und ich hatte keinerlei Notwendigkeit gesehen, meine neuen WG-Genossen über meine unkonventionellen Wohnarrangements aufzuklären. Normalerweise log ich nicht. Wenn ich jemanden täuschte, dann nur durch das Unterlassen von Äußerungen. Catherine hatte einmal im Witz gesagt, ich erzählte nur deshalb nie, was ich getan hätte, um sie nicht darüber belügen zu müssen. Ich hatte schallend gelacht, mich aber gezwungen gesehen, mein mannhaftes Schweigen ausführlich zu verteidigen, und »Gar nicht wahr!« gemurmelt.

Meine Zurückhaltung lag sowohl in ihrem als auch in meinem Interesse. Schon früh hatte ich gelernt, dass es, wenn die Ehefrau einen öden Tag hinter sich hat, nicht besonders taktvoll ist, ihr den eigenen Spaß und die eigenen interessanten Erlebnisse in allen Einzelheiten zu schildern. Ihr ist es lieber, wenn sich ihr Mann auch gelangweilt hat. Deshalb gab ich mir, wann immer ich heimkam und auf eine Atmosphäre erschöpften Angeödetseins traf, die größte Mühe, jedwede Freude, die ich draußen gehabt hatte, zumindest herunterzuspielen. An diesem Freitag fand ich bei meiner Rückkehr Millie vor dem Fernseher vor, während Catherine auf dem Boden kniete, den Backofen reinigte und gleichzeitig mit dem Fuß Alfie in seiner Babywippe zu wiegen versuchte.

»Wie war's bei dir heute?«, fragte sie mich.

»Ach, wie immer. Ziemlich langweilig.«

»Hast du zu Mittag gegessen?«

»Ja, aber nur eine Kleinigkeit.«

»Wo denn?«

»Wo? Äh, also, ich bin kurz zu einer Preisverleihung mit anschließendem Lunch gegangen.«

»Preisverleihung mit anschließendem Lunch? Klingt ja toll.«

»Ach, war nichts Besonderes. Du kennst doch die Werbebranche. Fast täglich findet irgendwo eine Preisverleihung mit anschließendem Lunch statt. Ist im Grunde reichlich fad.«

»Und danach bist du zurück in dein Studio und hast noch ein bisschen gearbeitet?«

»Äh, nein. Ich hätte nicht viel zu Stande gebracht, ich hatte zu viel Champagner getrunken. Das heißt, ob es echter Champa-

gner war, weiß ich nicht, das Zeug hat eigentlich eher billig ge-
schmeckt. Jedenfalls bin ich dann fast den ganzen Nachmittag
dort geblieben.«

»Schön für dich.«

»Na ja, ich war gewissermaßen dazu verpflichtet. Du weißt
ja, Kontakte knüpfen, Branchengespräche, all das langweilige
Zeug.«

Sie steckte den Kopf wieder in den Ofen, und ich sah nach, ob
sie das Ding auch wirklich nur reinigte und nicht etwa Selbstmord beging.

»Du warst aber nicht für eine Auszeichnung nominiert,
oder?«, fragte sie mit dumpf hallender Stimme.

»Doch, irgendwie schon.«

»Irgendwie schon?«

»Na ja, schon, doch. Beste Original-Hintergrundmusik – für
diesen Bankspot letztes Jahr.«

»Mensch, davon hast du mir gar nichts erzählt!«

»Du hast schon genug am Hals, da muss ich dich nicht auch
noch mit meiner Arbeit langweilen«, erklärte ich wenig überzeugend. Catherine schwieg eine Weile und kratzte die letzten
Fettkrusten weg, während ich hoffte, das Kreuzverhör wäre
hiermit beendet.

»Gewonnen hast du also nicht?«

»Äh, doch. Doch, ich habe gewonnen.«

Ihr Kopf knallte an die Innenwand des Ofens. Dann kam sie
heraus und sah mich fassungslos an. »Du bist zu einer Preisverleihung mit anschließendem Lunch gegangen und hast einen
Preis gewonnen?«

»Ja. So eine große Silberstatue. Ich ging auf die Bühne und
nahm sie entgegen, und alle klatschten, und dann wurde sie mir
von John Peel überreicht. Er schüttelte mir die Hand, und danach haben wir uns ewig miteinander unterhalten.«

»John Peel? Du hast ja hoffentlich nicht vergessen, ihn zu fragen, ob er sich an deine Flexi-Disc erinnert!«

»Catherine, John Peel hat jedes Jahr Tausende und Abertausende von Tonbändern und Schallplatten bekommen, da kann ich doch nicht erwarten, dass er sich an eine bestimmte Flexi-Disc erinnert, die er in den späten achtziger Jahren nie gespielt hat, oder?«

»Er hat sich also nicht daran erinnert?«

»Nein. Aber er ist sogar noch netter, als er im Radio klingt, und alle kamen zu mir und gratulierten und sahen sich meinen Preis an und fotografierten mich.«

In diesem Augenblick wurde mir klar, dass ich mein Märtyrer-Image fast vollständig zerstört hatte, und ich versuchte reichlich spät, es wieder in Stand zu setzen.

»Aber weißt du, davon abgesehen, war es wirklich öde. Es wird da immer so viel geheuchelt. Und der Preis wog mindestens eine Tonne. Es war wahnsinnig anstrengend, mit dem Drei-Tonnen-Ding die Park Lane entlangzulaufen und immer wieder vergeblich ein Taxi herzuwinken.«

»Klingt wie die Hölle auf Erden«, sagte Catherine und schaute, noch immer am Boden kauernd, zu mir hoch. Das verkohlte Fett aus dem Ofen hatte ihr Gesicht verschmiert, ihre Kleidung befleckt und ihr Haar verklumpt. Hinter ihr begann Alfie leise zu weinen, weil Catherines Fuß seiner Wippe jetzt nicht mehr schaukelte.

»Ähm, ich dachte eigentlich, ich steige kurz in die Wanne«, sagte ich zaghaft, »aber ich könnte mich natürlich auch ein bisschen um die Kinder kümmern, falls du vor mir ins Bad willst.«

»Ich will dich wirklich nicht aus dem Bad vertreiben, wo du doch einen so schrecklichen Tag hattest«, erwiderte Catherine spitz.

Menschen etwas mitzuteilen war meiner Erfahrung nach grundsätzlich problematisch. Es heißt zwar immer, absolute, totale Offenheit sei der einzige Weg zu einer glücklichen Beziehung, doch nichts entspricht weniger der Wahrheit. Wenn ein Mann und eine Frau gerade miteinander geschlafen haben, sollten sie alles tun, nur eines nicht: offen und ehrlich miteinander reden. Die Frau sollte sagen: »Mmm, das war schön«, statt: »Also, das ging schneller, als ich es mir gewünscht hatte«, und er sagt besser: »Mmm, das war wirklich gut«, statt: »Interessanterweise habe ich gerade entdeckt, dass ich meinen Orgasmus steigern kann, indem ich mir vorstelle, ich würde mit deiner besten Freundin schlafen.«

In jeder Paarbeziehung betrügen sich die Partner bis zu einem gewissen Grad, deshalb war das, was ich tat, gar nicht so ungewöhnlich. Jeder Vater hat schon mal nachts das Baby schreien hören und sich schlafend gestellt, während seine Frau aus dem Bett stieg, um nach dem Kind zu sehen. Ich war zwar verschlossener als manche anderen Männer, aber meiner Frau gegenüber weit loyaler als die meisten. Und überhaupt – Catherine erzählte Lügengeschichten! Als die Konservativen kamen, um vor der Parlamentswahl um meine Stimme zu werben, machte sie ihnen weis, *sie* sei Michael Adams. Sie sprach mit krächzender, tiefer Stimme und fragte, ob man den Torys auch nach einer Geschlechtsumwandlung beitreten dürfe. Der Schuss ging allerdings nach hinten los, da der Kandidat plötzlich großes Interesse an ihr zeigte und wir uns immer oben verstecken mussten, wenn er wieder kam und an der Haustür klingelte.

Außerdem täuschte sie alle in Bezug auf ihre Schwangerschaft. Vor Ablauf der ersten drei Monate wollte sie niemandem davon erzählen und zwang mich, die Fassade unbefruchteter Normalität aufrechtzuerhalten. Das Beunruhigende daran war, dass sie sich als die wesentlich bessere Lügnerin erwies, wenn es galt, gemeinsam allen etwas vorzumachen – und das, obwohl ich ein geübter Lügner war. Wir gingen nur selten aus, doch einmal waren wir bei Catherines New-Age-Schwester eingeladen und hörten uns Judys Theorie an, die Welt werde bald untergehen, weil alle ihre solarbetriebenen Taschenrechner ständig eingeschaltet hätten und dadurch die Sonne aufbräuchten. Judith war eine moderne Hippie-Frau wie aus dem Bilderbuch. Jahre zuvor hatte sie uns ein einziges Mal Fleisch vorgesetzt. Wir waren zu ihr gekommen, um mit einem zeremoniellen Mahl die Geburt ihres Kindes zu feiern, und sie stellte uns die unvergessliche Frage: »Rot- oder Weißwein zur Plazenta?«

»Ähm, für mich bitte nur ein bisschen Couscous«, erwiderte Catherine. »Plazenta hatte ich heute schon zum Mittagessen.«

Da sie schwanger war, trank Catherine keinen Wein mehr, und ich erwartete, dass sie das Angebot ablehnen werde, aber sie war viel gewiefter als ich. Hätte sie Nein gesagt, wäre ihr die Aufmerksamkeit der anderen sicher gewesen; stattdessen ließ sie sich wie alle anderen Wein einschenken, und niemand bemerkte, dass sie in Wirklichkeit keinen Schluck davon zu sich nahm. Als ich ihren Plan durchschaut hatte, wollte ich ihr ein bisschen helfen und trank immer wieder heimlich etwas von ihrem Wein. Alle vier Gläser. Zu einem solchen Opfer sollte jeder werdende Vater bereit sein. Unser Gastgeber schenkte ständig nach, und ich leerte jedes Mal beide Gläser. Ich zwinkerte Catherine verschmitzt zu und lächelte sie komplizenhaft an, um sie wissen zu lassen, dass mir ihr Vorhaben klar war und ich ihr diskret dabei helfen würde, den Schein zu wahren. Unmittelbar darauf kippte ich vom Stuhl.

Als wir uns verabschiedeten und ich meinen Arm immer wieder in den falschen Jackenärmel steckte, ließ sich unser Gastgeber nicht von der Überzeugung abbringen, wir seien beide zu betrunken, um mit dem Auto heimzufahren.

»Nein, ich kann sehr wohl noch fahren, ich habe kaum etwas getrunken«, insistierte Catherine, immer noch darauf bedacht, ihr Geheimnis zu wahren.

»Nein, ich bestehe darauf. Michael kann den Wagen ja morgen früh hier holen. Ich habe euch ein Minicar gerufen.«

»Ja, genau, morgen früh hol ich den Wagen«, lallte ich. »Wir können dich unmöglich fahren lassen, Catherine, wo du doch schwanger bist.«

Sie war extrem mies gelaunt, als wir wieder zu Hause waren, aber man weiß ja, dass eine Schwangerschaft das Wesen einer Frau unglaublich verändern kann. Der Unterschied zwischen Catherine und mir war wohl, dass sie immer nur bis zu einem bestimmten Punkt log; sie wusste, wann es Zeit war, mit der Wahrheit rauszurücken. Ich an ihrer Stelle hätte noch geleugnet, schwanger zu sein, wenn ich schon, die Beine auf den Stützen, im Kreißsaal gelegen hätte. Wenn man von ihrer Schwester und ihrem Schwager absah, der es nach meinem unbeabsichtigten kleinen Hinweis tatsächlich erraten hatte, schaffte es Catherine, allen Leuten genau zu dem von ihr geplanten Zeitpunkt von ihrer Schwangerschaft zu erzählen – nach dem dritten Monat. Alle gratulierten uns etwas weniger aufgeregt und erstaunt als bei unserem zweiten Kind, bei dem bereits etwas weniger Begeisterung geherrscht hatte als beim ersten.

»Wir wollten sie altersmäßig möglichst nahe beieinander«, erklärte Catherine im Pluralis Majestatis. Ich sah mich suchend um und fragte mich, wen sie noch gemeint haben könnte.

»Aaaahhh!«, sagten alle Freunde und Bekannten und strichen ihr über den Bauch, als wäre sie plötzlich öffentlicher Besitz. Ab jetzt würde sich der kleine Embryo daran gewöhnen müssen, dass ständig jemand an die Wand klopfte. Ich sorgte mich sehr um das kleine Baby da drin. Nach zwölf Wochen hat der Fötus bereits annähernd die Form eines Menschen. Alle wichtigen Organe sind vorhanden. Das Herz schlägt, es gibt eine Lunge, die später einmal Luft atmen wird, der Magen ist da und wird dereinst die Nahrung verdauen, und die Milz wird tun, was Milzen üblicherweise tun, nämlich bei Unfällen reißen.

Auch ein Rückgrat hat der Embryo zu diesem Zeitpunkt schon, womit erfreulicherweise wenigstens einer von uns beiden eines hatte. Catherine war immer noch sehr müde und weinerlich; eine Mitteilung über unsere augenblicklichen finanziellen Probleme wäre das Letzte gewesen, was sie hätte hören wollen. Während sie allen die freudige Nachricht verkündete, behielt ich die schlechte Nachricht für mich. Damit es meiner schwangeren Frau erspart blieb, sich wegen der Mahnbriefe auf dem Fußabstreifer Sorgen zu machen, beschloss ich endlich zu handeln, und schickte eines Tages einen Umschlag an die Bank. Er enthielt allerdings keinen Scheck über die gesamte Summe, die ich schuldete, sondern die Bitte, künftig alle Schreiben an meine Adresse in South London zu senden, womit auch dieses Problem erledigt war.

Der einzige Mensch, dem ich noch nicht von dem neuen Baby erzählt hatte, war mein Vater. Dad lebte seit seiner Pensionierung allein in Bournemouth, und ich kam nicht oft dazu, ihn zu besuchen. Sein Anrufbeantworter hatte eine sehr sorgfältig formulierte Ansage, in der es darum ging, möglichst wenig zu verraten. Immer wenn ich sie mir anhörte, sah ich ihn vor mir, wie er sie zur Sicherheit von einem Zettel ablas. Sie lautete: »Die von Ihnen angewählte Person kann derzeit nicht an den Apparat, was aber nicht heißt, dass sie nicht zu Hause ist.« Er glaubte, jeder Einbrecher, der das hörte, würde sich sagen: »Verflixt noch mal! Hätte er doch nur gesagt, dass er weg ist, dann wäre ich hingegangen und hätte das Haus ausgeräumt!« Unser Häuschen in Kentish Town hatte er noch nie gesehen, was mir jedes

Mal, wenn ich daran dachte, einen Stich versetzte. Er vermied es jedoch, nach London zu fahren, weil er Angst vor einem Wiederaufflammen der zehn Jahre zurückliegenden Proteste gegen die Einführung der Kopfsteuer hatte. Als man ihm E-Mails schicken konnte, verbesserte sich unsere Kommunikation, weil er mich ständig anrief und fragte, warum das E-Mail-Verschicken bei ihm nicht klappe.

»Wie ist das mit dem Internet, Michael? Machst du's mit dem Internet?«

»Man ›macht's‹ nicht mit dem Internet, Dad. Das Internet ist keine Frau!«

»Also, ich mach's auch nicht mit dem Internet, ich kriege es einfach nicht hin. Ich glaube, in meinem Computer klemmt irgendwas.«

Ich hätte ihm die bevorstehende Geburt seines dritten Enkelkindes über Telefon mitteilen können, doch ich wollte es ihm von Angesicht zu Angesicht sagen. Catherine meinte, dazu werde es wohl erst kommen, wenn das Baby bereits auf der Welt, erwachsen und an der Uni sei. Ich rief ihn an und fragte, ob es ihm recht sei, wenn wir zu Besuch kämen, ihm Mittagessen kochten und ich ihm hinterher ein paar Sachen am Computer zeigen würde. Er war hocherfreut. »Ach, das wäre wirklich schön, Michael. Aber jetzt noch schnell, bevor ihr kommt – dieses Microsoft, sollte ich mir das kaufen?«

Dad war Drogenhändler gewesen und hatte sehr gut davon gelebt. Er war nicht die Sorte Dealer mit zwei Rottweilern und einer Unmenge Goldringen gewesen, die in Manchester hinter den Nachtclubs Crack verkauften. So viel Geld wie die verdiente Dad nicht, denn er verkaufte die falschen Drogen: Beechams Heißen Zitronentrunk und Tabletten gegen Sodbrennen. Ich hatte mir immer vorgestellt, wie er im Land herumfuhr und für einen seiner besten Kunden die Aktentasche öffnete, und wie der Apotheker dann ein Briefchen Alka-Seltzer aufreißt und sich ein paar Krümelchen auf die Zunge tupft. »Guter Stoff, Mann! Streck den bloß nie mit minderwertigem Aspirin, Mann, sonst sorg ich dafür, dass sie deine kopflose Leiche aus dem East River fischen, kapiert?« Dad war ein Drogenhändler mit Firmenwagen und Pensionsplan.

Sein Job hatte es mit sich gebracht, dass er in vielen Nächten anderswo schlief, insbesondere nachdem er in Royal Leamington Spa eine brünette Apothekerin namens Janet kennen gelernt hatte. Er gab sich solche Mühe, sie zum Kauf seiner Produktpalette zu überreden, dass er ihretwegen sogar seine Frau und sein einziges Kind verließ. Blieben nur mehr Mum und ich, der Fünfjährige. Ich wuchs im Londoner Umland auf, in einer Doppelhaushälfte mit halben Eltern. Nach der Scheidung von Mum und Dad musste ich meine einsamen Wochenenden in Dads merkwürdig riechendem Bungalow verbringen. So wie er im Krieg evakuiert worden war, schaffte man jetzt auch mich in eine fremde Stadt mit nichts als einem Koffer und ein paar hastig zusammengesuchten Spielsachen – ein Flüchtling vor dem Krieg der elterlichen Trennung.

In seinem Erwachsenenhaushalt, der auch noch meilenweit von allen meinen Freunden entfernt war, gab es nichts für mich zu tun, deshalb spielte ich Klavier. Jahr um Jahr übte ich jeden Samstag und jeden Sonntag unablässig Klavier. Unter der verstaubten Bank lag ein einziges Notenheft, ›Traditionelle Kirchenlieder für das Pianoforte‹, und die spielte ich einfach immer wieder. Zuerst suchte ich mir die Melodien mühsam zusammen, aber mit der Zeit wurde mein Vortrag flüssiger, ich bekam Selbstvertrauen, und irgendwann bildete ich mir ein, ich wäre Elton John, stakste mit zehn Zentimeter hohen Plateausohlen-Glitzerstiefeln über die Bühne der Hollywood Bowl und

133

ließ meinen ersten Nummer-eins-Hit vom Stapel – »Näher, mein Gott, zu dir«.

»Danke, danke, meine Damen und Herren! Und jetzt ein Song, dem ich viel zu verdanken habe – lassen Sie sich mitreißen von ›Betrachte ich das wunderbare Kreuz‹.« Dann spielte ich alle vier Strophen als Boogie-Woogie und streute nach der Stelle, an der es heißt: »War solche Liebe je mit solchem Schmerz verknüpft, gab's jemals eine schön're Kron' aus Dornen?«, auch das ein oder andere »Yow!« oder »Uuuh, Baby!« ein. Bei »Wir pflügen das Feld und säen« legte ich eine etwas langsamere Gangart ein. Vor meinem geistigen Auge sah ich inzwischen die hochgehaltenen Feuerzeuge und die sich sanft wiegenden Leute so weit mein Blick reichte. Plötzlich ging auf der Bühne ein riesiges Feuerwerk los, und ich begann, ein Potpourri meiner frühen Hits zum Besten zu geben – beliebte Rock 'n' Roll-Klassiker wie »Voran, Soldaten Christi«, »Jesus, Liebster meiner Seele« sowie den Titelsong aus meinem neuesten Album, »Ich weiß, dass mein Erlöser lebt«. Das war meine Zugabe, ich spielte sie im Stehen, und bei den letzten Akkorden wirbelte ich sogar ein paar Mal herum.

Ich kann also mit Fug und Recht sagen, dass ich ohne die Scheidung meiner Eltern wahrscheinlich nie Klavier spielen gelernt, nie am College Musik studiert und niemals den unglaublichen Erfolg gehabt hätte, dass meine Flexi-Disc dreimal von Thames Valley FM gespielt wurde. Jetzt, da ich »Popmusik-Komponist« war, wie Dad es nannte, war er sehr stolz auf mich und rief mich manchmal an, um mir zu sagen, er habe gerade einen Werbespot gesehen, für den ich die Musik geschrieben hätte.

»Dad, die Agentur hat hundert Spots gekauft, und zwanzig davon werden zur Hauptsendezeit gezeigt.«

»Na, dann müssen sie aber sehr zufrieden sein mit deiner Musik, wenn sie das immer wieder zeigen!«

Während ich an diesem Sonntagmittag die Kinder vom Auto ins Haus trug, stapfte Dad uns auf dem Weg zur Straße entgegen. Der Weg war nur zehn Meter lang, aber Dad hatte für die Reise seinen Hut aufgesetzt. Es gab allerdings einen triftigen Grund für ihn, Hut zu tragen, auch wenn er davor zurückschreckte, ihn auch im Haus aufzubehalten. In den wenigen Jahren vor seiner Trennung von Janet, der Apothekerin, hatte sie es geschafft, ihm eine Haartransplantation einzureden. Obwohl seine Stirnglatze noch nicht besonders groß war, unterzog er sich der schmerzhaften und teuren Operation, bei der kleine Haarbüschel aus den fruchtbareren Zonen der Haarproduktion mitsamt den Wurzeln entnommen und am kahlen Oberhaupt eingepflanzt werden. Eine Zeit lang sah es ganz so aus, als ob dem Chirurgen eine erstaunliche optische Täuschung gelungen wäre und mein Vater wieder Fransen hätte. Doch dann fiel das echte Haar hinter dem künstlich befestigten im selben unerbittlichen Tempo weiter aus. Die winzigen Puppenhaarbüschel hielten wacker die Stellung, während die sie umgebenden angestammten Follikel desertierten und den transplantierten Vorposten gänzlich isoliert zurückließen.

Vielleicht war das Janets Beweggrund gewesen, ihn zu verlassen. Sein Kopf bot mittlerweile ein klassisches Beispiel männlicher Kahlheit: Von der Stirn bis zum Scheitelpunkt des Kopfs erstreckte sich eine glänzende, glatte Glatze, dazwischen aber hielt sich ein gerader Streifen transplantierten Haars wie Strandhaferbüschel auf dem Kamm einer Sanddüne. Niemand ließ je ein Wort darüber fallen.

Dad hängte seinen Hut an den Haken und versuchte mich abzulenken, damit mein Blick nicht höher als bis zu seinen Augen schweifte. Kaum hatte ich das Haus betreten, begann er unglaublich zu klammern und nahm mich voll in Beschlag. Je seltener ich ihn sah, umso mehr Anekdoten hatte er zu erzählen, und nichts konnte ihn davon abhalten, auf der Stelle die wichtigsten Neuigkeiten des Monats zu verkünden.

Die Topstorys der heutigen Hauptnachrichtensendung waren: Dads Freund Brian hat sich in Belgien einen neuen Wagen gekauft und dabei eine beträchtliche Summe gespart. Das Anstell-System in der Bank wurde geändert, jetzt muss man so eine blöde Nummer ziehen. Und als Letztes: Dad hat beschlossen, kein Briefpapier mit aufgedrucktem Briefkopf mehr zu benutzen, bis die Frage der verfluchten Vorwahlnummern endgültig geklärt ist. Aber jetzt erst mal zurück zu dieser Wahnsinnsgeschichte mit Brians neuem Auto ...

Er feuerte pausenlos seine Informationen auf mich ab, ohne auch nur eine Sekunde lang daran zu denken, dass ich mich auch mal um die Kinder kümmern und das Mittagessen kochen musste. Catherine hatte ich beim Supermarkt abgesetzt – sie sollte Brot und Gemüse kaufen – und musste daher ganz allein auf die Kinder aufpassen, während ich gleichzeitig Dads Küchenschränke durchsuchte und auf eine Tüte Soßenpulver stieß. Das heißt, »Pulver« ist ein äußerst beschönigender Ausdruck für den kümmerlichen Überrest, der sich mir darbot, als ich die Verpackung entfernt hatte. Es handelte sich um einen dunkelbraunen Soßenklumpen, der irgendwann um die Kreidezeit herum in den Zustand der Versteinerung geraten war. Dad hatte als Kind den Krieg erlebt und warf nie etwas weg. Aus altbackenem Brot ließ sich wunderbarer altbackener Toast herstellen. Das Öl aus der Tunfischdose wurde in einem Eierbecher aufbewahrt und fand Verwendung, sobald er etwas braten wollte, das nach Tunfisch schmecken sollte. Ein paar Jahre zuvor hatte Dad einmal, nachdem ihm ein künstliches Hüftgelenk eingesetzt worden war, bemerkt, er habe nicht danach gefragt, was mit dem alten Hüftgelenk geschehen sei. Mir war klar, dass er es als Verschwendung empfand, das Ding einfach wegzuschmeißen.

Ich hätte noch eine schöne Brühe daraus gemacht, dachte er wohl insgeheim.

Ich versuchte, gleichzeitig den Braten anzusetzen, Dad zuzuhören und mich um die Kinder zu kümmern – eine Kombination, die, wie sich erwies, die Kräfte eines Sterblichen bei weitem übersteigt.

»Eigentlich wollte Brian den Zwei-Liter-Mondeo, aber dann entschied er sich doch für den 1.6, wegen der hohen Benzinsteuer.«

Millie ließ ihren Becher fallen, und da ich den Deckel nicht ordentlich aufgedrückt hatte, ergoss sich die Milch gluckernd über den Küchenboden. Was Dad dazu zu sagen hatte? »Macht nichts, ich hole einen Lumpen« oder »Wisch es auf, ich halte inzwischen Alfie fest«? Nein. Er sagte: »Der 1.6 hat immerhin auch ABS und Servolenkung, aber dadurch, dass er ihn bei einem belgischen Vertragshändler gekauft hat, hat er dreitausend Pfund gespart. Na, was sagst du dazu?« Ich kannte weder Brian noch wusste ich, was Mondeos üblicherweise kosten, bemühte mich aber nach Kräften darum, beeindruckt zu wirken, während ich vergeblich nach Geschirrtüchern suchte.

»Also, ich hab ihm gesagt, dass ich mit dem Gedanken spiele, mir einen Ford Focus anzuschaffen, aber ich weiß nicht, ob ich den weiten Weg nach Belgien machen werde, vor allem wenn man bedenkt, wie die im Krieg eingeknickt sind!«

Seine Katze hatte sich über die Milchpfütze auf dem Linoleum hergemacht, und Millie versuchte, das Tier am Schwanz wegzuziehen. Ich sah es kommen, dass die Katze sich blitzschnell umdrehte und Millie das Gesicht zerkratzte.

»Millie, hör auf, die Katze am Schwanz zu ziehen!«

»Sie hat meine Milch getrinkt!«

»... aber Brian hat gesagt, man kann auch Leute beauftragen, dass sie einem den Wagen aus Belgien hierher fahren, wenigstens bis Harwich, aber ich sagte, ich lege doch kein Geld auf den Tisch, bevor ich den Wagen gesehen habe. Die bringen mir womöglich einen mit Linkssteuerung, und dann stehe ich da!«

»Augenblick, bitte, Dad, ich wische nur rasch das da weg. Hör auf, Millie!«

Doch wie das Monster in *Alien*, das seine Fangarme um John Hurts Gesicht legt, forderte er meine ungeteilte Aufmerksamkeit und ließ nicht locker. Ich nickte immer mal wieder, als hörte ich ihm zu, aber dann kochte das Kartoffelwasser über, und das Wasser löschte die Gasflamme, und dann krabbelte Alfie in die Milchpfütze, machte seine Hose nass und begann zu weinen.

»Die gibt's aber nicht nur in Belgien. Brian hat gesagt, auch in den Niederlanden kann man sie sehr günstig kaufen. Was meinst du denn nun, Michael? Glaubst du, es ist eine sichere Sache, sich ein neues Auto auf dem Kontinent zu kaufen?«

»Halb so schlimm, Alfie. Äh, keine Ahnung, Dad. Hör endlich auf, Millie!«

Die Katze ging schließlich doch auf Millie los und fügte ihr eine blutende Wunde am Arm zu, woraufhin Millie panisch zu schreien begann, was Dad, das muss man ihm lassen, tatsächlich wahrnahm.

»Ach, du liebe Güte, die Katze hat sie am Arm gekratzt. Da muss wohl ein Pflaster drauf. Brian sagt allerdings, die haben alle serienmäßig Rechtssteuerung, Airbag, ABS und Zentralverriegelung. Und du müsstest seinen mal sehen – der ist wirklich schön, hat auch ein ordentliches britisches Nummernschild und so weiter.«

Selbst wenn Millie ihrem Bruder mit dem Brotmesser Arme und Beine abgesäbelt hätte, wäre dies für meinen Dad noch längst kein Grund gewesen, auch nur eine Sekunde lang mit dem Reden aufzuhören.

»Schon gut, Millie. Ja, Mummy kommt gleich. Nicht weinen,

Alfie, ist doch nur Milch. Nein, ich muss die Wunde säubern, und dann kleben wir ein Arielle-Pflaster drauf ... Null Zinsen in den ersten drei Jahren – wirklich, Dad?«

Mein sechsundsechzigjähriger Vater war im Grunde wie ein drittes, um Aufmerksamkeit buhlendes Kind. Er sah sogar aus wie ein Baby mit seinem großen kahlen Schädel und den Essensflecken am Hemd. Wenn man zwischen zwanzig und dreißig ist, fordern beide gleichermaßen Aufmerksamkeit – die kleinen Kinder und die alten Eltern. Wie egoistische Geschwister konkurrieren sie um deine Liebe. »Daddy! Daddy! Daddy!«, schrie Millie, aber ich konnte mich nicht mit ihr abgeben, weil ich immer noch *meinem* Daddy zuhörte. Meine einzige Chance, ein bisschen Ruhe zu finden, lag darin, das Mittagessen so zu timen, dass Dad sein Nachmittagsschläfchen zeitgleich mit den anderen Kindern hielt. Am besten hing ich ein Musikmobile über dem Sofa auf, damit er auch ganz bestimmt einschlief.

Catherine und ich teilten ihm mit, dass er bald ein weiteres Enkelkind haben werde. Er freute sich sehr, rief gleich Jocelyn, seine neue Freundin, an und erzählte ihr davon, obwohl er, wie ich ihn kannte, zum Zeitpunkt der Geburt bereits eine andere Freundin haben würde. Nach dem Mittagessen tat er uns den Gefallen und schlief eineinhalb Stunden. Neben seinem Mund war auf dem Kissen ein kleiner Speichelfleck zu sehen. »Ach, von ihm hast du das also«, sagte Catherine, was mir äußerst peinlich war. Wenn ich an meinen Kindern Eigenschaften von mir selbst entdeckte, freute ich mich immer darüber, aber die Vorstellung, mich nach und nach in meinen Dad zu verwandeln, war der reine Horror. Der einzige Trost bestand darin, dass ich sicherlich nicht zu den Männern gehörte, die einer flüchtigen Affäre wegen ihre Ehe zerstören, so wie Dad es getan hatte.

Auf der Fahrt zurück nach London dachte ich darüber nach, warum so viele Männer es unmöglich fanden, einer einzigen

Partnerin treu zu bleiben. Jim, beispielsweise, hatte, seit ich ihn kannte, fünf oder sechs Freundinnen gehabt. Was war nun daran so schön? Wie konnte ein junger Mann sich allen Ernstes auf die Aussicht freuen, mit einer endlosen Folge schöner Frauen zu schlafen? Im einen Monat eine üppige Blondine, im nächsten eine grazile Brünette? Ich konnte es mir einfach nicht erklären.

Jim war gerade eine neue Beziehung zu einem Mädchen namens Monica eingegangen. In der Woche darauf, als ich in meinem Studio war, rief er mich auf meinem Handy an und fragte, ob ich Lust hätte, mich im Duke of Devonshire zu ihnen zu gesellen. Es war mir nicht gelungen, meinen Computer zum Ausdrucken von ein paar Rechnungen zu bringen, und ein Pubbesuch, dachte ich, würde den Drucker mit derselben Wahrscheinlichkeit in Gang setzen wie alles andere, was ich noch hätte versuchen können. In dem Pubgarten saß auch Monicas beste Freundin Kate. Ich begann mich mit ihr zu unterhalten. Kate war hübsch, schlank, temperamentvoll, unbeschwert und alles andere, was zu sein nicht schwierig sein dürfte, wenn man nicht die schwangere Mutter zweier kleiner Kinder ist. Sie hatte kinnlanges dunkelbraunes Haar, das sie jedes Mal, wenn sie über einen Witz von mir lachte, mit einer Kopfbewegung nach hinten schüttelte, und sie trug ein kurzärmeliges weißes T-Shirt, das ihre braune Haut zur Geltung brachte. Richtig schön ist das, dachte ich bei mir, und genoss die Gesellschaft der beiden attraktiven jungen Frauen. Ich hatte keineswegs vor, Kate anzubaggern, aber es machte mir großen Spaß, mit ihr zu reden und sie zum Lachen zu bringen. Auch wenn ich vielleicht nie wieder mit einer anderen Frau schlafen sollte, fand ich es aufregend, mich in Situationen zu begeben, in denen es zumindest denkbar war. Und Kate wurde rasch warm mit mir. Dass ich die Musik für den Autozubehör-Miller-Spot geschrieben hatte, der auf Capital Radio lief, beeindruckte sie ungemein.

Jim besaß ein Sportcabrio, das ihm von seinen Eltern wahrscheinlich dafür geschenkt worden war, dass er gelernt hatte, seine Schnürsenkel alleine zuzubinden oder Ähnliches. Das Verdeck war zurückgeklappt, aus der Stereoanlage dröhnte Supergrass – so fuhren wir nach Chelsea. Jim und seine Freundin saßen vorn, Kate und ich hinten. Als Jim in einem Kreisverkehr mit quietschenden Reifen einen BMW überholte, lachte Kate kreischend auf und packte mich kurz am Arm. In den Songs war die Rede vom Jungsein und vom Freisein und vom Sich-gut-Fühlen, und ich dachte: Ja! Einbahnstraßensystem von Wandsworth – aufgepasst! Ich genoss es, mich cool zu geben. Völlig egal, dass es fast dunkel war – die Sonnenbrille war schließlich nicht dazu da, dass man aus ihr heraussah, sondern dazu, dass die Leute in sie hineinblickten. Mit einem Mal war ich genauso jung wie das schöne, schicke Mädchen neben mir.

Als wir über den Fluss fuhren, verspürte ich ein leichtes Unbehagen. Die Themse verlief mitten durch mein Leben: Nördlich des Flusses war ich Ehemann und Vater, südlich davon ein sorgloser junger Mann. Ich hatte es sogar einmal abgelehnt, auf eine Flussfahrt mitzukommen, weil ich nicht wusste, welche Rolle ich auf dem Schiff hätte spielen sollen. Doch jetzt breitete der junge, verwegene Michael die Flügel aus – ganz London war meine Junggesellen-Spielwiese. Wir fuhren zu einer Party, die ein sehr reicher Mann ausrichtete, für den Kate und Monica in der verrückten, oberflächlichen Welt der Wertpapierrenditen und des Unternehmensleasing arbeiteten. Es war die verschwenderischste, glanzvollste Fete, die ich je erlebt hatte. Immer wenn der Fotograf auftauchte, kehrte ich ihm den Rücken zu, schließlich sollte Catherine mich nicht zufällig in der darauf folgenden Woche in *Hello!* entdecken. Für die Musik sorgte ein Japaner, der an einem Flügel saß und Chopin spielte.

Ich glaube nicht, dass auch nur einer der Gäste außer mir beurteilen konnte oder überhaupt bemerkte, wie unglaublich gut der Mann war.

Es war ein geradezu anstößig prunkvolles Haus, und wahrscheinlich war ich der einzige Gast, der die Kühnheit besaß, ohne einen Familiennamen mit Bindestrich aufgetaucht zu sein. Ich versuchte mich unter die Leute zu mischen, doch keines der Grüppchen, an deren Ränder ich mich stellte, nahm mich auf. Eine Zeit lang betrachtete ich das riesige Aquarium mit exotischen Fischen, aber selbst die Millionenfische blickten, so mein Eindruck, auf mich herab. Die Männer waren einer wie der andere – selbstbewusste, beherrschte Rugby-Kapitäne in Freizeitkleidung. Warum fallen Männern der höchsten Gesellschaftsschicht nie die Haare aus?, überlegte ich. Liegt es an den Genen oder tut man ihnen als Kinder etwas ins Internatsessen? Alle hatten sie dicke, lässige Hugh-Grant-Tollen, knallrote Wangen, trugen Loafers und Pringle-Pullover und unterhielten sich über Bekannte, die sie als »ganz tolle Burschen« bezeichneten. Wesentlich größer war da schon die Chance, mit den Filipinas ins Gespräch zu kommen, die herumgingen und Champagner anboten, dabei konnten die nicht mal Englisch. Schließlich lief es darauf hinaus, dass ich mich fast den ganzen Abend mit Kate unterhielt. Sie fragte mich ständig, welchen »Song« der Pianist gerade spiele, und ich nannte ihr den Titel eines jeden Stücks und erklärte noch ein bisschen was dazu. Sie hatte sich gerade eine Gitarre gekauft und nahm Unterricht, und ich empfahl ihr einige gute Stücke zum Einstudieren. Sie zeigte echtes Interesse, und mir machte es großen Spaß, mal wieder über Musik reden zu können. Dass sie hinreißend aussah, war natürlich eine nette Zugabe, aber ich hatte wirklich nicht vor, mich an sie ranzuschmeißen oder zu erreichen, dass sie mich mochte, und ich denke, gerade weil sie so schön war, empfand sie das als ziemlich wohltuend. Ich glaube, ich erreichte dadurch, dass sie mich mochte.

Ein paar Gläser Wein später kamen Jim und Monica zu uns und sagten, wir sollten uns mal den Swimmingpool im Souterrain ansehen. Ich hielt das für einen Witz, fuhr aber mit ihnen im Lift hinunter, und als die Tür aufging, lag vor uns ein unterirdisches, herrlich hallendes Paradies. Einen solchen Raum hatte ich noch nie gesehen: die Sixtinische Kapelle der Swimmingpools. Mit dem städtischen Schwimmbad, in das ich oft mit Millie ging, hatte das nichts, aber auch wirklich nichts zu tun. Niemand hatte sich die Mühe gemacht, zwischen den Fliesen Grünalgen zu züchten oder blutige Heftpflaster in leicht rötlichen Wasserpfützen vor sich hin gammeln zu lassen, und an den Wänden hingen auch keine schlechten Witzzeichnungen, die mir mitteilten, was ich tun durfte und was nicht. Hier konnte ich so viele Rauchringe in die Luft hauchen, wie ich wollte, wenn mir danach war.

Jim erzählte uns, der Pool werde häufig als Location für Film- und Modeaufnahmen vermietet; der Grund dafür lag auf der Hand. Man brauchte diesen Raum nur zu betreten, schon kam man sich wie ein Schauspieler vor, wie ein anderer, wunderschöner Mensch mit jeder Menge Sex-Appeal. Außer uns war niemand da, das Licht war gedämpft und unglaublich sinnlich; die einzigen hellen Lampen befanden sich tief unten am Boden der grünblauen Oase und zogen einen verführerisch zum Wasser hin. Die Wasseroberfläche war so flach und glatt wie das Siegel auf einem Glas Instantkaffee, das geradezu danach schreit gebrochen zu werden.

»Los, schwimmen wir ein bisschen!«, schlug Kate vor.

»Wir haben kein Badezeug dabei«, sagte ich. »Aber vielleicht haben die oben Badesachen ... die wir uns ... ausleihen könnten ...«

143

Das Ende des Satzes verklang nahezu lautlos. Jim, Monica und Kate hatten sich bereits nackt ausgezogen.

»Ähm ... allerdings steht hier ja auch nirgends, dass man Badehosen tragen muss oder so ...« Die Mädchen sprangen ins Wasser und schwammen Brust mit echten, wirklichen Brüsten.

In meinem tiefsten Inneren hegte ich die Vermutung, dass das Herumtollen mit nackten jungen Frauen nicht zu den ersten hundert Maßnahmen gehörte, die man ergreifen sollte, wenn man seiner Frau treu bleiben will, aber meinen Slip anlassen und ein bisschen im seichten Teil herumplantschen ging schließlich auch nicht, und so sprang ich, leicht errötend und sehr hastig, ebenfalls im Adamskostüm hinein. Das Wasser schlug über mir zusammen und umhüllte mich. Es war ein sinnliches, befreiendes Gefühl. Beherzt schwamm ich eine ganze Bahn unter Wasser, zum Teil, um meine Sportlichkeit zu demonstrieren, vor allem aber, um das ungezwungene Gespräch mit einer wunderschönen, nackten Vierundzwanzigjährigen, das mir unweigerlich bevorstand, noch etwas hinauszuzögern. Dann kam ich an die Oberfläche und ließ die atemlose Bemerkung fallen, das Wasser sei herrlich, was, meines Wissens nach, ganz der Swimmingpool-Etikette entspricht. Jeder schwamm ein paar Bahnen für sich, und dann fand Jim einen Wasserball, den wir uns gegenseitig zuwarfen. Einmal durchzuckte mich der Gedanke, dass sich womöglich irgendwo eine versteckte Kamera befand und Simon sich das Ganze daheim im Internet ansah. Unter wildem Gespritze versuchte jeder, den Ball als Erster zu erreichen, wobei wir uns gegenseitig mit gespielter Aggressivität aus dem Weg drängten. Plötzlich schwamm Jim unter Monica und hob sie sich auf die Schultern. Ihre Haut war braun, abgesehen von den drei weißen Dreiecken an den Stellen, die normalerweise ein Bikini bedeckte; das Weiß verstärkte noch den Eindruck, dass es eigentlich verboten war, diese Stel-

144

len zu sehen. Jim hatte seine liebe Mühe, das Gleichgewicht zu halten.

»Huckepack-Kampf!«, rief Monica lachend.

»Na, los!«, sagte Kate und forderte mich mit einem Blick auf, sie mir auf die Schulter zu heben, was ich auch brav tat.

Der Verdacht, meine Frau könnte an mir interessiert sein, war mir zum ersten Mal gekommen, als sie sich über den Tisch beugte und mir ein Haar von der Jacke zupfte. Dieser winzige, elektrisierende Körperkontakt, dieser zaghafte Übergriff auf meine Privatsphäre hatte mir bewusst gemacht, dass wir mehr als nur Bekannte waren. Als ich jetzt meine Arme um Kates nackte, nasse Schenkel legte und ihre Schamhaare mich im Nacken kratzten, war ich überzeugt, dass wir diese persönliche Barriere aller Wahrscheinlichkeit nach bereits durchbrochen hatten.

Es darf nicht zu intim werden, dachte ich mir, als sie sich vorbeugte und ihre Brüste an meinen Kopf presste. Obwohl eine nackte Frau buchstäblich auf mir saß, redete ich mir ein, die Grenze zur eigentlichen sexuellen Untreue noch nicht überschritten zu haben. Auf jeden Fall machte es Spaß; ich amüsierte mich prächtig. Es war geradezu fantastisch. Es ist Mitternacht, und ich mache in einem luxuriösen Swimmingpool Huckepack-Kämpfe mit zwei schönen, nackten Frauen – das glaubt mir später im Altenheim keiner! Jim zog Kate von mir herunter, und wir tauchten beide unter Wasser, wobei ihr Arm mich aufreizend am Unterleib streifte. Ich wollte aufstehen, befand mich aber an einer Stelle des Pools, wo sich der Grund stark senkte, und bekam keinen Boden unter die Füße. Ich war mitten im Wasser auf dem Trockenen. Ich schwamm zum niedrigen Teil zurück, wo sich zufällig auch Kate gerade aufhielt, und spritzte sie an, und sie spritzte zurück. Als ich das Wasser abgeschüttelt hatte und wieder sehen konnte, fiel mein Blick auf Jim und Monica, die im Wasser standen und sich küssten –

145

zuerst ganz zart, dann leidenschaftlicher. Ich stand neben Kate. Das Wasser war warm, das Licht gedämpft, und diese Geheimgrotte erschien mir wie der einzige Ort im ganzen Universum. Wir betrachteten die beiden anderen, die sich aneinander rieben wie zwei überreizte Aale, und Kate lächelte mich an, während ich verlegen dastand und ihr Lächeln schließlich erwiderte. Ihre Brustwarzen deuteten auf mich wie General Kitcheners Zeigefinger auf dem Plakat mit der Aufschrift »Dein Land braucht *dich*«. Da packte mich berauschender Leichtsinn – die Sonne hatte mir die Haut gewärmt und mein Bauch war voll Wein, wir waren jung, braun gebrannt und nackt. So nah hatte ich der Flamme nicht kommen wollen. Es war ein bedeutungsvoller Moment. Irgendetwas musste ich tun.

»Äh, sag mal«, sagte ich, »woher kennt ihr euch eigentlich, Monica und du?«

»Wir arbeiten doch im selben Büro, weißt du nicht mehr?«

»Ach ja, stimmt, hast du ja erzählt. Dann ... äh ... dann habt ihr euch also in der Arbeit kennen gelernt?«

»Genau.«

Ein paar Meter entfernt von uns wanden sich Jim und Monica vor Lust; sie hatten leise zu stöhnen begonnen.

»Ich glaube, viele Leute, ähm, lernen sich in der Arbeit kennen«, erklärte ich.

»Ja, das stimmt wohl.«

Die nächste peinliche Pause.

»Mir gefällt dein, äh ... dein ...« Ich kam nicht auf das Wort »Anhänger«. Ich deutete darauf, damit sie mir weiterhalf.

»Busen?«, sagte sie ziemlich verdutzt und senkte den Blick auf ihre Brüste.

»Nein, nein, nein, um Himmels willen! Der ist natürlich auch sehr schön – ich habe zwar noch gar nicht richtig hingesehen, aber jetzt, wo du ihn erwähnst ... äh ...«

Nie, wirklich nie kommt ein großer weißer Hai angeschwommen, zieht einen unter Wasser und frisst einen mit Haut und Haar auf, wenn man einen braucht.

»Nein, ich meinte dein Halskettchen-Dingsbums da.«

»Den Anhänger?«

»Anhänger, genau. Dein Anhänger gefällt mir.«

»Danke.«

»Ich glaube, ich schwimme noch ein paar Runden«, sagte ich. Kate reagierte mit einem leicht gequälten Lächeln, als ich sie ziemlich unhöflich stehen ließ und mich so schnell wie möglich zum anderen Ende des Pools aufmachte. Und während ich von ihr fortschwamm, überlegte ich, was Catherine wohl gerade machte. Es war kurz vor Mitternacht, wahrscheinlich fütterte sie Alfie. Hoffentlich war nicht auch Millie aufgewacht. Ich hatte mir vorgenommen, das Fenster über ihrem Bettchen zu reparieren, damit es bei Wind nicht mehr so klapperte, falls das der Grund für ihr allnächtliches Aufwachen war. Catherine hatte mich zweimal darum gebeten, aber ich war nicht dazu gekommen.

Während der ersten fünf Bahnen, die ich schwamm, hob ich bewusst kein einziges Mal den Blick, doch als ich es dann tat, sah ich, dass Kate den Pool verlassen und sich angezogen hatte. Ich war kurz davor gewesen, sie zu küssen, ich hätte meinen nackten Körper so gern an ihren gepresst und sie mitten auf den Mund geküsst! Dieser unterirdische Swimmingpool war mir wie eine andere Welt erschienen, in der andere Regeln und eine andere Moral galten. Ich war tief, sehr tief in meine alten Junggesellenträume vorgedrungen – fast zu tief, um jemals wieder daraus herauszufinden.

Das Risiko, ihr noch einmal so nahe zu kommen, durfte ich nicht eingehen. Ich war mir nicht sicher, ob ich auch beim nächsten Mal so stark bleiben würde, vor allem, wenn ich noch mehr trank. Ich beschloss, die Party zu verlassen und in die Wohnung zurückzufahren.

»Ja, genau, das machen wir!«, sagte Kate, nachdem ich einseitig verkündet hatte, ich würde nun gehen.

O nein!, dachte ich. Siehst du denn nicht, dass ich versuche, hart zu bleiben? Mach es mir doch nicht so schwer! Als Jim die Kings Road runterfuhr, legte sie den Arm um mich. Und weil ich es nicht über mich brachte, ihr zu sagen, dass sie ihn wieder wegnehmen solle, blieb er den ganzen Weg bis Balham auf meinen verkrampften Schultern liegen. Die Geschlechterrollen waren merkwürdig vertauscht: Ich kam mir vor wie ein nervöses junges Mädchen, während sie sich wie der draufgängerische ältere Junge verhielt. Ich fühlte mich stark zu ihr hingezogen, aber ich wusste, dass ich dagegen ankämpfen musste. Immer wieder streifte mein Blick die Ritze über ihrem T-Shirt-Ausschnitt und die Rundungen ihres Busens. Absurderweise erregte mich der Anblick auch jetzt noch, nachdem ich kurz zuvor unten im Swimmingpool ihre Brüste völlig nackt hatte wippen sehen. Eine Sekunde lang glaubte ich Catherine mit dem Buggy unter den Straßenlampen zu sehen, doch als wir näher kamen, war es ein Penner, der einen mit alten Tüten beladenen Einkaufswagen vor sich her schob. Weniger Ähnlichkeit zwischen zwei Menschen war fast nicht vorstellbar.

Als wir wieder in der Wohnung waren, galt es extrem vorsichtig zu sein. Wir blieben zunächst alle auf, tranken und rauchten einen Joint, doch sobald es die Höflichkeit zuließ, erklärte ich, mich nun schlafen zu legen.

»Wo ist denn dein Zimmer, Michael?«, fragte Kate strahlend.

Ich antwortete reflexartig: »Gleich die erste Tür links nach dem Bad«, als hätte sie nur gefragt, weil sie sich für die Raumaufteilung unserer Wohnung interessierte. Dann erst wurde mir klar, welche unterschwellige Bedeutung meine Angaben für sie haben mussten, und ich sagte ostentativ: »Gute Nacht, Kate.«

»Gute Nacht«, erwiderte sie.

Puh!

Doch dann zwinkerte sie mir neckisch zu.

Fünf Minuten später lag ich nervös im Bett, starrte auf den Türknauf und erwartete, dass er sich jeden Augenblick bewegte. Ich legte mir zurecht, was ich ihr sagen würde: dass sie wirklich süß sei und ich sie überaus attraktiv fände und dass sie hoffentlich Verständnis aufbringen werde, denn ich sei in eine andere verliebt und könne diese andere Frau einfach nicht betrügen. Diese Vorwände wiederholte ich im Geiste wieder und wieder, bis mir irgendwann klar war, dass sie doch nicht kommen würde. Dann schlief ich sofort ein.

Ich hatte einen Traum: Kate lag neben mir im Bett, küsste mich auf den Mund und fuhr mir mit den Händen durchs Haar. Es war ein schöner Traum, den ich unbedingt weiterträumen wollte. Ich erwiderte ihre Küsse und befühlte ihre nackten Pobacken. Es war gewissermaßen ein steuerbarer Traum, denn plötzlich streichelte sie auch meine Pobacken. Ich wurde halb wach, doch der Traum ging weiter. Er wirkte jetzt sogar noch realistischer. Sie knabberte an meiner Unterlippe, ich öffnete die Augen, und Kate lächelte mich an und küsste mich noch einmal – sie lag wirklich in meinem Bett, frisch und sauber und nach Chlor riechend, und ihr Körper fühlte sich anders an als der von Catherine, aber auch sehr gut, und dann gab es kein Halten mehr. Mein Widerstand löste sich in Nichts auf, und es wurde ja sowieso nie jemand erfahren, und Kate küsste mich lang und leidenschaftlich und legte ihre Hand zwischen meine Beine, und ich stöhnte völlig wehrlos: »O Gott! Aber du darfst es niemandem erzählen, ja?«

alles, bloss nicht langweilig

Als Kate und ich in dieser Nacht zum dritten Mal miteinander schliefen, merkte sie, dass es in Bezug auf Sex nicht viel gab, was ich nicht kannte. Wir machten es in jeder Stellung, die ich in Simons »Lover's Guide«-Video gesehen hatte, und dann in jeder Stellung, die in den abgekupferten Folgen demonstriert worden war. Wir trieben es im Stehen, im Liegen, im Sitzen, in der Dusche, auf dem Bett, auf dem Fußboden und an die Wand gelehnt. Kraftvoll hob ich sie hoch – ich war noch immer in ihr! – und trug sie durchs Zimmer. Da ich mit beiden Händen ihre nackten Pobacken umfasste, führte sie das Champagnerglas an meine Lippen und gab mir zu trinken. Als dabei fast alles verschüttet wurde, belachten wir dekadent, wie der Schampus an meinem Kinn herabfloss und in den Spalt zwischen ihrem Busen und meiner Brust perlte. Ich trug sie zur Stereoanlage hinüber und drückte ihre linke Pobacke an die »Play«-Taste, woraufhin meine CD mit der Ouvertüre »1812« abgespielt wurde. Mit Kates rechter Pobacke erhöhte ich die Lautstärke. Und dann begleitete uns Tschaikowsky, während wir uns weiterliebten. Als die russische Nationalhymne symbolisch mit der Marseillaise focht, wälzten wir uns auf dem Teppichboden, rangen darum, oben zu sein, und kratzten und bissen uns spielerisch während der Schlacht von Borodino. Ich schwoll an wie der Klang der Streicher, sie stöhnte im Rhythmus der Blechbläserfanfaren. Als das Crescendo seinen Höhepunkt erreichte, kamen wir gleichzeitig, mitten auf dem Boden, schrien »Ja! Ja! Ja!«, während die Becken schepperten und die Kanonen feuerten und Napoleons Armee vor den Toren Moskaus Einhalt geboten wurde. Keuchend lagen wir da, während die Coda ertönte, und ganz Russland war erfüllt von Glockengeläut.

Jedenfalls stellte ich mir vor, dass es so gewesen wäre, wenn ich es getan hätte. Ich hatte es nicht fertig gebracht. Ich konnte meine Frau nicht betrügen. Ich glaube, das wurde mir klar, als ich Kate an mich drückte und »Oh, Catherine!« sagte. Sie ging mir einfach nicht aus dem Kopf. Nicht ganz zumindest. Die diversen Fächer in meinem Gehirn hätten um einiges dickere Zwischenwände gebraucht.

Kate reagierte völlig anders, als ich erwartet hatte.

»Ach, du meine Güte – so hat mich schon ewig niemand mehr genannt!«

»Wie bitte?«

»Catherine. Du hast gerade Catherine gesagt. Woher wusstest du, dass ich eigentlich Catherine heiße und nicht Kate?«

»Kate ist doch die Abkürzung von Catherine, oder? Das habe ich mal in einem Vornamenbuch für Babys gelesen. Nicht in meinem Vornamenbuch für Babys, es hat einer Freundin gehört. Einer Freundin, die gerade ein Kind erwartete.«

»Nach dem Internat nannte ich mich nicht mehr Catherine. Ich hasse den Namen. Du auch?«

»Äh, nein. Nein, eigentlich nicht.«

»Was gefällt dir besser, Kate oder Catherine?«

»Also, ich finde beide schön, aber Catherine gefällt mir, ehrlich gesagt, besser. Tut mir Leid.«

Die Leidenschaft war wie weggeblasen, und ich hatte mich

151

schnell wieder im Griff. Es war besser so. In Wirklichkeit wäre unser erotisches Zusammensein nicht annähernd so perfekt gewesen wie in meiner Fantasie. Dem sexuellen Höhepunkt wären tiefe Reue, Schuldgefühle, Selbstverachtung, Angst und Depressionen auf dem Fuß gefolgt – ein ziemlich hoher Preis für fünf Minuten schweißtreibenden Fummelns im Dunkeln. Deshalb erfand ich mir eine Erinnerung an das, was beinahe passiert wäre, eine Erinnerung, die ich mir für alle Zeit bewahren wollte. Kate reagierte sehr verständnisvoll. Sie fand es süß, dass ich diesem anderen Mädchen, über das ich partout nicht sprechen wollte, so treu war. Sie reagierte sogar so verständnisvoll, dass ich sie dafür am liebsten geküsst hätte, wodurch die Situation für sie aber wohl kaum klarer geworden wäre.

»Wer immer sie ist«, sagte Kate, »sie darf sich sehr glücklich schätzen.«

»Da bin ich mir nicht so sicher«, erwiderte ich.

Wir unterhielten uns ein, zwei Stunden lang, und als sie mir gestand, dass sie in Wahrheit ein bisschen in Jim verliebt sei, jedoch dagegen ankämpfe, weil er mit ihrer besten Freundin gehe, entlastete das mein schlechtes Gewissen enorm. War schon in Ordnung, dass wir nicht bis zum Äußersten gegangen waren, dachte ich, denn dann hätte ich die ganze Zeit »Catherine! Catherine!« gestöhnt, während sie ständig »Jim! Jim!« gestammelt hätte. Ich überließ ihr mein Bett und schlief auf dem Boden, und während ich mir ausmalte, wie es gewesen wäre, ging mir unablässig ein Musikstück von Peter Iljitsch Tschaikowsky im Kopf herum ...

»Schon wieder!«, sagte Catherine am nächsten Tag.

»Was?«

»Du summst schon wieder die Ouvertüre ›1812‹ vor dich hin!«

»Wirklich? Tut mir Leid.«

Wir saßen in einem Krankenhausgang. Wir warteten schon so lange, dass ich das Gefühl hatte, aus Catherines Zwölfte-Woche-Ultraschalluntersuchung werde noch eine Vierzehnte-Woche-Ultraschalluntersuchung.

»Du bist so still. Woran denkst du?«

»Ach, an nichts.« Eine glatte Lüge. »Ich überlege nur, wie lange es wohl noch dauert.«

»Macht doch eigentlich gar nichts, oder?« Sie drückte meinen Arm. »Ist doch ganz schön, dass wir mal ein bisschen Zeit für uns haben, ohne die Kinder.«

»Mhm«, sagte ich wenig überzeugend. Das also war ihre Vorstellung von ganz dem ehelichen Miteinander gewidmeter Zeit – der reinste Witz! Stundenlang in einem steril riechenden Krankenhaus herumzuhocken und totenbleiche, alte, mit Schläuchen gespickte Leute anzuschauen, die in Rollstühlen vorbeigekarrt wurden – *das* empfand Catherine als ein Vergnügen!

»Wenn du brav bist, versuche ich auf der Heimfahrt in einen Zwei-Stunden-Stau zu kommen«, sagte ich.

»O ja, bitte, bitte! Dann läuft in Radio 4 wahrscheinlich gerade ein Hörspiel. Dann stelle ich den Autositz zurück, schließe die Augen und entspanne mich. Das Paradies auf Erden!«

»Ja, warum eigentlich nicht?«, sagte ich, die Gelegenheit beim Schopf packend. »Wir könnten uns doch in den Park setzen, Bücher und eine Flasche Wein mitnehmen und ein paar Stunden gar nichts tun!«

»Hmm! Das wäre herrlich, oder?«

»Ja. Also, machen wir's!«

»Diese Vorstellung! Die reinste Wonne!«

»Na, dann los!«

»Es wäre wie im Himmel!«

Dieses winzig kleine Vergnügen war ein unerfüllbarer Traum

für sie, eine absurde Vision, die sich niemals verwirklichen würde.

»Aber es wäre Mum gegenüber unfair.«

»Aber sie passt doch gern auf die Kinder auf.«

»Es wäre auch den Kindern gegenüber unfair.«

»Die genießen es doch, wenn deine Mutter auf sie aufpasst!«

Sie schwieg. Die Vorwände waren ihr ausgegangen.

»Nein, es geht einfach nicht. Tut mir Leid.«

Genau das war das Problem. Sie wollte ununterbrochen bei den Kindern sei und ich nicht, und das bedeutete, dass ich sie nie ohne die Kinder sehen konnte, außer bei Gelegenheiten wie dieser, während wir darauf warteten, eine Aufnahme des nächsten Kindes anzusehen.

Sie hatte ihre übereinander geschlagenen Beine fest zusammengepresst und rutschte unruhig auf dem Plastikstuhl hin und her.

»Könnte es sein, dass du aufs Klo musst?«

»Wie hast du das gemerkt?«, quiekte sie schmerzerfüllt, führte die Plastikflasche zum Mund und schüttete einen weiteren Viertelliter Mineralwasser in sich hinein. Sie wusste nämlich aus zuverlässiger Quelle, dass man eine deutlichere Aufnahme des Embryos erhielt, wenn die mütterliche Blase voll war. Nach der Anzahl der Liter zu schließen, die sie in sich zurückhielt, hoffte sie offenbar an einen wahren David Bailey zu geraten.

»Und könnte ich den Embryo bitte im Profil haben, den Kopf leicht nach vorn gewandt und lächelnd? Super! So, und jetzt legst du den Arm um die Plazenta und zeigst mir die aufgerichteten Daumen! Fantastisch! So, letztes Foto: Mit der einen Hand deutest du auf den Geburtskanal, und mit der anderen zeigst du, dass du dir die Daumen drückst. Ha, ha, ha, wunderbar!«

»Lang halte ich es nicht mehr aus«, sagte sie. »Sobald der das

Ding gegen meine Blase drückt, mache ich mir in die Hose, das weiß ich jetzt schon.«

»Dann geh doch pinkeln!«

»Nein, das erste Foto von unserem Baby soll gut werden.«

»Dann denk einfach nicht daran. Mach deine Beckenboden-übungen oder sonst was.«

»Die mache ich doch sowieso schon.«

Ich wusste, dass sie sich selbstverständlich nicht in die Hose machen würde – es sei denn, der Arzt verkündete, es seien Zwillinge. Nick und Debbie, einem Ehepaar aus unserer Straße, war das widerfahren. Sie gingen zur Ultraschalluntersuchung und mussten sich sagen lassen, dass sie zwei Babys bekommen würden – und hielten das damals auch noch für eine *gute* Nachricht, diese armen Irren. Als ich das letzte Mal an ihrem Haus vorbeiging, glaubte ich die Großeltern aus der Tür kommen zu sehen; der zweite Blick sagte mir jedoch, dass es Nick und Debbie selbst waren – sechs Monate nach der Geburt der Zwillinge.

Endlich kamen wir an die Reihe. Der Arzt bat Catherine, sich hinzulegen. Wie um zu zeigen, dass er meiner Frau in Bezug auf ihre körperliche Hygiene vollstes Vertrauen entgegenbrachte, riss er ein riesiges Stück Papierstreifen ab und legte es auf die Liege, bevor Catherine mit dem Kunstlederbezug in Berührung kam. Ich selbst erregte, warum auch immer, nicht den Verdacht, an irgendwelchen schlimmen Hautkrankheiten zu leiden, und durfte mich ohne Unterlage auf einen Stuhl setzen. Dann karrte der Arzt diese riesige, unheimlich teuer aussehende Zaubermaschine heran, die angeblich ein Ultraschallgerät war. Dabei sind Ultraschallaufnahmen von Föten in Wahrheit natürlich ein Riesenbeschiss: Es stimmt nicht, dass sie einem das eigene Baby zeigen. Als das mit den Einsparungen im Gesundheitswesen begann, wurde irgendeinem Rechnungsprüfer plötzlich bewusst, welch unglaubliche Geldverschwendung Ultraschalluntersuchungen im Grunde waren. Da alle Babys im Mutterleib völlig gleich aussehen, spielen sie einem nur noch ein aus den sechziger Jahren stammendes, vom Chefarzt aufgenommenes Video mit einem Fötus vor. Deshalb sind Ultraschallaufnahmen auch nur schwarzweiß. Man sagt uns, wir sollen auf den Bildschirm schauen, wo man uns den immer gleichen Film mit dem immer gleichen Fötus vorspielt, und wir drücken die Hand unserer Partnerin und beißen uns auf die Lippe ob der unglaublichen Schönheit unseres winzigen, ungeborenen Kindes, während wir in Wirklichkeit nichts anderes sehen als das gynäkologische Pendant des kleinen Mädchens, das auf dem Fernsehtestbild Tic-Tac-Toe spielt. Der Fötus, den wir anstarren, wurde in Wahrheit schon vor vielen Jahren geboren, ist inzwischen erwachsen und staatlich geprüfter Baugutachter, wohnhaft in Droitwich. Er kassiert noch immer Wiederholungshonorare.

Natürlich schmieren sie deiner Frau, um den Schein zu wahren, weiterhin eiskaltes Gel auf den Bauch, bewegen einen Duschkopf ein bisschen hin und her, deuten auf einen grauen Klecks auf dem Bildschirm und sagen: »Da ist das Köpfchen, sehen Sie?« – dabei sieht es aus wie die Blasen in einem schlechten Underground-Zeichentrickfilm aus den sechziger Jahren. Trotzdem geht man zufrieden nach Hause, ein mickriges kleines Foto in der Tasche, das, wie man glaubt, das eigene Baby zeigt, und selbst wenn Freunde sagen: »Das von unserer Jocasta sieht ganz genauso aus«, dämmert es keinem.

Ich sah der Ultraschalluntersuchung wie ein zynischer alter Hase entgegen. Schließlich hingen daheim zwischen den Schwarzweißfotos meiner Kinder an der Wand neben der Treppe bereits zwei gerahmte und kunstvoll platzierte Ultraschallaufnahmen, und entsprechend arrogant gab ich mich. Als der Arzt den Bildschirm einschaltete, sagte ich: »Billard kommt auf dem anderen Kanal.« Catherine meinte, denselben Witz hätte ich schon bei Millies und Alfies Ultraschalluntersuchungen gemacht. Von nun an hielt ich den Mund und sah nur noch blinzelnd auf den Monitor, während die Unterwassersonde die trüben Tiefen nach einem Lebenszeichen absuchte. Doch als plötzlich der Umriss unseres dritten Kindes sichtbar wurde, verschwand mit einem Schlag alle Skepsis und Witzelei. Es war ein Wunder. Da drin lag wirklich ein Baby! Zu verstehen, wie so etwas möglich ist, übersteigt schlicht die Grenzen des normalen menschlichen Denkvermögens. Wie hatten sich unsere beiden Körper so vereinigen und einen völlig neuen, einzigartigen Menschen schaffen können? Woher wusste Catherines Körper, dass er nun eine Nabelschnur, eine Fruchtblase und eine Plazenta bilden und einen kleinen Menschen in genau der richtigen Größe und Form erschaffen musste? Wie kam es, dass ihr derart komplizierte biologische Informationen angeboren waren, während die bewusst denkende Catherine immer noch nicht kapierte, wie man den Videorecorder programmierte? Wie hatte es eines meiner Spermien geschafft, so viele Millionen Botschaften zu transportieren, obwohl ich mir nicht mal merken konnte, dass Catherines Mutter angerufen hatte? Millionen von Jahren hatte die Evolution benötigt, um das zu Wege zu bringen. Ganze Arten hatten aussterben und anderen Platz machen müssen, damit dieses vollkommene kleine Baby geboren werden konnte. Es war nur *eines*, Gott sei Dank – anders als die bösen Geheimnisse, die in mir rumorten – das waren Fünflinge, Sechslinge, Achtlinge. Nur gut, dass es kein Gerät gab, das mein Inneres sichtbar machen konnte. Das wäre etwas gewesen: eine Maschine, die uns zeigte, was wirklich in uns vorging. Allerdings – wenn ich es recht überlegte, hätte ich das eigentlich doch ganz gern gewusst. Dann hätte der Arzt auf die diversen Flecken am Bildschirm deuten und sagen können: »Sehen Sie, da ist Ihre Angst – die ist aber besorgniserregend vergrößert! Gab es in Ihrer Familie häufige Fälle von Angstzuständen?« Oder: »Hm, Ihr Selbstbewusstsein scheint mir an dieser Stelle etwas angeschlagen zu sein. Da wird Sie die Schwester massieren.«

Ich betrachtete Catherine, wie sie so auf der Liege lag, und dachte, dass wir zwei nicht unterschiedlicher hätten sein können. Ich saß schweigend da, ganz der zugeknöpfte Mann mit all seinen Geheimnissen, und dort lag Catherine, die überschwängliche, offene Frau, mit hochgerolltem T-Shirt und heruntergezogenem Reißverschluss, und der Scanner glitt auf ihrem entblößten Unterbauch hin und her und übertrug selbst noch das Innere ihres Körpers auf den Bildschirm, damit wir alle es begaffen konnten.

Wir sahen konzentriert zu, wie der Arzt die Scheitel-Steiß-Länge bestimmte und daraus errechnete, dass Catherine in der zwölften Woche schwanger war – eine ziemlich unstrittige Diagnose in Anbetracht der Tatsache, dass wir wegen der Zwölfte-Woche-Ultraschalluntersuchung erschienen waren. Dann ließ er sich lang und breit über die Schwangerschaftsphase aus, in der Catherine sich befand, und erklärte ihr, was sie in den folgenden Monaten zu erwarten habe. Catherine hörte zu und nickte ziemlich höflich, wenn man bedachte, dass sie das alles schon zweimal durchlebt hatte und im Moment nichts anderes wollte, als die Untersuchung hinter sich zu bringen, aufs Klo zu rennen und zu pinkeln.

Auf der Rückfahrt starrte Catherine immer nur das Foto des drei Monate alten Fötus an.

»Ich glaube, es ist besser, wenn ich fahre«, sagte ich nervös.

Sie hielt an einer Bushaltestelle und zeigte mir das Bild noch einmal. Sie liebte das Baby schon jetzt. Ich küsste sie sanft. Ich war so stolz auf sie, sie war so positiv und zuversichtlich. Ich löste meinen Gurt, um mich hinüberbeugen und sie richtig küssen zu können, und plötzlich küsste und umarmte ich sie wie ein dem Tod entronnenes Kind. Ich war so nahe daran gewesen, mich gehen zu lassen, und so froh, wieder bei ihr zu sein, dass ich ihr immer wieder dankbare, stille, schuldbewusste Küsse gab und sie ein bisschen zu fest an mich drückte.

»Alles in Ordnung mit dir?«, fragte sie.

»Ich freue mich so wahnsinnig auf das neue Baby!«

Das wiederum empfand sie als eine solche Erleichterung, dass sie meine Küsse leidenschaftlich erwiderte. Ausnahmsweise zupften uns gerade mal keine Kinder an den Beinen oder brüllen irgendwo im Hintergrund. In diesem Moment gab es nur Catherine und mich und die vielen Leute, die sich für den 31er Bus anstellten.

Wir befanden uns gerade im Zenit unseres Liebeszyklus, an der schönsten Stelle der emotionalen Umlaufbahn unserer Beziehung, die wir mit der biologischen Regelmäßigkeit eines Menstruationszyklus oder Biorhythmus beschrieben und die uns im Verlauf von etwa sieben Tagen von erbittertem Streit zu zärtlicher Liebe führte. Und jedes Mal fiel ich wieder darauf herein. Jede Woche dachte ich, wenn wir einander wieder einmal hingebungsvoll in die Augen blickten, dass wir unsere Probleme nun für immer gelöst hätten. Doch schon ein, zwei Tage später war Catherine völlig grundlos verärgert über mich, was mich verschlossen und schweigsam machte, worauf sie wiederum bissig und überempfindlich reagierte. Die Spannungen verstärkten sich, bis wir den Nadir unseres Zyklus erreicht hatten, endlich in Streit ausbrechen und uns hasserfüllte, kränkende, dumme Dinge an den Kopf werfen konnten. Dann verachteten wir einander kurzzeitig ebenso sehr, wie wir uns nur wenige Tage zuvor geliebt hatten. Danach verschwand ich für eine Weile. Ich kreiste immer noch um sie, unterlag ihrer Anziehungskraft, war aber am Punkt der größtmöglichen Distanz zwischen ihr und mir angekommen. Dann kehrte ich zurück, erhellte eine Zeit lang ihr Leben, und es war wieder, als wäre alles zwischen uns für alle Ewigkeit perfekt.

Wenn ich mir nicht sicher war, an welchem Punkt dieser Umlaufbahn wir uns gerade befanden, brauchte ich bloß einen Blick auf die Bügelwäsche zu werfen. Zuerst waren es nur ein paar zerknitterte Sachen, die sich jedoch im Lauf der Woche vermehrten, bis der Stapel bei Ausbruch des Streits schließlich umzukippen drohte. Dann stürzte sich Catherine wutentbrannt auf die Bügelarbeit und knallte das fauchende Eisen auf die Gesichter von Ken und Barbie, die ihr von Millies T-Shirts entgegengrinsten.

Den Rest des Heimwegs legten wir in seliger Trance zurück, und Catherine erklärte sich wie durch ein Wunder damit einverstanden, an diesem Abend mit mir auszugehen, falls es ihrer Mutter nichts ausmachte, länger zu bleiben und auf die Kinder aufzupassen. Ihre Mum stimmte bereitwillig zu; sie ließ nie die Gelegenheit aus, die Kinder ins Bett zu bringen, denn dann konnte sie ihnen vor dem Schlafengehen noch eine weitere spannende Folge der arg vernachlässigten »Bibelgeschichten für Kinder« vorlesen, die sie Millie zu Weihnachten geschenkt hatte.

Catherines Mutter war eine anglikanische Fundamentalistin und kämpfte ihren eigenen Dschihad gegen jedermann, der Jesus aus seinem Leben ausschloss oder sich auch nur weigerte, ihr beim Weihnachtsbasar und beim Flohmarkt der Gemeinde St. Botolph zu helfen.

Ich wollte ein ganz bestimmtes Hemd anziehen, stellte jedoch fest, dass es gebügelt werden musste. Ich spielte kurz mit dem Gedanken, einen Streit anzuzetteln, damit ich nicht noch ein paar Tage zu warten brauchte, fand dann aber, dass es im Grunde unfair wäre und der natürlichen Ordnung der Dinge zuwiderliefe, einen Streit heraufzubeschwören, bevor er fällig war, und bügelte das Hemd mit großer Sorgfalt selbst. Catherine war erstaunt und hocherfreut darüber, mich bügeln zu sehen, doch dann merkte sie, dass es nur mein eigenes Hemd war und weder etwas von ihr noch von den Kindern, und es kam zu einem Riesenstreit. Kurz darauf bügelte sie alles weg, inklusive des Hemds, dessentwegen ich den Stein überhaupt ins Rollen gebracht hatte.

»Gott, kannst du ein egoistisches Schwein sein, Michael!«, sagte sie.

»Bitte führe den Namen des Herrn nicht unnötig im Munde, Schätzchen«, sagte ihre Mutter.

Das war, glaube ich, das einzige Mal, dass der Liebeszyklus nur wenige Stunden statt der gesamten sieben Tage umfasste. Wir gingen nicht aus an diesem Abend; stattdessen fuhr ich mit der Northern Line nach Balham. »Vorsicht beim Aussteigen«, verkündeten die Lautsprecher in der Station Embankment. Einige Minuten später war ich wieder in meiner Wohnung und hinterließ zu einer Zeit, als sie garantiert schon schlief, auf dem Anrufbeantworter die barsche Mitteilung, ich hätte einen Auftrag erhalten und würde das Studio in den nächsten Tagen wahrscheinlich nicht verlassen können. Mit dem Lügen ist es wie mit dem Rauchen – bei der ersten Zigarette wird einem schlecht, aber schon bald ist man süchtig danach und merkt irgendwann nicht mal mehr, dass man es tut.

Der nächste Tag war der heißeste des Sommers. Der Wetterbericht hatte Temperaturen um die dreißig Grad vorhergesagt, die aber in London wegen des umfangreichen elektronischen Equipments in meinem Studio wahrscheinlich um einiges höher lagen. Ich saß noch keine halbe Stunde am Keyboard, da steckte Jim den Kopf zur Tür herein und fragte, ob ich Lust hätte, zu ei-

161

ner Grillparty im Clapham Common zu gehen. Das Teufelchen in meinem rechten Ohr sagte: »Na los, es ist ein wunderschöner Tag, sollst auch mal deinen Spaß haben! Die Arbeit kann doch wirklich warten«, während das Engelchen in meinem linken Ohr »Ach, scheiß drauf, hat doch eh keinen Sinn, jetzt zu schuften« wisperte.

Die Grillparty fand im leicht bewaldeten, hügeligen Teil bei den Fußballplätzen statt und war, als wir eintrafen, bereits in vollem Gang. Mindestens zwanzig Picknickgäste waren da, alle etwa in meinem Alter, das heißt, dass ich wahrscheinlich sieben oder acht Jahre mehr zählte als der älteste von ihnen. Mädchen mit Nabel-Piercings hatten den Kopf auf den Schoß ihrer in Tarnmusterhosen gewandeten Freunde gebettet, Musik schwebte über der Wiese, mehrere tragbare Grills qualmten vor sich hin, und der Holzkohlengeruch vermischte sich mit der ein oder anderen Cannabis-Schwade. Die wussten ja gar nicht, wie frei sie waren! Ich hatte leichte Bedenken, als ungeladener Gast in die Party dieser Twenty-Somethings zu platzen – als würde sich jeden Augenblick einer von ihnen mit einem Ruck aufsetzen, auf mich deuten und sagen: »Augenblick mal, du bist nicht *jung*!« Viele der jungen Männer hatten Bärtchen, die so klein waren, dass man sich fragte, wozu überhaupt. Ich natürlich nicht – ich war viel zu alt für einen Bart. Ich verschanzte mich hinter meiner Sonnenbrille und ließ mich auf eine freie Stelle inmitten der ausgestreckten Beine nieder. Manche trugen dieselben Schlaghosen wie ich – als sie zum ersten Mal Mode gewesen waren. Sollte mich jemand fragen, würde ich keine Ahnung haben, wann Elvis gestorben war. Elvis? Welcher Elvis? Die Falklands? Was war das denn? Schreibmaschinen? Nie gehört. Microsoft Windows '95 – ach ja, doch, ich glaube, daran kann ich mich noch erinnern.

Das Tragische an der Sache war, dass mein Gedächtnis zwar

in Bezug auf meine Jugendzeit hervorragend funktionierte, ich mich aber an Ereignisse der letzten Jahre nicht mehr erinnern konnte. Garantiert wussten alle hier, welcher Song gerade Nummer eins war. Wann hatte ich das zuletzt gewusst oder überhaupt Interesse dafür aufgebracht? Ich konnte zwar noch immer sämtliche Weihnachts-Hitlistenstürmer der siebziger und achtziger Jahre hersagen und jeden Song auf jedem Album nennen, das ich damals gekauft hatte, doch wenn mein Gehirn aufgefordert wurde, neue Informationen zu speichern, verweigerte es sich. Diskette voll. Man müsste Dateien einfach löschen können, um Platz zu gewinnen. So wusste ich beispielsweise, nachdem ich mir nach dem Frühstück mit Simon drei Stunden lang den Kopf zerbrochen hatte, dass St. John's Wood die einzige U-Bahn-Station war, die keinen einzigen Buchstaben des Wortes »Makrele« beinhaltete, doch dieses Wissen hätte ich liebend gern aus meinem Kopf gestrichen, wenn ich mir stattdessen Dads Geburtstag hätte einprägen können. Jedes Jahr wieder vergaß ich ihm eine Karte zu schicken, und jedes Mal wieder, wenn die U-Bahn in den Bahnhof St. John's Wood einfuhr, würde ich nun an Makrelen denken.

Ich ergriff eine mir angebotene kleine Flasche französisches Bier, legte mich auf den Boden, schloss die Augen und gab mich der Sonne und dem Alkohol hin. Einige Partygäste rappelten sich auf und begannen in jugendlichem Überschwang Frisbee zu spielen. Andere waren eifrig dabei, Joints zu bauen oder halb verkohlte Würstchen in Brötchen zu stecken und zu verteilen. Dann wurde Cannabis in die eine Richtung und ein Hot Dog nach dem anderen in die Gegenrichtung gereicht; die Jugend von heute verfügt diesbezüglich offenbar über eine eigene Etikette. Das Picknick wurde mit einer Effizienz durchgeführt, die mir klarmachte, dass diese Youngsters keineswegs die faulen

Nieten waren, als die sie sich gaben – dazu war das Herumge-
lungere viel zu gut organisiert. Jeder Mitarbeiter einer Werbeagentur hätte mir sofort den Namen dieser speziellen Zielgruppe nennen können. Die gepiercten Nabel? Die Clubgänger? Die
Ibiza-Meute? Wahrscheinlich erwartete man von ihnen, dass
sie Pepsi Max tranken, Snowboards kauften oder sich für unseren Planeten engagierten, allerdings immer mit dem größtmöglichen Hedonismus. Die Mädchen strichen sich das glänzende,
lange Haar mit dem Handgelenk aus dem Gesicht, und man sah
allen an der gesunden Ausstrahlung an, dass sie aus guten Familien kamen. Todschicke Hippies waren das, genau wie Jim;
sie waren ausgestiegen, hatten aber Rückfahrkarten für später.
Ihre Eltern sahen sich im Sommer die Rennen in Ascot an, fuhren zur Henley-Regatta und nach Wimbledon, während die
Jungen sich mit Fleadh, Reading Festival und Glastonbury ihr
eigenes Sommerprogramm zusammenstellten.

Wenn ich nicht zu ihnen gehörte, zu welcher Zielgruppe der
Werbung dann? Als Hugo mich gebeten hatte, die Musik für
den »Die Limousine, die sich für einen Sportwagen hält«-Spot
zu komponieren, erklärte er mir, sie hätten es auf die »Kumpel-
Dads« abgesehen, und ich hatte mit Schaudern erkannt, dass
diese zwei kleinen Wörter auch mich selbst definierten. »Ja, die
Sorte kenne ich«, hatte ich spöttisch gesagt und gleichzeitig ein
Hochglanzmännermagazin in den Papierkorb geschleudert.

Die Mittagssonne war so stark, dass ich mich in den Schatten
legte, damit meine empfindliche Stirn keinen Sonnenbrand ab-
bekam. Es wäre schwierig zu erklären gewesen, wie ich bei der
Arbeit am Keyboard einen Sonnenbrand hatte bekommen können. Plötzlich klingelte mein Handy in der Tasche. Innerlich
wappnete ich mich bereits gegen das genervte Aufstöhnen
sämtlicher gepiercter alternativer Umweltschützer; stattdessen
griffen auch sie alle in ihre Hosen- oder Handtaschen.

»Hallo, ich bin's«, sagte Catherine.

Sie sprach in angemessen kühlem Ton, schließlich hatten wir uns gestritten. Aber immerhin hatte sie den ersten Schritt getan.

»Bist du in deinem Studio?«

Diese Frage war meiner Ansicht nach ohne unnötiges Lügen zu beantworten.

»Nein.«

»Wo dann?«

Ich hatte das Gefühl, dass sie darauf aus war, mich nach Hause zu locken, um abends ein Bad nehmen zu können. Ich blickte mich um und hielt es für keine besonders gute Idee, ihr zu sagen, dass ich im Clapham Common auf der Wiese lag. Neben mir saß ein kleiner Junge mit einem Manchester-United-Hemd.

»Ich bin … in Manchester.«

Mit diesen Worten hatte ich die Neugier einiger Jugendlicher in meiner Nähe geweckt. Ich lächelte ihnen zu und verzog das Gesicht, um auszudrücken, wie nervig es war, dass mein Gesprächspartner diese offensichtliche und simple Tatsache nicht erfasste.

»In Manchester? Echt? Wo denn da?«

»Na, United.«

»Was?«

»Ich meine, äh, Piccadilly.« Ich hatte eine schlechte Wahl getroffen. In Manchester war Catherine aufs College gegangen.

»Warum hast du eben United gesagt?«

»Na ja, ich assoziiere Manchester einfach sofort mit United, nicht zu verwechseln mit Manchester City, die tragen ja hellblaue Trikots.«

»Was redest du da?«

»Entschuldige, aber ich höre gerade, ich soll mich beeilen. Dieser Schneideraum kostet fünfhundert Pfund in der Stunde.«

165

»Ach so. Dann siehst du die Kinder also nicht mehr vor dem Schlafengehen, oder?«

»Nein, leider. Ein Riesenstress ist das hier. Jetzt muss ich an Ort und Stelle noch was umschreiben. Ein Wahnsinnsdruck.«

»Hm.« Sie klang enttäuscht. »Wir fahren jetzt zu Susan und Piers, das neue Haus anschauen. Also, bis morgen.«

»Fang bloß nicht an, mit Piers über den Astra zu reden – der hört nicht mehr auf!«

Sie gab sich mir gegenüber immer noch zu kühl, um lachen zu können. Ich bat sie, die Kinder von mir zu küssen. Dann verabschiedeten wir uns und beendeten das Gespräch. Keiner von uns hatte sich für die schrecklichen Dinge entschuldigt, die wir uns tags zuvor zugeschrien hatten, aber immerhin war das Eis so weit gebrochen, dass wir am nächsten Tag wieder etwas liebevoller miteinander reden würden. Es war viel, viel besser so, denn auf diese Weise ersparten wir uns zwei Tage Türengeknalle und ein verdorbenes Wochenende. Ich machte mir noch eine von den kleinen Bierflaschen auf, blieb eine Stunde lang einfach nur faul liegen und versuchte, in den Umrissen der Wolken Gegenstände zu erkennen. Sie sahen aber immer nur wie Wolken aus.

Dann klingelte wieder das Handy; diesmal war es Hugo Harrison. Meine letzte Komposition für ihn hatte ich dreimal hintereinander aufgenommen, um ihm das ständige Rückspulen zu ersparen, weil ich wusste, dass er sich das Stück immer wieder würde anhören müssen.

»Hallo, Michael, hier spricht Hugo. Ich habe in deine Aufnahmen reingehört.«

»In die Aufnahmen?«, fragte ich, verwirrt wegen des Plurals.

»Ja. Also, mir gefällt der Anfang der ersten Abmischung, das Tempo der zweiten, und das beste Ende hat eindeutig die dritte Version.«

Was sollte ich sagen? Die sind doch alle identisch, du Volltrottel?

»Äh, ja, interessant«, stammelte ich.

»Könntest du's vielleicht noch mal machen, so dass die jeweils besten Stellen aus allen dreien drauf sind?«

»Na ja, versuchen könnte ich es. Warte, ich schreibe mir das auf«, sagte ich, während sich meine Zuschauer wunderten, weil ich in Wahrheit überhaupt nichts aufschrieb. »Den Anfang von Nummer eins, das Tempo von Nummer zwei und das Ende von Nummer drei. Gut, ich versuche mein Bestes. Kann aber ein, zwei Tage dauern.«

»Geht in Ordnung. Bis dann, Michael, ich muss.«

Ich legte mich wieder hin und notierte mir im Geist, dass ich ihm ein Band mit nur einer einzigen Aufnahme der exakt gleichen Abmischung zukommen lassen musste, mit der er garantiert voll und ganz zufrieden sein würde.

Im Lauf des Tages kamen immer mehr Leute zu dem Grillfest, darunter auch Kate und Monica. Kate hatte ihre Akkustikgitarre mitgebracht. Sie bettete sie behutsam auf eine Wolldecke und packte unendlich viele Platten mit Sandwiches aus, die sie für uns gemacht hatte. Neben mir lag ein Typ namens Dirk, zu dem ich bereits eine völlig irrationale Abneigung gefasst hatte, weil er seine Zigarette zwischen Daumen und kleinem Finger hielt wie James Dean oder Marlon Brando. Mir war klar, dass es schlimmere Verbrechen gegen die Menschlichkeit gab, aber in diesem Augenblick zählte das Halten einer Zigarette zwischen Daumen und kleinem Finger zu den allerschlimmsten. Und wie sich bald herausstellte, hatte mein erster Eindruck nicht getrogen.

Er schob sich ein Sandwich in den Mund, ohne über die Mühe, die Kate sich gemacht hatte, auch nur ein Wort zu verlieren. Dann griff er sich ihre Gitarre und begann ein bisschen darauf herumzuzupfen. Kate wirkte leicht verärgert über diese Dreistigkeit, sagte jedoch nichts. Er veränderte die Stimmung der Gitarre ein wenig und schüttelte missbilligend den Kopf.

»Wie viel hast du für die gezahlt?«

»Nur fünfzig Pfund«, erklärte Kate stolz. »Ich habe sie gebraucht gekauft.«

»Fünfzig? Ich geb dir zwanzig dafür.«

Manche Menschen sind so unsympathisch, dass man dafür nur eine Erklärung findet: Sie besuchen Volkshochschulkurse im Fach Unverschämtheit.

»Ich hatte eigentlich nicht vor, sie zu verkaufen«, sagte Kate viel zu höflich.

»Dein Pech. Jetzt sind wir nämlich bei fünfzehn gelandet. Du hast deine Chance verpasst.« Er zwängte seine Zigarette unter die Saiten bei den Wirbeln. »Fünfzig Piepen für so 'ne beschissene Gitarre!«, murmelte er und begann vor sich hin zu schrummen. Kate sah mich fassungslos an. Am liebsten hätte ich dem Kerl die Gitarre aus den Händen gerissen und sie ihm über den Schädel gezogen, doch ich ließ es bleiben, weil ich kein gewalttätiger Mensch bin, weil es das ganze Picknick kaputtgemacht hätte und, davon abgesehen, weil das Ding dabei in tausend Splitter geborsten wäre; er hatte nämlich Recht, es war eine beschissene Gitarre.

Ich versuchte ihn zu ignorieren, doch als ein paar Mädchen seine ziemlich freie Interpretation von »Wonderwall« gesanglich zu begleiten begannen, stand er sofort im Zentrum der Aufmerksamkeit. Sie klangen mehr nach Trapp-Familie als nach Liam Gallagher, aber dieser Angeber, dem jeder zweite Akkord misslang, war ihnen auch keine Hilfe. Ich konnte mich nicht mehr zurückhalten.

»Ähm, ich glaube, das müsste hier eher e-Moll sieben sein«, sagte ich vorsichtig.

Erst jetzt bemerkte er mich überhaupt. Er zog noch einmal affektiert an seiner Zigarette, zuckte zusammen und schloss beim Inhalieren ein Auge zur Hälfte, als wäre seine Silk Cut mit dem stärksten jamaikanischen Shit vermischt.

»Glaub ich nicht, Kumpel.«

»Doch. Es geht so: em7, G, Dsus4, A7sus4.«

Schlagartig wurde ihm klar, dass ich wusste, wovon ich sprach, aber vor all den bewundernd zu ihm aufblickenden Frauen konnte er natürlich nicht klein beigeben. Ein neuer Hirsch war in der Herde aufgetaucht und landete einen Geweihhaken nach dem anderen. Er legte eine kurze Pause ein und machte dann, anstatt mit »Wonderwall«, mit einem anderen Song weiter, den er im Lauf der Jahre offenbar ein bisschen öfter geübt hatte.

»Ach, nee!«, sagte eines der Mädchen. »Nicht dieses abgedroschene ›Stairway to Heaven‹. Was ist denn jetzt mit Oasis?«

»Ich kann's ja mal probieren, wenn ihr wollt«, bot ich galant an und erntete begeisterte Zustimmung von Seiten des Publikums. Ihm blieb nichts übrig, als mir die Gitarre herüberzureichen. Alle Blicke richteten sich auf mich, alle waren gespannt, ob ich es besser machen würde.

»Ist es dir recht, wenn ich auf deiner Gitarre spiele, Kate?« Sie nickte. Um die Spannung zu steigern, ließ ich mir sehr viel Zeit fürs Stimmen. Dann konzentrierte ich mich, stürzte mich schließlich schwungvoll in die Anfangsakkorde von »Wonderwall« und holte mit Kraft und Selbstvertrauen den schönsten Klang heraus, den hervorzubringen die Nylonsaiten im Stande waren. Alles Blut wich aus Dirks Gesicht, als ich übergangslos »The Passenger« und »Rock 'n' Roll Suicide« hinzufügte und das Ganze sicherheitshalber mit dem schwierigsten Teil von Rodrigos *Gitarrenkonzert Nr. 2* abrundete. Als ich fertig war, jubelten und applaudierten die Leute, einige schrien »Zugabe!«. Es fehlte nicht viel, und sämtliche anwesenden Mädchen hätten mich gebeten, sie zu schwängern. »Gar keine schlechte Gitarre hast du da, Kate«, log ich und reichte das Instrument seiner Besitzerin. Ein grandioser Augenblick. Könnte es doch immer so sein im Leben! Die nächste Zigarette, die Dirk sich anzündete, hielt er normal. Mission erfüllt, dachte ich.

Wahrscheinlich waren die Frauen deshalb so entzückt von mir, weil ich mit Hilfe der Musik starke Emotionen zum Ausdruck gebracht hatte. Mit einer Gitarre in der Hand oder einem Keyboard unter den Fingern konnte ich »Ich liebe dich« oder »Ich bin so traurig« sagen und diese Zustände nachempfindbar machen. Ich hätte es nie fertig gebracht, so etwas auszusprechen. Jetzt musste ich mich stark zusammenreißen, um nicht zu zeigen, wie ich mich fühlte – geradezu widerlich selbstzufrieden nämlich. Ich hatte die Ehre von Kates Gitarre verteidigt, es war ein wunderschöner, sonniger Tag, und von den Ei-und-Mayonnaise-Sandwiches hatte Kate sogar die Rinde abgeschnitten. Von vorübergehenden finanziellen Rückschlägen abgesehen, funktionierte mein Doppelleben wie eine gut geschmierte Maschine. Ich hatte eine Frau und trotzdem meine Unabhängigkeit, ich hatte einen Job, in dem ich meine Arbeitszeit selbst bestimmen konnte, meinen tollen Kindern widmete ich genau das richtige Maß an Zeit, hatte gleichzeitig eine Rückzugsmöglichkeit und durfte so viel Zeit allein verbringen, wie ich wollte. Mehr konnte man nicht verlangen.

Ich stand auf, ging ein paar Meter in den Wald hinein und pinkelte an einen Baum. Die Mischung aus Sonne und Bier machte mich schwindlig. Als ich mir die Hose zuknöpfte und blinzelnd in die grelle Sonne blickte, begann ich leicht zu schwanken, und plötzlich sah ich über eine Lichtung und einen Abhang hinab Millie auf mich zukommen. Meine kleine Tochter Millie, noch keine drei, stapfte fünfzehn Meter von mir entfernt durchs Dickicht. Im Clapham Common. Mutterseelen-allein.

Da sie glücklich und zufrieden wirkte, bremste ich mich und rief sie nicht. Ich hielt angestrengt Ausschau nach ihrer Mutter, konnte sie jedoch nirgends entdecken. Mit wachsendem Unver-ständnis beobachtete ich Millie weiter. Sie schlenderte hierhin und dorthin, zupfte Blätter ab und trällerte ein fröhliches Lied-chen. Sie erschien mir wie ein Kind, das ich nicht kannte; sie war so völlig getrennt von mir, als beobachtete ich sie durch ei-nen Spionspiegel oder sähe mir einen alten Videofilm von der Familie an. Noch nie hatte ich sie dieses Lied singen hören. Sie war einfach irgendein Kind im Park, nur dass sie meine Tochter war. Genauso war es mir ergangen, als ich unser drittes Baby auf dem Ultraschallmonitor betrachtete – ich sah mein Kind, aber ich fühlte mich ihm nicht zugehörig. Ich sah es aus großer innerer Distanz und empfand es geradezu als surreal.

Warum ist Catherine nicht bei ihr?, fragte ich mich besorgt. Ich versteckte mich hinter einem Busch, um Millie weiter beob-achten zu können, ohne mich zu verraten. Am liebsten wäre ich zu ihr gerannt und hätte sie fest an mich gedrückt, aber es stand zu viel auf dem Spiel. Sie hatte sich wohl verlaufen. Ich be-schloss, sie aus sicherer Entfernung im Auge zu behalten, bis ihre Mutter sie gefunden hatte, um mich dann davonzustehlen. Ich konnte es mir schlicht nicht leisten, mich zu zeigen, also war dies die einzige logische Vorgehensweise. Aber dann platz-te ich, als sie immer näher gekommen war, ganz wider Willen doch mit ihrem Namen heraus, ich weiß auch nicht, warum.

»Daddy!«, rief sie.

Es schien keine besondere Überraschung für sie zu sein, mich hinter einem Busch versteckt zu sehen, was mich etwas irritier-te, doch in meine Angst und in mein Unverständnis mischte sich nun die Freude darüber, meine hübsche kleine Tochter so unerwartet zu sehen. Sie lief zu mir, ich hob sie hoch, und sie drückte mich ganz fest, was ich sehr schön fand, obwohl ich keine Ahnung hatte, was ich als Nächstes tun sollte.

»Wo ist Mummy?«

»Äh ... sie is, sie is, sie is, sie is ... Mummy, äh, Mummy ...«

Komm, Millie, spuck's aus!

»Sie is ... sie is da drüben.« Sie deutete auf den etwa hundert Meter entfernten, hinter den Bäumen liegenden Musikpavillon. In diesem Augenblick hörte ich Catherine Millies Namen rufen; in ihrer Stimme schwang panische Angst mit. Jetzt gab es für mich keinen Ausweg mehr. Millie war Catherine weggelaufen, ich hatte sie gefunden. Eine Stunde zuvor hatte ich Catherine erzählt, ich arbeitete in Manchester. Mein Herz schlug *allegro forte*. Ich sagte: »Mensch, Millie, was mache ich denn jetzt bloß?«

»Grüner Vogel«, antwortete sie und deutete auf einen Baum. Sie hatte Recht. Hinter mir kletterte gerade ein Grünspecht den Baumstamm hoch. Na, so was! Mitten in London! Ich hatte noch nie im Leben einen Grünspecht gesehen.

»Millie, wo bist du?«, brüllte Millies verzweifelte, näher und näher kommende Mutter. Ich stellte meine Tochter auf dem Boden ab und deutete auf ihre Mum. »Schau, Millie, da ist Mummy. Lauf zu Mummy und erzähl ihr, dass du einen Mann gesehen hast, der ausgesehen hat wie Daddy!«

Ich ließ sie los, und sie lief über die Wiese auf ihre Mutter zu. Kaum war sie losgerannt, schrie sie schon: »Mummy! Daddy hat sagt, dass ich einen Mann seht hab, der aussieht wie Daddy!«

Ich sah, wie Catherine sie entdeckte. Innerhalb des Bruchteils einer Sekunde verschwand die Panik aus ihrem Gesicht und machte tiefster Erleichterung Platz, doch dann folgte sofort die Wut über die Qualen, die sie ausgestanden hatte. Sie war wütend auf Millie, aber im tiefsten Herzen zürnte sie sich selbst, weil sie ihr Kind aus den Augen verloren hatte. Auf dem einen Arm Alfie, rannte sie mit dem ausgestreckten anderen auf Millie zu, riss sie an sich und brach in Tränen aus. Sie schrie Millie an, was ihr eingefallen sei, einfach wegzulaufen, und da jede Mitteilung, die Millie zu machen versuchte, unweigerlich in dem aus Wut, Umarmungen und Tränen bestehenden Chaos unterging, war ich fürs Erste gerettet.

Immer noch zwischen den Bäumen versteckt, sah ich zu, wie Catherine sich daranmachte, den Park zu verlassen. Was tat sie überhaupt hier? Sie war meilenweit von zu Hause weg. Sie hielt sich doch nie südlich der Themse auf! Ich wusste, dass es eine ziemliche Aktion werden würde, die Kinder für den Heimweg fertig zu machen. Sie drapierte das Babytragetuch vor dem Musikpavillon auf den Boden, legte Alfie darauf, band ihn in das Tuch, hievte ihn sich auf den Bauch und schlang die Enden um ihren Körper. Ihr Zornesausbruch hatte Millie völlig aus der Fassung gebracht, die Kleine weinte immer noch. Catherine nahm eine Tasche vom Buggysitz und hob Millie auf die Sitzfläche. Während sie die Tasche an den Buggygriffen befestigte, wurde Millie hysterisch, begann zu schreien, und forderte mit ausgestreckten Armen, hochgehoben zu werden. Sie war eifersüchtig auf ihren kleinen Bruder im Tragetuch.

Catherine hob Millie aus dem Buggy. Dabei brachte das Gewicht der an den Griffen hängenden Tasche den Wagen zum Kippen; er fiel und landete verkehrt herum auf dem Boden. Die Tasche krachte auf den Asphalt, man hörte Glas splittern. Das war bestimmt die Flasche Aqua Libre, schoss es mir durch den Kopf, dieses widerlich riechende Melonengesöff, das sie immer kauft und dessen Name »Freies Wasser« bedeutet, obwohl es ein Vermögen kostet. Der Designerdrink floss aus der Buggytasche und breitete sich auf dem Boden aus. Immer noch mit beiden Kindern beladen, ging Catherine in die Hocke und versuchte mit der verbleibenden freien Hand zu verhindern, dass die Flüssigkeit alle in der Tasche befindlichen Gegenstände ruinierte. Plötzlich stieß sie einen Fluch aus; sie hatte sich geschnitten. Mit blutender Hand versuchte sie Millie abzusetzen, doch Millie, die noch keine drei war, weigerte sich, die Situation aus dem Blickwinkel ihrer Mutter zu betrachten, und ließ einfach nicht los. Wütend riss Catherine Millie von sich. Millie legte sich auf den Boden und schrie. Jeden dieser Schritte hatte ich vorhergesehen, ohne das Ganze verhindern zu können – wie bei einer Massenkarambolage auf den Videozusammenstellungen von Autobahnunfällen. Ich hätte ihr so gern geholfen, aber wie? Wie hätte ich plötzlich mitten im Clapham Common auftauchen können, nachdem ich eine Stunde zuvor gesagt hatte, ich sei in Manchester?

»Checkst wohl die Kindermädchen aus der Gegend hier aus, was?«, höhnte jemand hinter mir. Es war Dirk, den es noch immer wurmte, dass er auf einer billigen Sperrholzgitarre in Grund und Boden gespielt worden war.

»Nein, nein, ich habe nur gerade zugesehen, wie diese Frau dort drüben sich mit den zwei kleinen Kindern abmüht. Sie ist die Mutter der beiden. Äh, würde ich sagen.«

»Wer schafft sich schon freiwillig Kinder an!«, sagte Dirk, während Millie schluchzend und um sich tretend auf dem Boden lag. Ich ertappte mich bei einem angedeuteten, stillschweigende Zustimmung signalisierenden Nicken, bekam jedoch sofort ein schlechtes Gewissen, weil ich meine eigenen Kinder so bedenkenlos verleugnet hatte.

»Kaum zu glauben, wie die kleine Göre brüllt! Wenn's nach mir ginge, dürfte keiner Kinder haben, solange er sie nicht im Griff hat.«

Plötzlich wurde ich fuchsteufelswild. Was wusste der denn schon?

»Ist doch nicht ihre Schuld«, fuhr ich ihn an. »Es ist echt schwierig, wenn man ganz allein ist, und außerdem führen sich die meisten Zweijährigen so auf.«

»So wie die das arme Kind ankeift, ist es kein Wunder, dass es brüllt.«

»Sie weiß sich eben nicht mehr zu helfen. Hat wahrscheinlich kaum geschlafen und so.«

»Tja, wahrscheinlich allein erziehend«, meinte Dirk und machte sich auf den Weg zurück zur Grillparty. Catherine saß jetzt auf dem Boden und weinte. Sie war fix und fertig. Noch nie hatte ich sie so verzweifelt gesehen. Ihre Hand blutete, und die beiden Kinder schluchzten vor sich hin. Und da sich das Ganze in London abspielte, gingen alle möglichst schnell an ihr vorbei, als wäre sie eine Drogensüchtige oder eine durchgeknallte Alkoholikerin. War denn wirklich niemand bereit, einzugreifen und ihr zu helfen?

»Ist alles in Ordnung, Catherine?«, fragte ich sie.

Sie hob den Blick und war so erstaunt, mich zu sehen, dass sie schlagartig zu weinen aufhörte.

»Wie kommst *du* denn hierher?«

Da ich keine Antwort auf diese Frage hatte, hielt ich es für das Beste, sie zu übergehen.

»Was hast du mit deiner Hand gemacht?«

»Ach, geschnitten«, sagte sie und hielt sie mir hin.

»Aha, daher also das Blut auf dem Asphalt.« Ich band ihr mein Taschentuch um die Finger, während sie still dasaß und mich anstarrte, als wäre ich gute Fee und Ritter in glänzender Rüstung in einer Person. »Dass du dich geschnitten hast, sehe ich, Dummkopf. Wie ist es passiert?«

»Ich wollte die Scherben vom Boden der Tasche entfernen.«

»Und dann hast du dich an den Scherben geschnitten? Na, das kam aber unerwartet, was?«

175

Sie grinste, und ich schöpfte bereits Hoffnung, dass der Augenblick, in dem sie fragen würde, was ich hier eigentlich machte, verstrichen sei.

»Ich und Daddy hat einen grünen Vogel seht«, sagte Millie dankenswerterweise.

»Ach, du meine Güte, jetzt redet sie immer noch davon. Vor zwei Monaten oder so haben wir mal einen Grünspecht gesehen.« Ich verknotete das Taschentuch. »Komm, wir gehen und trinken einen Kaffee, und Millie kaufe ich Chips oder so was.«

Catherine wischte sich das verschmierte Augen-Make-up aus dem Gesicht. »O Gott, Michael, ich bin so froh, dass du da bist! Millie ist weggelaufen. Es war schrecklich. Sie ist einfach vom Musikpavillon weggelaufen, als ich gerade Alfie wickelte, und ich lief hinters Café, aber sie war wohl in die andere Richtung gegangen. Ich habe sie ewig nicht gefunden, es war grauenhaft. Und dann kippte der Buggy um, und die Flaschen zerbrachen, und ich zerschnitt mir die Hand, und die Kinder brüllten, und ich konnte einfach nicht mehr ...«

»Okay, vergiss den Kaffee – wie wär's mit einem Gin-Tonic? Einem großen?«

»Ja, gern. Aber bitte nicht zu viel Tonic.«

Ich setzte mir Millie auf die Schultern, und wir gingen zum Windmill Inn, weg vom Grillfest. Wäre der leere Sitz des Zweierbuggys ein bisschen größer gewesen, hätte ich Catherine neben Alfie angegurtet und sie den ganzen Weg geschoben. Wir setzten uns ins Freie. Alfie nuckelte an seinem Fläschchen, ich trank Bier, und Catherine kippte ihren doppelten Gin. Alles schien wieder in bester Ordnung zu sein, einen kurzen Augenblick lang zumindest.

»Warum hast du eigentlich gesagt, du seist in Manchester?«, fragte sie mich plötzlich.

Ich hatte zwar nur einen einzigen Chip im Mund, tat aber, als wäre mein Mund so voll, dass ich unmöglich antworten könnte.

»Manchester?«, sagte ich schließlich. »Wovon redest du?«

»Du hast gesagt, du seist in Manchester.«

Es entstand eine Pause, in der ich mir größte Mühe gab, Catherine anzusehen, als wäre sie völlig gestört. Dann fiel mir plötzlich ein Ausweg ein, und ich verschob meine Miene so, dass sie nicht mehr Verwunderung, sondern völlig übertriebenes Bewusstwerden ausdrückte.

»Nein, nein, nein, Manchester *Street*. Ich sagte, ich sei in der Manchester *Street*. Im West End.«

Sie sah mich verwirrt an.

»Aber du sagtest doch etwas von Piccadilly.«

»Piccadilly Circus, klar?«

Sie lachte über ihre eigene Dummheit. »Und ich hatte es so verstanden, dass du wieder mal zum Arbeiten in den Norden musstest.«

Wir lachten gut gelaunt über die Verwechslung, und ich stieß einen stillen Seufzer der Erleichterung aus, weil Catherine vergessen hatte oder gar nicht wusste, dass die Manchester Street mehrere Kilometer von Piccadilly Circus entfernt war. Ich ließ ihr keine Zeit, darüber nachzudenken, sondern wechselte rasch das Thema.

»Und was treibst du auf dieser Seite der Themse? Hattest du keine Angst, dass dich die Grenzposten auf der Brücke anhalten könnten?«

»Ich sollte mir das neue Haus von Susan und Piers in Stockwell ansehen, aber als wir vor der Tür standen, war keiner daheim, und da dachten wir uns, laufen wir ein bisschen durch den Clapham Common, stimmt's, Millie?«

»Ich und Daddy hat einen grünen Vogel seht.«

»Ist ja gut, Millie, das wissen wir inzwischen«, warf ich ein. »Nimm dir noch eine Tüte Chips.«

»Und du?«, fragte mich Catherine.

»Na ja, als ich mit der Arbeit in der *Manchester Street* fertig war, wollte ich mit der U-Bahn, die aus Richtung *Piccadilly Circus* kam, zu meinem Studio fahren und dachte mir, spaziere ich ein bisschen durch den Park. Und dann habe ich dich gesehen. Toller Zufall, was?«

»Ja, aber bitte nicht meiner Schwester erzählen! Sie würde es wahrscheinlich Ley-Linien oder irgendeiner übersinnlichen Kraft zuschreiben.«

»Gute Idee! Ich sage ihr, ich hätte einen Umweg durch den Park gemacht, weil ich die von dir ausgesandten negativen Vibrationen gespürt hätte. Davon kommt die nie mehr runter!«

Wieder lachte Catherine, aber es klang ein bisschen hysterisch. Ich bestellte ihr noch einen doppelten Gin und für Millie ein drittes Tütchen Chips. Nach einer Weile erschien Catherine mir schon wieder mehr wie die Frau, die ich kannte; der Nervenzusammenbruch beim Musikpavillon lag weit zurück. Doch als der zweite doppelte Gin seine Wirkung tat, wurde sie so müde, dass sie kaum mehr lachen konnte. Ich bot ihr an, Millie zu wickeln, und erntete ein kurzes Lächeln. Ich legte Millie auf die Wickelunterlage und begann, ihre ausgebeulte rosa Latzhose aufzuknöpfen.

»Michael?«, sagte Catherine mit unheilschwangerem Unterton.

»Ja?«

»Ich bin nicht glücklich.«

»Wie bitte?«

»Ich bin nicht glücklich.«

»Ist es kalorienarmes Tonic? Ich habe ihm extra gesagt, dass du normales Tonic willst.«

»Mit meinem Leben. Ich bin nicht glücklich.«

»Was soll das heißen, du bist nicht glücklich? Natürlich bist du glücklich!«

»Nein. Ich hatte Schuldgefühle deswegen, darum habe ich es dir nie gesagt, aber es belastet mich so. Irgendwas fehlt, und ich komm nicht drauf, was.«

»Das ist nur der Alkohol, Catherine. Du bist müde und ein bisschen betrunken und plötzlich denkst du, du wärst nicht glücklich, aber glaub mir, du bist einer der glücklichsten Menschen, die es gibt. Als Nächstes sagst du wahrscheinlich, du kämst mit den Kindern nicht klar!«

»Ich komme mit den Kindern nicht klar.«

»Schluss jetzt, Catherine, das ist nicht witzig! Millie, halt endlich still, ja?«

»Ich mache keine Witze.«

»Klar kommst du mit den Kindern klar. Du kommst total gut mit ihnen klar. Ruhig jetzt, Millie!«

Catherine zuckte schweigend mit den Achseln. Ich hob, auf dem Boden über der Wickelunterlage kniend, den Blick zu ihr.

»Schon möglich, dass du manchmal glaubst, du kommst nicht klar mit ihnen, aber das ist bestimmt ganz normal. Im Großen und Ganzen bist du doch gern mit den Kindern allein.«

»Nein.«

»Aber natürlich.«

»Nein.«

»Mag sein, dass sie dich hin und wieder ein bisschen überfordern, aber eigentlich ist es dir doch lieber, wenn ich nicht da bin.«

»Nein.«

»Doch.«

»Nein.«

»Doch.«

»Nein.«

»Jetzt hör endlich auf, du Böse, du!«

»Sprichst du mit mir oder mit Millie?«

Millie wand sich so heftig, dass ich es nicht schaffte, ihr die Windel richtig umzulegen.

»Warum musst du einem das Leben so verdammt schwer machen?«, rief ich und fügte der Klarheit halber hinzu: »Millie!«

»Mummy soll das machen!«

»Nein, Mummy kann nicht alles machen.«

»Doch«, sagte Catherine. »Die tüchtige Mummy kann alles machen und den ganzen Tag glücklich lächeln, trallala!«

»Catherine, du bist voll.«

»Die Schnauze hab ich voll, die Schnauze!«

»Hör mal, ich verstehe ja, dass das ein fürchterlicher Tag für dich war und dass die Kinder aufreibend sein können, aber du hast doch immer gesagt, du wärst so gern mit ihnen daheim.«

»Aber doch nur deinetwegen!«, erklärte sie. »Ich dachte, wenn du schon in der Arbeit so unter Druck stehst, kannst du es nicht auch noch brauchen, dass ich mich beklage, weil ich daheim bleiben muss.«

»Das sagst du doch jetzt nur so.«

»Es ist die Wahrheit.«

»Nein.«

»Doch. Es ist grässlich, die halbe Woche allein zu sein. Manchmal fühle ich mich, als hätte ich schon den ganzen Tag gearbeitet, und dann schaue ich auf die Küchenuhr, und es ist erst zehn Uhr vormittags, und ich denke: Nur noch neun Stunden, bis sie im Bett sind.«

»Das sagst du nur, weil du dich im Augenblick mies fühlst. Ich weiß, dass du sehr gut klarkommst, wenn ich nicht da bin.«

»Nein.«

»Ich sage dir, dass es so ist. Ich weiß, dass es so ist.«

»Woher willst du das wissen? Woher willst du besser wissen als ich selbst, wie ich klarkomme, wenn du nicht da bist?«

»Weil ich dich kenne, deshalb. Du bist eine sehr gute Mutter.«

»Früher hieß es, ich sei eine sehr gute Schauspielerin.«

»Du bist immer noch eine sehr gute Schauspielerin.«

»Muss ich wohl sein, wenn du mir die Glückliche-Familie-Show abnimmst, die ich jedes Mal abziehe, wenn du nach Hause kommst.«

Darauf wusste ich nichts zu erwidern. Millie versuchte sich wieder loszureißen, und diesmal verlor ich die Geduld.

»HÖR ENDLICH AUF DAMIT, MILLIE, VERDAMMT NOCH MAL, DU BÖSES MÄDCHEN! DU BIST GANZ, GANZ BÖSE, UND MIR REICHT'S JETZT MIT DIR!«

Catherine fand, es sei Zeit zum Heimgehen, und sagte, ich solle besser wieder ins Studio fahren und weiterarbeiten. Doch diesmal nahm ich ihr Angebot nicht an. Irgendetwas hatte mein dickes Fell durchstoßen, ich spürte, dass es ihr lieber war, wenn ich meine Pläne änderte und mit nach Hause käme. Sie brauchte mich jetzt einfach. Sie brauchte meine Hilfe. Und sie brauchte mich zum Heimfahren, weil sie nämlich sturzbesoffen war.

Wir überquerten die Themse. Ich erklärte Millie, dass die Albert Bridge aus rosarotem Puderzucker bestehe, und im Licht der Spätmaisonne schien es wirklich so. In Chelsea sahen die Leute auf der Straße plötzlich ganz anders aus als die hundert Meter weiter am anderen Ufer. Sie waren so teuer gekleidet – Moschino-Handtäschchen, Ralph-Lauren-Hemden –, dass sie die Etiketten außen tragen mussten. Wir würden durch die reichsten Viertel Londons fahren, auf der anderen Seite wieder herauskommen und uns dann wieder unter die wesentlich ärmeren Mittelklassemenschen mischen.

Vierzig Minuten später waren wir daheim in unserem netten kleinen Schuhkarton in Kentish Town. Ich stellte Millie ein

Abendessen hin, das sie – nach drei Tüten Chips völlig zu Recht – ignorierte. Warum ich es nicht, um Zeit zu sparen, nach der Zubereitung sofort in den Mülleimer geworfen hatte, weiß ich nicht. Ich setzte mich neben sie, nahm Alfie auf den Schoß, und wir sahen uns »König der Löwen« an bis zu der Stelle, wo Simba allein loszieht, um erwachsen zu werden, und im Urwald schließlich auf seine verloren geglaubte Nala stößt. Catherine machte sich noch einen Drink. Ich war froh, dass sie nicht mehr stillte, andernfalls hätte Alfie wahrscheinlich eine Alkoholvergiftung erlitten. Über das, was sie gesagt hatte, sprachen wir nicht mehr, aber mir fiel auf, dass ich jedes Mal übertriebene Sind-sie-nicht-süß-Laute ausstieß, wenn die Kinder auch nur ein Krümelchen Essen auf den Boden geworfen hatten.

Ich machte den Kindern etwas zu essen und räumte auf, kochte das Abendessen für uns und räumte auf, badete die Kinder und brachte sie ins Bett, räumte die Spielsachen weg und wusch sogar eine Ladung Wäsche, doch Catherine entfuhr nicht die leiseste Äußerung von Dankbarkeit oder Anerkennung. Sie lag auf dem Sofa und starrte zur Decke. Immerhin hatte sie gewusst, wann sie mit dem Trinken aufhören musste, nämlich als die Ginflasche leer war. Schließlich verkündete sie, sie werde früh ins Bett gehen, und umarmte mich. »Es liegt nicht an dir, es liegt an mir«, sagte sie bedeutungsschwer und drückte mich so fest an sich, dass dabei fast ein paar Rippen zu Bruch gingen.

Ich blieb noch eine Weile unten und hörte mir ein paar Lieblingsmusikstücke an. »For No One« von den Beatles hörte ich mir dreimal an; ich hatte dabei immer das Gefühl, jemand sperre in meinem Kopf eine Geheimtür nach der anderen auf. Als mir kein Grund mehr einfiel, noch länger aufzubleiben, machte ich mich fertig zum Schlafengehen. Ich bereitete Alfies Babymilch für die Nachtfütterung zu, stellte das Fläschchen neben den Mikrowellenherd und sah dann nach den Kindern. Millie hatte ihr Bett bereits verlassen und sich auf meine Seite neben Catherine gelegt. Ich ging ins Kinderzimmer, stieg in Millies Bett und zog mir die Barbie-Decke über den Kopf. Dann kickte ich noch ein paar Plüschtiere vom Fußende weg und lauschte Alfie, der neben mir in seinem Bettchen leise schniefte.

Eine Stunde verging, und ich war noch immer wach. Ich schüttelte das Kissen auf und zog die Decke hoch, aber es lag nicht am Bettzeug, dass ich mich unwohl fühlte. Der Anblick der weinend auf dem Boden sitzenden Catherine ging mir nicht aus dem Kopf. Er widersprach so sehr dem Bild, das ich mir bisher von ihr ohne mich gemacht hatte. Ohne zu wissen, dass ich sie beobachtete, hatte sie resigniert und kapituliert. Jetzt, nach ihrer Enttarnung, spielte sie mir nichts mehr vor.

»Irgendwas fehlt, und ich komm nicht drauf, was«, hatte sie gesagt. Ich versuchte mir einzureden, es sei nur eine hormonell bedingte Depression im Zusammenhang mit ihrer Schwangerschaft, aber ich wusste, dass ich, wenn es wirklich so einfach gewesen wäre, nicht um zwei Uhr nachts wach gelegen hätte. Eine weitere Stunde später hörte ich, wie Alfie langsam aufwachte. Er war jetzt neun Monate alt und kam normalerweise nur noch einmal pro Nacht, und obwohl es ziemlich unwahrscheinlich war, dass Catherine aus ihrem Gin-Koma erwachen würde, ging ich hinunter und wärmte das Fläschchen, bevor Alfie zu schreien begann. Ich trank einen Schluck, um die Temperatur zu prüfen, und spie das widerliche, kalkige Tümpelwasser ins Spülbecken, doch es hinterließ einen schalen Geschmack. Die Kunst bestand nun darin, Alfie viel zu trinken zu geben, ohne ihn so stark zu stimulieren, dass er richtig aufwachte. Doch als wir im Dämmerlicht des Kinderzimmers zusammensaßen und er gierig an seinem Fläschchen sog, öffnete er plötzlich die Augen, als wäre ihm gerade etwas überaus Wichtiges eingefallen. Er starrte mich weitertrinkend an, und ich riskierte ein leises »Hallo, Alfie Adams«. Er starrte und trank. Er war so unglaublich vertrauensvoll und unschuldig, so ganz und gar abhängig von meiner Fürsorge, dass mich das Gefühl überkam, ihn irgendwie im Stich gelassen zu haben. Ich blickte in seine blauen Augen und stellte mir vor, dass er alles über mich wüsste, dass er verstünde, warum sich seine Mutter so isoliert und allein gelassen fühlte. Und er sah mich streng an, wie um zu sagen: »Was denkst du dir eigentlich dabei, Dad?«

»Es tut mir Leid, Alfie«, sagte ich. »Es tut mir wirklich Leid.« Ich meinte es ehrlich.

man
gönnt
sich
ja
sonst
nichts

In einem Bällchenbad die Würde zu wahren ist völlig unmöglich. Liegt man erst mal rücklings in dem knallbunten Treibsand aus Plastikbällen, muss man es hinnehmen, dass man wie ein täppischer, unbeholfener Clown wirkt, wie ein verschwitztes Erwachsenen-Walross, das durch seine schiere Anwesenheit ein Bombardement grellfarbiger Kanonenkugeln aus Plastik auf sich lenkt. Und dabei muss man auch noch dieses gewisse Das-macht-aber-Spaß-Grinsen aufsetzen, auch wenn der kleine Junge mit dem Rundschädel, den du gar nicht kennst, dich gerade mitten ins Gesicht getroffen hat, und zwar mit einem Ball, den er vorher eingedrückt hat, damit es noch mehr wehtut. Doch dies ist nur ein Aspekt des allgemeinen Würdeverlusts, der den Alltag eines modernen Vaters prägt. So darf man beispielsweise nicht distanziert und unbeteiligt erscheinen, wenn der eigene zweijährige Sohn sein Schokoeis auf den Fußboden eines Designer-Ladens für Herrenbekleidung kotzt. Kacke lässt sich auch beim besten Willen nicht auf kultivierte, geschmackvolle Weise von einem Babyarsch wischen. Glaubt bloß nicht den Anzeigen, in denen es heißt, wer Kinder hat, sieht cool aus – es stimmt einfach nicht. Es gibt nun mal keinen Action-Man-Zweier-Buggy mit ausziehbarer Wickelunterlage. Männer erkennt man schon lange nicht mehr daran, dass sie sich Old Spice ins Gesicht klatschen und zur Musik von *Carmina Burana* surfen, sondern daran, dass sie ihren Stolz vergessen, auf dem Boden herumkrabbeln und sich in Bällchenbädern wälzen. Es ist demütigend, aber es gehört dazu.«

Die versammelten Väter in spe lauschten in entsetztem Schweigen. Obwohl Catherine nun schon zum dritten Mal schwanger war, hatte sie mich wieder in den Geburtsvorbereitungskurs geschleppt. An diesem Abend waren alle Männer in einen anderen Raum geschickt worden und sollten darüber sprechen, wie sich ihrer Erwartung nach das Leben durch die Geburt des Babys ändern werde.

»Und dann gibt es noch etwas, wovor einen kein Mensch warnt«, verkündete ich wie ein aufgebrachter Anrufer in einer spätnächtlichen Radiodiskussionssendung, »nämlich, wie sich das Ganze auf die eigene Ehe auswirkt. Plötzlich nörgelt man aneinander herum, versucht sich gegenseitig auszustechen, und jeder behauptet, es viel schwerer zu haben als der andere. Wenn Catherine sieht, dass sich im Spülbecken die gebrauchten Fläschchen türmen, sagt sie garantiert: ›Hast du die Fläschchen sterilisiert?‹ Die Antwort kennt sie natürlich, aber sie weiß, dass sie mich durch diese Frage dazu bringt, schuldbewusst mein Versagen einzugestehen. Das wiederum zwingt mich dazu, Alfies Verhalten während ihrer Abwesenheit total zu dramatisieren – was heißt dramatisieren, es ist glatt erlogen! Ich behaupte, ich hätte keine Minute für mich gehabt; daraufhin entgegnet Catherine, mit Millie im Supermarkt sei es noch viel, viel schlimmer gewesen. Es ist das reinste Märtyrer-Poker – ›Ich sehe deine Geschichte von dem Wutanfall in der Kassenschlange und erhöhe um meine Schilderung des Durchfalls beim mittäglichen Windelwechsel.‹«

Sie waren genauso scharf darauf, von meinen Erfahrungen zu hören, wie ich, sie zu erzählen. Keiner dieser Männer hatte bisher ein Kind; sie starrten mich an wie einen narbenübersäten Kriegsveteranen, der eben aus der Schlacht zurückgekehrt ist und Grauenhaftes von der Front des Vaterseins berichtet.

»Eines aber verschwindet buchstäblich über Nacht: die Jugend. Plötzlich ist sie vorbei. Ich habe noch versucht, die meine künstlich wieder zu beleben«, sagte ich vieldeutig, »aber es hat nicht funktioniert. Sobald man für einen sehr, sehr jungen Menschen verantwortlich wird, fühlt man sich plötzlich sehr, sehr alt. Man ist ja ständig erschöpft, sowohl körperlich als auch psychisch, und wenn man tatsächlich mal Zeit hat, Dinge zu tun, die man als junger Mann getan hat, wird es so anstrengend, dass man sich schon bald wie ein müder, völlig überforderter Rentner fühlt. Wenn die Kinder körperlich nicht mehr ganz so anstrengend sind, ist man im Verlauf von zwei, drei Jahren um zehn Jahre gealtert, und dann ist es ohnehin zu spät, die Jugend zurückzuholen. Man sieht im Spiegel das ergraute Haar, das schlaffe Gesicht und denkt: Wo kommt *der* denn her? Aber man sieht nicht nur alt aus und fühlt sich so, man *denkt* dann auch alt. Man zupft an seinen Kindern herum, ist ständig um sie besorgt, merkt aber nicht, dass man mit zwei verschiedenen Socken und zerzausten Haaren herumläuft – oder es ist einem gleichgültig. Man wird überängstlich und vernünftig und gut organisiert, und wenn man überhaupt noch etwas Unbeschwertes, Spontanes zusammen unternimmt, dann nur, weil man sich zwei Wochen zuvor eine Stunde aufgespart hat, um mal wieder zusammen etwas Unbeschwertes, Spontanes zu unternehmen. Sobald das Baby draußen ist, könnt ihr alles vergessen: eure Unabhängigkeit, eure Jugend, euren Stolz – alles, worauf euer Selbstverständnis basierte. Dann heißt es ganz von vorn anfangen.«

Die stets vergnügte Kursleiterin trat ein und klatschte in enthusiastischer Vorfreude in die Hände.

»Na«, sagte sie, »wie kommen wir denn voran hier drin?«

Kein einziger der zutiefst schockierten, schweigend zu Boden starrenden Männer hob auch nur den Blick.

Ich fand diesen Geburtsvorbereitungskurs, ehrlich gesagt, peinlich. Ich kam mir vor wie ein zurückgebliebenes Kind, das man zwingt, ein Schuljahr zu wiederholen. Einmal mussten unsere Partnerinnen auf alle viere, und wir knieten daneben und massierten ihnen das Kreuz. Die Lehrerin ging herum und sah nach, ob wir unsere Partnerinnen korrekt massierten. Diese Kurse sollen uns in Bezug auf die Geburt des Kindes helfen; wahrscheinlich müssen wir dankbar sein, dass es nicht auch noch züchtige Fräuleins gibt, die uns zeigen, wie man Kinder am besten zeugt. »So, wenn die Frauen sich jetzt bitte auf den Boden legen, dann können die Männer ja schon mal die Stimulation der Klitoris üben. Nein, Michael, Sie sind noch nicht mal in der Nähe davon ...«

Und warum gibt es keine Kurse, die uns helfen, sobald die Kinder auf der Welt sind? Gerade diese Phase unterschätzen die Erwachsenen nämlich, genau dann brauchen sie wirklich Hilfe. »Gut gemacht, Sie sind jetzt Eltern, da ist Ihr Baby. Den Rest müssen Sie allein schaffen.« Insgeheim kicherte ich über die naive Begeisterung der Teilnehmer, die ihr erstes Kind erwarteten. Einer der Männer fragte sogar, womit er die Sandwiches belegen solle, das muss man sich mal vorstellen! Die waren völlig ausgelastet durch ihr Kind, noch ehe es überhaupt geboren war. Am liebsten hätte ich ihnen gesagt, lasst den Geburtsvorbereitungskurs sein, geht lieber noch mal ins Kino oder zum Essen, macht so viel wie möglich zusammen, solange es noch drin ist. Aber sie verglichen Bäuche und Babystrickschühchen und fragten uns, ob man das Baby besser sofort ins eigene Bettchen legen oder zu sich ins Bett nehmen solle, und Catherine zuckte mit den Achseln und sagte, das wisse sie immer noch nicht.

Catherine und ich sprachen nie über das, was sie draußen vor dem Windmill Inn gesagt hatte, aber es war deutlich spürbar, dass sie jetzt nicht mehr tat, als wäre alles in ihrem Leben so perfekt, wie ich stets angenommen hatte. Ihren Frust dämpfte sie ein wenig, indem sie das Haus zu renovieren begann, nachdem die Müdigkeitsphase der Schwangerschaft überwunden und in die manische Nestbauphase umgeschlagen war. Ich versuchte mein Gewissen zu beruhigen und schlug immer wieder vor, sie solle sich ausruhen und alles mir überlassen, aber sie wollte unbedingt etwas für das neue Baby tun, stieg heldinnenhaft die Leiter hoch und runter und bemalte hingebungsvoll die Kinderzimmerwände, dass die Farbe nur so auf ihren immer dicker werdenden Bauch tropfte. Bestimmte Dinge konnte sie natürlich nicht selbst tun, Dinge, die die Kraft und den Sachverstand eines Heimwerkers erforderten. Immer wenn es so weit war, sagte sie: »Michael, geh doch mal zu Mrs. Connors rüber und frag, ob Klaus und Hans uns helfen können.« Das wurde mir gerade noch zugetraut.

Klaus und Hans waren zwei deutsche Studenten, die nebenan zur Untermiete wohnten und die Catherine regelmäßig anforderte, damit ich mir nutzlos vorkam. Diesmal war es mir nicht gelungen, eine Kommode zusammenzubauen. Die Anleitung war auf Englisch, Deutsch, Italienisch, Spanisch, Französisch und Arabisch abgedruckt. Dass die Firma sie auch auf Englisch formuliert hatte, war zwar sehr rücksichtsvoll, machte die Sache aber auch nicht besser, denn sie erschien mir in meiner Muttersprache genauso absurd wie in allen anderen Sprachen. Wenn ich einen Satz wie diesen lese: »Bringen Sie Lasche ›c‹ in

die Führungsnut ›g‹, ohne Drehgelenk ›f‹ loszulassen«, legt sich
ein Dunstschleier über mein Hirn. Dann lese ich keine Anleitung mehr, sondern starre nur noch auf eine Anhäufung von
Wörtern. Klaus und Hans bauten das Ding mit der Schnelligkeit
und Effizienz eines Boxenstopp-Teams beim Grand-Prix-Ren-
nen zusammen.

»Du hast doch Inbusschlüssel, Michael, oder?«

»Glaube ich nicht.«

»Natürlich hast du welche. In deinem Werkzeugkasten.«

»Inbusschlüssel? Bist du sicher?«

»Ja. Die sind in dem kleinen Fach mit dem Schabhobel.«

»Schabhobel? Was ist ein Schabhobel?«

Klaus wusste, was »Schabhobel« auf Englisch heißt. Ich weiß
immer noch nicht, was ein Schabhobel ist oder wie ich zum Besitzer eines solchen wurde. Klaus und Hans kamen oft rüber, um
sich Werkzeug von mir auszuleihen, das heißt sie rissen die
Verpackung auf, in der die Sachen seit einem lange zurückliegenden Weihnachtsfest verborgen gewesen waren.

»Braucht Michael gerade seine Bohrmaschine?«, fragte Klaus
Catherine an der Haustür. Und dann hörte ich ihn sagen: »Das
kapier ich nicht. Was ist daran so lustig?«

Doch so nett und hilfsbereit Klaus und Hans auch waren,
ich empfand es als eine gewisse Abwertung meiner Männ-
lichkeit, dass Catherine sich so auf die beiden verließ. Sie repa-
rierten den Rasenmäher, beseitigten die Verstopfung im Ab-
flussrohr des Spülbeckens, sorgten dafür, dass man von dem
Radiowecker, an dessen Drähten ich herumgefummelt hatte,
keinen Schlag mehr bekam, wenn man auf den Schlummer-
knopf drückte. Wenn ich heimkam, und einer der beiden setzte
gerade eine neue Dichtung in den Perlator ein oder Ähnliches,
trat ich dazwischen und sagte: »Danke, Klaus, aber das kann
ich schon selbst.« Und eine Stunde später klopfte ich an seine

Tür und sagte: »Und wie bringt man den Perlator jetzt wieder an?«

Catherine wollte ständig irgendetwas im Haus verändern. Bei uns herrschte gewissermaßen die permanente Revolution: Kaum war die Kampagne »Neuer Teppichboden fürs Schlafzimmer« erfolgreich abgeschlossen, startete die nächste Aktion – »Neue Küchenschränke«. Naiv erklärte ich ihr, die Tapete im Kinderzimmer tue es noch mindestens ein Jahr, worauf sie erwiderte, es sei unfair, das Zimmer für die nächsten beiden Kinder nicht genauso schön herzurichten wie für die ersten beiden.

»Die nächsten *beiden* Kinder?«

»Ja. Früher oder später müssen wir allerdings in ein größeres Haus ziehen.«

»EIN GRÖSSERES HAUS!« Ich merkte sofort, dass meine Reaktion sehr nach blinder Panik klang, und wiederholte den Satz in vernünftigem, nachdenklichem Ton: »Ein größeres Haus. Hm, interessant ...«

Es gelang mir nicht, ihren Argwohn zu zerstreuen.

»Warum denn nicht? Wir sind doch nicht in den Miesen, oder?«, fragte Catherine und verteilte mit ihrer Malerrolle Farbe einer teuren Marke auf der Decke.

Ich reagierte mit einem überbetonten »Nein!«, ausgesprochen in einer überbetonten Haltung, die darin bestand, stur geradeaus zu schauen und eine Diskussion um jeden Preis zu vermeiden, und die eigentlich für die Gummiwischer-Typen reserviert war, die an den Ampeln ihre Dienste als Windschutzscheibenputzer anboten. Im Allgemeinen interessierte sich Catherine kaum für unsere Geldangelegenheiten. Einmal hatte sie versucht, ein überzogenes Konto mittels eines Schecks von ebendiesem Konto auszugleichen, ansonsten galt ihre einzige finanzielle Sorge der Tatsache, dass man bei Sonne auf dem Bildschirm des Geldautomaten nichts lesen konnte.

Am liebsten hätte ich ihr von meinem Doppelleben erzählt und erklärt, wie der Schuldenberg entstanden war, doch nachdem sie mir gebeichtet hatte, dass sie nicht glücklich war, brachte ich es nicht übers Herz, alles noch schlimmer zu machen. Sie fand mich sehr still und fragte liebevoll lächelnd, ob alles in Ordnung sei. Ich antwortete, es gehe mir gut. Dieses Wort verwendete ich immer, wenn es darum ging, unangenehmes Nachhaken zu unterbinden. Ich hätte auch sagen können, alles sei okay, aber das ist zweisilbig, und ich hatte keine Lust auf einen Gefühlsausbruch im kalifornischen Stil. Irgendwie fand ich nie den richtigen Zeitpunkt, um zu sagen: »Weißt du, Liebling, diese ganze Renoviererei ist im Grunde totale Zeitverschwendung, weil ich nämlich in letzter Zeit die Hypothek auf unser Haus nicht mehr abgetragen habe!« Ehrlich währt am längsten, heißt es. Das ist gut und schön, wenn die Wahrheit gut und schön ist – dann ist es einfach, ehrlich zu sein. Aber was, wenn man der geheimnisvolle zweite Schütze bei der Ermordung Kennedys war? In diesem Fall währt ehrlich garantiert nicht besonders lang.

»Waren Sie schon mal in Dallas, Frank?«

»Ja, ich war ein einziges Mal dort, habe mich hinter dieser grasbewachsenen Anhöhe versteckt und John F. Kennedy erschossen.«

Kaum hatte Catherine ihre Müdigkeitsphase überwunden, fing meine an. Ich arbeitete jede Minute, um den Zahlungsrückstand aufzuholen. Ich wäre so gern nach Hause gefahren und so viel wie möglich mit Catherine zusammen gewesen; stattdessen war ich auf Grund unserer Finanzlage in meinem Studio gefangen und lebte das Leben, von dem sie stets angenommen hatte, ich würde es leben. Catherine merkte, dass ich den Kindern gegenüber nicht mehr so viel Geduld aufbrachte, dass ich die beiden, wenn ich heimkam, nicht mehr in die Luft warf und kitzelte, sondern mich erschöpft aufs Sofa fallen ließ und protestierte, wenn sie mir abwechselnd auf die Hoden sprangen. Wie sollte ich das offensichtliche Nachlassen meiner Begeisterung für die Kinder erklären? »Früher war es eben leichter. Da habe ich nur so getan, als würde ich den ganzen Tag arbeiten?«

Ich verdiente zwar nach und nach mehr, doch die ausstehenden Hypothekenzahlungen führten zu Strafzahlungen, Bankgebühren und allen möglichen anderen Kosten, zu denen sich ziemlich willkürlich wirkende hohe Zinsen gesellten. Ich rief alle Agenturen an und versuchte, noch mehr Aufträge zu bekommen, wurde aber auf die Warteschleife gelegt und musste mich lange gedulden, bis ich mit Leuten sprechen durfte, die ich in der Vergangenheit des öfteren zurückzurufen vergessen hatte. Tag für Tag schuftete ich in meinem Studio und schrieb meine Lieblingsmelodien, die ich mir für mein erträumtes erstes Album aufgespart hatte, zu Jingles um, die fettarme Tiefkühlpizza an den Mann bringen sollten.

Die vom vielen Arbeiten herrührende Erschöpfung wurde durch die Last der Geheimnisse, die ich mit mir herumtrug, noch verstärkt. Anfangs war die Täuschung kaum merklich gewesen, niemand hätte sie entdeckt. An den Augenblick, als alles begann, als ich ein winziges Samenkorn der Unehrlichkeit in unsere Beziehung pflanzte, konnte ich mich kaum erinnern. Doch es hatte sich festgesetzt und war gewachsen und gewachsen und schließlich genauso unübersehbar geworden wie die Wölbung unter Catherines T-Shirt. Wenn ein Baby eine bestimmte Größe erreicht hat, muss es raus; das Gleiche gilt für eine Lüge. Die meine war mittlerweile derart ausgereift, dass ich bereits erste Wehen verspürte. Mir war klar, dass ich mein Geheimnis nicht mehr lange für mich behalten konnte, doch ich wusste nicht, wem ich es erzählen sollte. Wäre ich Katholik gewesen, hätte ich es wahrscheinlich einem Priester gebeichtet.

Wäre ich eine alte Dame gewesen, hätte ich unter einem Vorwand mehrere Ärzte aufgesucht und sie stundenlang damit gelangweilt. Wem konnte man heutzutage noch ein Geheimnis anvertrauen? Völlig undenkbar war es für mich, in einer Nachmittags-Talkshow aufzutreten und vor den Augen des Studiopublikums zusammenzubrechen, während irgendein Oprah-Winfrey-Verschnitt mir die Hand auf die Schulter legte und nahtlos zum nächsten Thema überleitete. »Frauen, die mit dem Freund ihrer Tochter schliefen – gleich nach der Werbepause.«

Ich hatte lange in meinem Studio gesessen und überlegt, wer eigentlich mein bester Freund war, mit wem ich über meine Probleme reden könnte. Dann klingelte das Handy. Es tat gut, Catherines beruhigende Stimme zu hören.

»Alles in Ordnung?«, fragte sie. Ich hatte offenbar gedankenverloren geklungen.

»Ja, mir geht's gut ...« Und dann brach plötzlich alles aus mir heraus.

»Hör zu, Catherine, ähm, ich war nicht ehrlich mit dir. Wir stecken in ganz schlimmen Schulden, und ich habe dich getäuscht, was meine Arbeit betrifft. Genau genommen habe ich hier in den letzten Jahren einen sonnigen Lenz geschoben, während du dich mit den Kindern abgeschuftet hast.«

Es folgte eine grauenhafte Stille. Ich wartete darauf, dass sie etwas sagte, aber es kam nichts, und ich quasselte weiter, um die Leere zu füllen. »Aber weißt du, ich habe mich geändert. Ich arbeite jetzt echt hart und werde alles wieder gutmachen, das verspreche ich dir.«

Sie sagte immer noch nichts. Ich hätte es ihr so gern von Angesicht zu Angesicht gebeichtet, um ihre Reaktion zu sehen. Dieses Schweigen war grausam. Es war so still in der Leitung, dass ich nicht mal das Rauschen darin hören konnte, was daran lag, dass kein Rauschen zu hören war – die Leitung war tot, die

Verbindung abgebrochen. Ich wusste nicht, ob Catherine vor lauter Wut und Ekel aufgelegt oder kein einziges Wort meines Geständnisses gehört hatte. Gleich darauf klingelte mein Handy erneut.

»Entschuldige«, sagte sie fröhlich. »Millie hat auf den ›Aus‹-Knopf gedrückt. Es geht dir also gut, ja?«

»Ja, ja, äh, klar, mir geht's gut«, erwiderte ich und stieß einen Seufzer der Erleichterung aus. »Ich komme heute Abend so früh nach Hause, dass ich die Kinder noch sehen kann.«

»Super. Du hast vorhin ein bisschen bedrückt geklungen.«

»Na ja, am liebsten wäre ich schon längst bei euch.«

Das wenigstens war nicht gelogen. Doch heute würde ich erst heimgehen können, wenn ich das Arrangement eines weltbewegenden, acht Sekunden langen Musikstücks fertiggestellt hatte, das dringend benötigt wurde, um die Leute zum Besuch von »Welt des Badezimmers« zu überreden. Gleich am nächsten Morgen sollte ich es abliefern, und meiner Schätzung nach würde mich diese Arbeit mehrere Stunden kosten, im günstigsten Fall eineinhalb. Ich schaltete den Computer ein und startete das entsprechende Programm. Plötzlich drang lautes Gelächter aus dem Wohnzimmer. Irgendetwas fanden meine Mitbewohner offenbar unheimlich lustig. Ich beschloss, mich nicht darum zu kümmern, sondern weiterzumachen. Als Erstes stand die banale Aufgabe an, alte PC-Midi-Dateien in mein Cubase-Musikeditierprogramm zu importieren, indem ich sie mittels Maus rüberzog, was noch stumpfsinniger ist, als es klingt. Wieder prusteten meine Wohngenossen los, diesmal noch lauter. Ich schielte zur Tür, überlegte, was so witzig sein könnte, und identifizierte das Gekicher als Typ hämisches Hyänenlachen – Amüsement auf Kosten eines anderen –, was die Sache noch verlockender machte. Gelächter, dessen Grund man nicht kennt, hat etwas Magnetisches; das hängt nicht nur mit dem simplen Wunsch zusammen, das jedes Lachen begleitende Glücksgefühl zu genießen, sondern auch mit der brennenden Neugier in Bezug auf den Anlass. Wenn sich ein bewaffneter Verbrecher in einem besetzten Gebäude verschanzt hat, versucht die Polizei ihn mit Drohungen, mit dem Anreiz einer milderen Strafe oder flehentlichen Bitten der Mutter herauszulocken. Dabei ginge es viel schneller, wenn alle Polizisten bis drei zählten und in hysterisches Lachen ausbrächen. In null Komma nichts wäre der Verbrecher draußen und würde fragen: »Was ist? Worum geht's?«

Ich bewegte die Maus über das fleckige Mauspad. Sie erschien mir plötzlich schwer und unhandlich. Die Uhr zeigte 16:44, was sie meinem Eindruck nach schon seit dreieinhalb Minuten tat. »Ha ha ha ha ha ha«, tönten einmal mehr die Sirenenstimmen meiner Mitbewohner, aber sie würden mich nicht von der Arbeit abhalten, würden mich nicht in Versuchung führen! Allerdings musste ich, wie es der Zufall wollte, nur eben noch ein bisschen Milch für meinen Tee holen.

»Was ist? Worum geht's?«, fragte ich, als ich ins Wohnzimmer trat.

»Wir spielen ›Hast du Töne?‹«, erklärte Jim. Es handelte sich um ein ausgesprochenes Lieblingsspiel unserer WG, in dem es darum ging, dass einer der Mitbewohner die Anfangstakte eines alten Hits oder eines Album-Songs spielte und die anderen sich das Hirn zermarterten, um auf den Titel zu kommen. So manchen Abend hatte ich in dieser Wohnung damit verbracht, beim ersten Bimmeln einer Kuhglocke »Honkey Tonk Women« zu brüllen oder »Ballroom Blitz«, nachdem eine Sirene ertönt war.

Allerdings war schwer vorstellbar, wie »Hast du Töne?« derartige Heiterkeitsausbrüche hervorrufen konnte. Jim erklärte es mir.

»Paul kommt bei einer ganz bestimmten Platte nicht weiter. Bisher hat er gemeint, es könnte ›Shaddap You Face‹ von Joe Dolce oder aber die Titelmusik von Steptoe and Son sein.«

»Auf jeden Fall handelt es sich um eine Platte neueren Datums«, erklärte Paul.

»Schau mal, ob du es errätst, Michael.« Mit funkelnden Augen spielte Jim das Stück, und ich erkannte sofort den besten Song, den ich je geschrieben hatte – auf Flexi-Disc aufgenommen und dreimal von Thames Valley FM gesendet.

»Ist es vielleicht ›There's No-one Quite Like Grandma‹?«, fragte Paul hoffnungsvoll und trieb Simon und Jim in den nächsten hysterischen Lachanfall.

»Nicht ganz so erstklassig«, sagte Jim.

»Ist aber nicht von den Mini Pops, oder?«

»Nein«, sagte ich ungehalten, »es ist ›Hot City Metal‹ von Micky A. und wurde dreimal von Thames Valley FM gesendet. War ziemlich innovativ zu seiner Zeit.«

Ohne allzu deutlich zu zeigen, wie gekränkt ich war, steckte ich meine wertvolle Flexi-Disc in die Hülle zurück und holte mir Milch, während Jim das Spiel mit konventionelleren Titeln fortsetzte.

Als ich auf dem Weg zurück zu meinem Studio das Wohnzimmer durchquerte, suchte Jim gerade den Anfang des nächsten Songs. Bevor die Musik einsetzte, herrschte ein paar Sekunden lang Stille, und da ich ein bisschen neugierig war, ob ich das Stück erkennen würde, verlangsamte ich meinen Schritt. Sanfte Gitarrenakkorde; ein Takt in C-Dur, einer in e-Moll, so wiederholte es sich, und ich erkannte den Song sofort. Es war ein so naheliegender und berühmter Anfang, dass jeder das Stück sofort identifiziert hätte. Genau deshalb machte es mich unglaublich wütend, dass ich es zunächst nicht einordnen konnte.

»Äh, äh, äh, also, das ist, ähm – o Mann, das ist ein ganz berühmter Song. Ähm, siebziger Jahre, ein Riesenhit; Stones oder so, stimmt's?«

»Schon möglich«, sagte Jim sadistisch. »Vielleicht aber auch nicht.«

»Spiel's noch mal«, flehte ich. Mit einem Fuß stand ich jenseits der Türschwelle, um mir weiszumachen, dass ich ja eigentlich gar nicht im Wohnzimmer blieb. Jim richtete die Fernbedienung auf die Stereoanlage, wieder ertönten die Gitarrenklänge, und ich nickte anerkennend, während das vertraute Intro ablief und das Rolodex in meinem Kopf rotierte, um die Stelle zu finden, an der der Rest des Songs abgespeichert war. Leider herrschte da drin ein solches Durcheinander, dass ich nie etwas fand.

»Es ist total einfach«, verkündete Simon, was mir auch nicht weiterhalf.

»Na los!«, sagte Paul. Simon und er wussten bereits, was es war. Der Song wurde nur meinetwegen noch einmal gespielt.

C/C/C/C/em/em/em/em ertönte es wieder, und genau in dem Moment, als mir die Antwort auf der Zunge lag, stoppte Jim die Musik. »Ich weiß es, ich weiß es«, beschwor ich meine Befrager. »Es ist Neil Young oder so, richtig?«

Ich erntete johlendes Hohngelächter und zog als Kenner der menschlichen Psyche den Schluss, dass es sich wahrscheinlich nicht um Neil Young und wohl auch nicht um Crosby, Stills oder Nash handelte.

»Gebt mir einen Tipp!«

Sie sahen sich an, nickten, und Simon erbarmte sich meiner. »Es war der erste Song, der nach seiner Zweitveröffentlichung Nummer eins wurde.«

Der Hinweis war so deutlich, dass er das Ganze noch schlimmer machte. Tatsachen dieser Art sind nämlich in einer anderen Abteilung abgespeichert als Melodien – in diesem Fall geradezu am anderen Ende der Stadt, nur mittels einer Busfahrt mit zweimal Umsteigen erreichbar. Jetzt war ich vom Erkennen des Songs weiter entfernt denn je, weil ich einen Riesenumweg machen und mir ein völlig anderes Teilchen Pop-Wissen ins Gedächtnis zurückrufen musste. Ich war ganz nah daran gewesen, den Anfang des Stücks im Kopf zu vervollständigen, doch jetzt fiel mir zu der Melodie kein anderer Text mehr ein als das folgende Verspaar, das sich schier festgefressen hatte in meinem Kopf:

>>Das ist der erste Song,
der nach seiner Zweitveröffentlichung
Nummer eins wurde.<<

Es brachte mich keinen Millimeter weiter.

>>O Mann, ist das eine Quälerei! Ich fasse es nicht! Dabei kenne ich den Song total gut<<, jaulte ich. Ich saß mittlerweile in einem der Wohnzimmersessel, hatte den Kopf in die Hände gestützt, und jeder Gedanke an Arbeiten war verflogen. >>Tam-ti-tam-ti-tam-ti-tam tam tam tam ti-tam-ti-tam-ti-tam<<, wiederholte ich ununterbrochen. Doch sooft ich diese musikalische Treppe auch hochstapfte, an der immer gleichen Stelle überkam mich das Gefühl, den Boden unter den Füßen zu verlieren.

>>Elf Jahre nach dem Original entstand eine Fortsetzung des Songs, die ebenfalls Nummer eins wurde<<, teilte mir Simon mit.

>>Schschsch! Ich hatte es fast. Gerade war's mir eingefallen, schon ist es wieder weg. Mist!<< Erst jetzt registrierte ich, was Simon gesagt hatte.

>>Die Fortsetzung eines Songs? Mann, was soll das denn sein?<<

>>Und sie stammte aus einem Album mit demselben Titel.<<

>>Einem Debüt-Album.<< Diese Information steuerte Paul bei,

und wieder entschwand die Lösung in weite Ferne. Wie einen Lachs, der angebissen hatte, ließen sie mich bis zur völligen Erschöpfung auszappeln. Sie hatten mich am Haken und einen Heidenspaß. Als mir das klar geworden war, beschloss ich mich loszureißen. Unter Aufbietung aller Willenskraft erhob ich mich, erklärte: »Also, das ist einfach lächerlich. Ist mir doch völlig egal, welcher Song es ist«, und stürzte durch die Diele in mein Studio. Ich wollte das Ganze vergessen. Dreieinhalb Sekunden später stand ich wieder im Wohnzimmer.

»Okay, spielt es noch ein allerletztes Mal.«

»Ich heiße Michael Adams und bin Quizaholic. Ich schaffe es, von einem Tag zum nächsten zu leben, aber in bestimmten Situationen fällt es mir sehr, sehr schwer, dem Reiz einer korrekt beantworteten Quizfrage zu widerstehen.«

In meiner imaginären Selbsthilfegruppe sitzen die anderen Quizaholics im Kreis, hören verständnisvoll lächelnd zu und nicken, während ich meine Erfahrungen berichte.

»Es gibt keinen besseren Kick. Es ist ein mentaler Höhepunkt, ein kleiner Gehirnorgasmus. Aber ich weiß, dass mir eine einzige Frage nie genug ist, ich brauche noch eine und noch eine, und ehe ich es richtig merke, ist mein ganzes Geld für Pop-Quiz-Bücher draufgegangen, und nach einem Riesenzoff über eine unklare Fragestellung werde ich eines Tages alle meine Freunde verloren haben. Ich will davon loskommen, ganz ehrlich, aber es ist schwer, denn Pubs gibt es überall. Ich denke mir, schau ich mal schnell auf ein kleines Pub-Quiz rein, und dann sitze ich den ganzen Abend da. Deshalb bleibe ich jetzt immer daheim und sehe fern, aber überall läuft ›University Challenge‹ oder ›Wer wird Millionär?‹, und ich kann es einfach nicht fassen, dass der Kandidat nicht weiß, welche Linie auf der Karte der Londoner U-Bahn rosa ist!«

»Hammersmith und City«, stößt einer der anderen Quizaholics reflexartig hervor, was ihn therapietechnisch um sechs Monate zurückwirft.

Die »Hast du Töne?«-Runde endete als extrem harte Late-Night-Session. Ich kam dann doch noch auf den gesuchten Song: Nachdem ich tausend verschiedene Schlüssellöcher ausprobiert hatte, öffnete die Musik die Datenbank, in der die Anfangszeile gespeichert war. »>Space Oddity‹ von David Bowie«, erklärte ich erschöpft und wurde mit dem gönnerhaften Applaus meiner Wohngenossen belohnt. Aber es hatte so lange gedauert und die Anspannung war so groß gewesen, dass ich danach nur Enttäuschung und innere Leere empfand. Dagegen half nur eines: Ich musste den nächsten Song schneller erraten.

Erst Stunden später saß ich wieder in meinem Studio und hatte das Musikstück gegen ein Uhr morgens fertig. Ich schaltete den Computer aus, warf einen Blick auf die Uhr und sah, dass ich die letzte U-Bahn nach Hause verpasst hatte. Wenn ich Geld gehabt hätte, wäre ich in ein Minicab gestiegen, aber ich war bereits so weit, dass ich die an der Wohnungstür bereitliegenden Umschläge mit dem Spendenkleingeld aufriss, um den Pizzalieferanten zu bezahlen. Ich hinterließ eine SMS auf Catherines Handy, inklusive einem traurigen Gesicht aus den entsprechenden Interpunktionszeichen. Eine weitere SMS sollte Catherine klarmachen, dass dies ironisch gemeint war, dass ich normalerweise nicht so albern war, traurige oder lustige Gesichter auf den Handydisplays anderer Leute zu hinterlassen, und als ich damit fertig war, hätte ich in derselben Zeit die zehn Kilometer quer durch London bis nach Kentish Town wahrscheinlich auch zu Fuß zurücklegen können.

Für Catherine war diese Nacht wahrscheinlich wie die meisten anderen Nächte gewesen; für mich aber hatte sich vieles verändert. Ich war enttäuscht und kam mir so bescheuert vor, als hätte ich den ganzen Abend Münzen in einen einarmigen Banditen geworfen und wäre dann mit leeren Taschen und der Frage, weshalb ich mich so unbefriedigt fühlte, nach Hause gegangen. Ich legte mich ins Bett und knipste das Licht aus, nachdem ich einen letzten Blick auf das Foto von Catherine und den Kindern geworfen hatte, das seit kurzem auf dem Nachttisch stand. Dann lag ich da und versuchte herauszufinden, warum das Versprechen, rechtzeitig daheim zu sein, als SMS-Entschuldigung geendet war.

Mit meinen Mitbewohnern verhielt es sich wie mit meinen Computerspielen: Solange sie da waren, konnte ich nicht widerstehen, wenn sie mich von dem, was ich eigentlich tun sollte, weglockten. Auf Grund des noch frischen Entschlusses, meine Arbeitszeit nicht mehr zu vergeuden, hatte ich erst vor kurzem Minesweeper, Tetris, Solitaire und alle anderen Ablenkungen von meinem PC gelöscht. Mit dem Effekt, dass ich jetzt doppelt so viel Zeit verschwendete, weil ich, wenn ich mit der Arbeit nicht weiterkam, die Spiele wieder auf die Festplatte speichern musste, um spielen zu können, und sie danach wiederum alle löschte – bis zum nächsten Mal. Warum war ich so willensschwach? Warum konnte ich der Versuchung einer stupiden Zerstreuung nicht widerstehen? Warum schaffte ich es immer bis kurz vor das Ende von Minesweeper, verlor dann die Konzentration und jagte mich selbst in die Luft?

Ich kam mir vor wie ein Mann, der eine Affäre hat, nur dass es in meinem Fall keine Affäre mit einer jüngeren Frau war, sondern mit einer jüngeren Version meiner selbst. Manche Männer nehmen nach ihrer Heirat den Kontakt mit ihren Ex-Freundinnen wieder auf; ich hatte mich wieder mit dem Twenty-something-Michael getroffen. Bei ihm hatte ich mich wieder jung gefühlt, er hatte mich und meine Probleme verstanden. Und wir waren uns immer noch in vielem sehr ähnlich und hatten die gleichen Interessen. Wenn ich meine Frau und die Kinder erwähnte, reagierte er allerdings ziemlich bissig und abweisend. Er wollte nichts von ihnen wissen, hatte insgeheim immer gehofft, er stünde an erster Stelle in meinem Leben und wir hätten eine gemeinsame Zukunft. Wie jede Affäre war auch diese bald sehr kompliziert geworden. Ich wollte Schluss machen, doch ich steckte schon viel zu tief drin. Ich sagte meinem verantwortungslosen, leichtsinnigen Alter Ego: »Lass uns Freunde bleiben« oder: »Wir können uns doch auch weiterhin ab und zu sehen«, aber er ließ nicht los. Ich sagte ihm, wie sehr ich die gemeinsame Zeit genossen hätte und dass ich nie entspannter und sorgloser gewesen sei als beim Herumalbern mit dem jüngeren Michael, doch meine Schuldgefühle, die Heimlichtuerei, die Lügen machten mich fertig. Ich konnte es nicht länger für mich behalten.

Ich stand auf, knipste das Licht an und begann alles aufzuschreiben: dass ich Catherine schon seit Jahren täuschte, dass ich mich nach der Geburt der Kinder ausgeschlossen und wie das fünfte Rad am Wagen gefühlt hatte, das in der Liebesbeziehung zwischen Catherine und den Kindern nur störte. Zunächst schrieb ich es für mich selbst auf, doch je mehr es wurde, umso mehr wuchs der Drang, es jemandem mitzuteilen, und schließlich verwandelten sich meine Bekenntnisse in einen langen Brief an meinen Vater. Mit persönlichen Problemen hatte ich mich noch nie an ihn gewendet, dafür hatte ich nicht die entsprechende Beziehung zu ihm; aber die entsprechende Beziehung hatte ich eigentlich auch zu niemand anderem, deshalb stellte der Brief vielleicht den Versuch dar, eine aufzubauen. Wenigstens konnte ich sicher sein, dass er in jedem Fall auf meiner Seite war. Wer eignet sich, wenn es um eine Affäre geht, besser zum Mitwisser als jemand, der selbst mal eine hatte.

Ich dachte an die Zeit zurück, als Mum und Dad sich trennten.

Ich war damals noch klein gewesen und hatte mir wahrscheinlich vieles nachträglich zurechtgelegt; meine Erinnerungen daran waren sozusagen digital abgemischt. Allerdings verfügte ich über eine Folge intensiver Kopfbilder, auf denen Mum und Dad sich anschrien, woraufhin Dad in den Wagen sprang und im Davonrasen den Torpfosten streifte, was, wie ich wusste, nicht der üblichen Art und Weise entsprach, von daheim wegzufahren. Deutlicher konnte ich mich an die Jahre nach der Scheidung erinnern, an die Wochenenden, wenn mich in eisiger Atmosphäre ein Elternteil dem anderen übergab wie einen an der ostdeutschen Grenze ausgetauschten Spion. Jahrelang hatte ich die Wochentage bei meiner Mutter und die Wochenenden bei meinem Vater verbracht und dort Klavier gespielt, um die Zeit in seiner langweiligen Junggesellenbude totzuschlagen. Mir kam der Gedanke, dass dies im Grunde ein Doppelleben gewesen war, das ich als Erwachsener perfekt kopierte.

Mum hatte gesagt, ihr einziger Wunsch sei es, mich glücklich zu sehen; dann war sie vor mir in Tränen ausgebrochen, was der Sache kaum dienlich war. Ein paar Jahre später hatte sie einen Freund, der Keith hieß und über Nacht blieb. Mum und Keith frönten einem ausführlichen Vorspiel, zu dem es unter anderem gehörte, dass sie spätnachmittags im Garten herumgingen und er so tat, als interessierte er sich für die von ihr gepflanzten Blumen. Dann kochte sie ihm etwas, und Keith übernachtete bei uns. Ich frage mich heute noch, ob er sein idiotisches Halstuch auch unter dem Pyjama trug. Sie gingen immer gleichzeitig zu Bett, kamen zwanzig Minuten später heraus und suchten auffällig oft die Toilette auf. Ich lag im Bett und lauschte, wie sie durch die Diele huschten und immer wieder die Klospülung betätigten. Ich überlegte, ob Keith daheim vielleicht kein Klo hatte, weil er unseres so extrem oft benützte.

Erst später wurde mir klar, dass sie es miteinander trieben, und die Vorstellung, dass meine Mutter mit einem Mann schlief, war grauenhaft. Als mir erklärt wurde, dass meine Eltern miteinander verkehrt haben mussten, um mich zu bekommen, war ich angewidert und wünschte, sie hätten es nicht getan. »Aber dann gäbe es dich nicht«, hatte mein Freund gesagt. »Macht nichts, das wäre mir lieber.«

Nach etwa einem Jahr wurde das Spülgeräusch seltener; an seine Stelle traten Streitereien zwischen Mum und Keith. Ich musste immer früh ins Bett, weil die beiden es nicht erwarten konnten, endlich allein zu sein und wieder ein bisschen zu streiten.

Mit meinen acht Jahren war mir natürlich nicht bewusst, dass ich schon wieder von Gebrüll und Tränenausbrüchen im Elternhaus geschädigt wurde, aber man wird es wohl kaum als normales Verhalten bezeichnen, dass ich jede Nacht am Fußende des Betts stand und an die Wand pinkelte. Jede Nacht auf dieselbe Stelle. Ich weiß nicht, was mich dazu brachte – die Toilette war längst nicht mehr ständig besetzt. Mum ließ Bauarbeiter, Installateure und Gipser kommen, doch keiner fand je heraus, weshalb sich die Tapete löste, warum der Verputz bröckelte und der Teppichboden faulte. Ich weiß noch, dass ich große Ängste ausstand, es könnte einer von ihnen den wahren Grund entdecken. Dass der Chef der Baufirma tief durchatmen und kopfschüttelnd sagen würde: »Ach, du meine Güte – nein, das ist keine Nassfäule und auch keine gesprungene Boilerzuleitung, nein, das ist der klassische unbewusste Hilfeschrei eines durch die Scheidung der Eltern traumatisierten Achtjährigen. Ich kann gern meinen Zimmermann schicken, dass er sich die Sache mal ansieht, aber im Grunde brauchen Sie hier einen ordentlichen Kinderpsychologen, und meiner ist gerade mit einem anderen Auftrag beschäftigt.«

Ich beschloss, das alles in meinem Brief an Dad nicht zur

Sprache zu bringen. Ich wollte nicht, dass er glaubte, ich wolle ihm Schuldgefühle machen, weil er das Weite gesucht hatte, als ich fünf war, wobei ich hoffte, er möge ein bisschen Schuld darüber empfinden, dass er das Weite gesucht hatte, als ich fünf war. Ich war ihm lange böse gewesen, weil er Mum verlassen hatte, doch mittlerweile gründeten meine Anschauungen über Menschen nicht mehr ausschließlich auf der Weltsicht meiner Mutter. So glaubte ich beispielsweise immer noch nicht, Liberace habe einfach nie das richtige Mädchen gefunden.

Eines Tages tat Keith eine andere Toilette für seine Runterspülorgien auf, und Mum ließ noch Jahre, nachdem sie zum zweiten Mal verlassen worden war, keinen an sich heran. Von da an war ich ihr Mann: An der Tankstelle kümmerte ich mich ums Tanken, an den Wochenenden spielte ich brav die Rolle des Ersatzgatten, ging mit ihr in Kleiderläden und zuckte gleichgültig mit den Schultern, wenn sie hintereinander in völlig unterschiedlichen, aber allesamt gleichermaßen uneleganten Kleidern aus der Kabine trat. Ich musste schnell erwachsen werden; vielleicht war das einer der Gründe, weshalb ich mir mit über dreißig eine zweite Kindheit erfunden hatte. Schließlich zog ich von daheim aus und ging aufs College, und bald danach lernte Mum einen Nordiren kennen, den sie gleich heiratete. Ich glaube, in ihrem letzten Lebensjahr war sie recht glücklich. Sie lud mich zur Hochzeit ein; vielleicht wolle ich ja ihren zukünftigen Mann kennen lernen, sagte sie, was sehr aufmerksam von ihr war. Ich kann nicht behaupten, dass ich ihn besonders toll fand – einer von der Sorte mit übertrieben kräftigem Händedruck und vieldeutigem Augenkontakt, außerdem sagte er zu oft meinen Namen, wenn er mit mir sprach –, was Mum jedoch nicht davon abhielt, zu ihm nach Belfast zu ziehen. Im Nachhinein bereue ich es, sie nach dem Umzug nie besucht zu haben. Sechs Monate später wurde sie mitten in der Innenstadt von einem zu schnell fahrenden Auto angefahren und getötet. Aus, vorbei. Seitdem ist da, wo sie sein sollte, eine große Leere. Im Geschäft, auf einem Stuhl, in der Buswarteschlange – eine Leerstelle mit menschlichem Umriss genau dort, wo sie jetzt säße oder stünde, wäre sie nicht vor jenes Auto gelaufen.

Mit anderen über den Tod eines geliebten Menschen zu sprechen ist angeblich ein für die seelische Heilung wichtiger Bestandteil des Trauerprozesses. Auf mich trifft das nicht zu. Als ich meinen Collegefreunden erzählte, dass meine Mutter in Belfast getötet worden war, hieß es immer: »Von einer Bombe?«

Ich blickte ernst zu Boden und erklärte: »Nein, von einem Auto.«

»Ach so.« Kurze Pause. »Von einer Autobombe?«

»Nein. Nur von einem Auto. Sie wurde von einem Mann überfahren, der mit seinem Auto auf der Straße fuhr.«

»Mensch, das ist ja schrecklich! Und sie hatte keinen von der IRA denunziert oder so?«

»Ach, Quatsch. Es war ein Unfall. Er fuhr einfach zu schnell.«

»Der hatte wohl den Wagen geklaut und eine Spritztour gemacht, was?«

»Nein, es war ein stinknormaler Autounfall. Keine Autobombe, kein Autodieb und auch kein Racheakt der IRA. Es war sozusagen ein Feld-, Wald- und Wiesenunfall. So was gibt's auch in Belfast.«

Jeder, dem ich es mitteilen musste, äußerte die üblichen, verlegen vorgebrachten Beileidsbekundungen. Ich bedankte mich, und dann entstand jedes Mal ein peinliches Schweigen, und immer hatte der andere das Gefühl, etwas sagen zu müssen, um die Stille zu unterbrechen. »Als sie nach Nordirland zog, hattest du bestimmt von Anfang an Angst, dass sowas mal passieren würde, oder?«

»Nein«, erwiderte ich schroff. Offenbar meinten alle, Mum

habe es sich selbst zuzuschreiben. Nach Belfast ziehen – das schrie doch geradezu danach, von einem fünfundsiebzigjähren Mann überfahren zu werden! Bei ihrem Begräbnis sagte eine ihrer Cousinen: »Ich habe sie noch gewarnt und ihr gesagt, sie wird getötet werden, wenn sie nach Belfast zieht.« Schließlich rastete ich aus und schrie: »Sie wurde überfahren, verdammt noch mal! Von einem alten Mann in einem Auto. So was passiert in Belfast, es passiert in London, es passiert in Reykjavik!« Irgendwer sagte: »Schon gut, Michael. Das muss doch jetzt wirklich nicht sein.« Und ein anderer Verwandter legte den Arm um die Cousine meiner Mutter und meinte: »Belfast ist nun mal eine sehr gefährliche Stadt ...«

Begräbnisse bringen ausnahmslos die schlechtesten Eigenschaften einer Familie zum Vorschein.

Wenn sie noch am Leben gewesen wäre, hätte ich meine Probleme wahrscheinlich ihr erzählt, denn wie mein Vater auf den Brief reagieren würde, wenn ich ihn denn abschickte, war mir schleierhaft. Ich berichtete ihm alles, was sich seit der Geburt der Kinder ereignet hatte. Dass ich endlose Tage in meinem Zimmer gesessen und Lieblingssongs auf Band zusammengestellt hatte, während Catherine sich durch die härtesten Jahre des Mutterdaseins quälte. Dass Catherine geglaubt hatte, ich würde sechzehn Stunden täglich arbeiten, während ich in Wahrheit Huckepack-Kämpfe mit schönen, nackten Mädchen austrug und meine Zeit bei feuchtfröhlichen Grillpartys im Clapham Common vertat. Dass ich alles hatte haben wollen – die Liebe einer Familie und die Freiheit eines Singles, die Verantwortung für die Kinder und die leichtsinnige Zeit- und Geldverschwendung eines Jugendlichen. Als ich fertig war, hatte ich viele Seiten voll geschrieben – freimütige, emotionale Ergüsse, die mein Vater aller Wahrscheinlichkeit nach genauso interessant finden würde wie ich seine Mitteilungen über Brians verbilligten Mondeo. Trotzdem schickte ich den Brief am nächsten Morgen ab.

Es war ein gutes Gefühl, sich alles von der Seele geschrieben zu haben. Als ich den Brief einwarf, war ich zutiefst überzeugt, das Richtige zu tun. Es blieb mir nichts übrig, als mir das einzureden – der Mann von der Post weigerte sich, mir den Schrieb zurückzugeben, als er eineinhalb Stunden später endlich zur Briefkastenleerung erschien. Jetzt teilte ich mein Geheimnis mit jemandem, und eine Zentnerlast fiel von mir ab. Plötzlich war alles ganz klar. Man kann nicht eine Affäre beenden und sich weiter mit der geschassten Geliebten treffen. Dad hatte das mit Janet, der Apothekerin, versucht, was mit seinem Einzug bei ihr endete. Ich hatte Catherine am Abend zuvor versprochen heimzukommen und dann doch nur wieder Unsinn gemacht. Jetzt wusste ich, dass es nur noch einen Weg gab: Ich beschloss, aus der Wohnung auszuziehen. Mein Doppelleben war beendet. Ich würde mein Studio-Equipment im Speicher oder im Schuppen oder in unserem Schlafzimmer aufstellen, völlig egal. So jedenfalls ging es nicht weiter.

Dad und ich sprachen nie über die unglaublichen Offenbarungen, mit denen ich ihn überrumpelt hatte. Wahrscheinlich war der therapeutische Akt des Niederschreibens und Einwerfens das Wichtigste an der Sache gewesen; so gesehen, hatte der Brief seine Funktion bereits erfüllt. Als ich Dad das nächste Mal sprach, waren mir seine Ansichten darüber nicht mehr so wichtig. Denn nachdem Catherine den Brief gelesen hatte, stellte ihre Reaktion alles andere in den Schatten.

just
do
it

michael, wie fändest du's, wenn eine Platte von dir in den Charts wäre?«

Ich hatte gerade einen Klötzchenturm für Millie gebaut, als mich Hugo auf dem Handy anrief. Das Trillern des Telefons riss mich aus meiner Trance. Ich bemerkte, dass Millie offenbar schon vor einigen Minuten weggegangen war und ich in dieser Zeit ganz allein mit den Bausteinen gespielt hatte.

»Eine Platte von mir?« Ich stand auf.

»Genau. Mit deinem Namen drauf und allem Pipapo. Ganz oben in den Charts. Na, wie fändest du das?«

Da es sich offensichtlich um einen Trick handelte, der mich dazu bringen sollte, irgendeinen beschissenen, mies bezahlten Auftrag für ihn zu erledigen, forderte mich eine vorsichtige Stimme im Hinterkopf auf, so zu tun, als wäre ich nicht sonderlich interessiert.

»Daran wäre ich natürlich sehr interessiert«, sagte ich. »Allerdings, äh, inwiefern wäre das meine eigene Platte?« Hugo begann zu erklären, doch so viel gespielte Begeisterung er auch in seine Stimme legte, er konnte mich nicht davon überzeugen, dass dieses Projekt mein persönliches Sergeant Pepper sein würde. Mit Hilfe eines seiner diversen Soho-Kontakte wollte er eine CD mit dem Titel *Klassische Werbespots* zusammenstellen. Die beliebtesten klassischen Musikstücke – diejenigen nämlich, die die Leute nur deshalb kannten, weil sie in Werbespots angespielt worden waren –, auf einem tollen Album versammelt.

»Ich habe sofort an dich gedacht, Michael. Du magst doch dieses klassische Zeug, oder?«

»Das hat bestimmt schon längst jemand gemacht, Hugo.«

»Nicht in den letzten achtzehn Monaten. Und schließlich haben wir die Technologie, das gesamte Orchester durch dein raffiniertes Equipment zu ersetzen, und müssen keine Unsummen für tuntige Geiger in Smokingjacken hinlegen.«

»Wenn du es so sagst, fühle ich mich richtig geschmeichelt, mitmachen zu dürfen.«

Ich versuchte bei meiner verächtlichen Haltung zu bleiben, doch Hugo war überzeugt, dass ich der richtige Mann für den Job sei. »Das kannst nur du, Michael. Du hast aus dieser Tam-ti-tam-Melodie den Instant-Tee-Granulat-Spot gemacht.« Das stimmte. Ich hatte es geschafft, Verdis »Gefangenenchor« zum musikalischen Synonym von »Eh' ich mich's verseh, ist er fertig, der Tee!« zu machen. Als der Radiosender Classic FM die alljährliche Zuhörerabstimmung über die hundert beliebtesten Musikstücke durchführte und Verdis »Gefangenenchor«, der in dieser Hitliste bis dahin nicht aufgetaucht war, auf Anhieb den neunten Platz erreichte, war ich ziemlich stolz gewesen. Ohne das Instant-Tee-Granulat hätte er es wohl nie unter die ersten hundert geschafft.

Darauf also würde sich mein Schallplattenerfolg als Musiker beschränken: Nicht meine eigenen Kompositionen sollten auf dieser CD zu hören sein, sondern meine synthetischen Arrangements von Beethoven, Brahms und Berlioz, aufgelistet nach dem Komponisten, dem Titel und den Slipeinlagen, für die sie geworben hatten. Ich konnte mich nicht des Eindrucks erwehren, dass die Träume, die ich beim Abgang vom Musikcollege gehabt hatte, mittlerweile ziemlich ramponiert waren.

211

»Warum stellst du nicht gleich alle klassischen Ouvertüren zusammen, die von Handys gespielt werden!«

»Gar keine schlechte Idee! Das wird die Nachfolge-CD.«

Wir sprachen über die in Betracht kommenden Musikstücke, und ich versuchte Hugo klarzumachen, dass in Wahrheit keine Technologie der Welt den Klang eines Orchesters adäquat nachahmen konnte, was ihn aber völlig kalt ließ.

»Hau einfach ein bisschen mehr Hall drauf oder so. Du kannst auch Sänger engagieren, zum Beispiel für das Stück, wo dieser Opernfettwanst so traurig ist, dass ihn nur ein Cornetto trösten kann.«

»›O sole mio‹ ist nicht aus einer Oper.«

»Völlig egal.«

»Man könnte das schon machen, aber es würde beschissen klingen.«

»Ja, aber die Leute, die das kaufen, merken nicht, dass es beschissen klingt.«

Ich teilte Hugo mit, er sei der größte Zyniker, den ich je gesehen hätte, und er war ehrlich geschmeichelt. Da ich mich bisher nicht geweigert hatte, den Auftrag anzunehmen, hatte ich ihn bereits so gut wie angenommen. *Klassische Werbespots* sollte eine reine Leckerbissen-CD werden, eine Anhäufung billig produzierter Orchester-Häppchen für Leute, die sich nicht auf eine ganze Sinfonie einlassen wollten. Trotz eines vagen Widerwillens gegen die gesamte Idee setzte ich mich hin und überlegte, welche Melodiechen die Liste enthalten sollte. Unvermeidlicherweise Rimski-Korsakows berühmten »Black-und-Decker-Abbeizmittel-Flug« aus der Oper *Das Märchen vom Zaren Saltan* und natürlich »Jupiter« aus der *Planeten*-Suite von Holst, besser bekannt als das Thema des Dulux-Außenanstrich-Spots. Dann den Hovis-Brot-Spot, manchen auch als *Sinfonie aus der Neuen Welt* ein Begriff. Antonín Dvořák hatte diese Musik als

Tribut an die Vereinigten Staaten von Amerika komponiert. Dass man zehn Sekunden daraus für einen Fernseh-Werbespot benützt, sagt meiner Ansicht nach mehr über den American Way of Life als Dvoráks Sinfonie es je vermocht hätte. In Frage kam auch der »Tanz der kleinen Schwäne« aus *Schwanensee*, den Tschaikowsky mit höchstem emotionalen Aufwand komponierte, um alles, was »Rank und Schlank – die Junggesellen-suppe« kennzeichnet – die Einfachheit der Zubereitung, der köstliche Geschmack sowie das völlige Fehlen von Kalorien –, zum Ausdruck zu bringen. Und auf keinen Fall durfte Beethovens »Blau-Band-Margarine-Sinfonie« fehlen.

Innerhalb einer Viertelstunde waren zwanzig bis dreißig Musikstücke aufgelistet, die durch ihre häufige Darbietung in Fernsehspots Berühmtheit erlangt hatten. Catherine hatte das Telefongespräch mitgehört, und obwohl sie in dem vergeblichen Bemühen, eine bequeme Position zu finden, wie ein gestrandeter Wal auf dem Boden lag, versuchte sie einen Blick auf das Papier zu werfen und herauszufinden, was ich da schrieb. Es war mir peinlich, ihr von dem Projekt zu berichten, doch sie hatte Verständnis für meine Bedenken.

»Lass es bleiben, wenn es dir zuwider ist.«

»Na ja, ich habe praktisch schon zugesagt.«

»Ruf ihn an und sag ihm, dass du es dir anders überlegt hast.«

»Da kennst du Hugo schlecht. Nach diesem Gespräch würde es eine Doppel-CD werden.«

Catherine ärgerte sich über meinen schwachen Stand gegenüber Leuten wie Hugo. Sie sagte, ich solle mich mehr behaupten, und da ich nicht den Mut hatte, mit ihr zu streiten, versprach ich fügsam, es in Zukunft zu tun.

»Ich habe eine Idee, wie man an Geld käme«, verkündete sie unvermittelt. »Mit einem zusammengestellten Roman!« Sie machte sich bereits Notizen.

»Was?«

»Na, angesichts der vielen CDs mit den beliebtesten klassischen Musikstücken sollte jemand mal einen zusammengestellten Roman veröffentlichen.«

Catherine begeisterte sich mehr für Literatur als ich. Einmal im Monat ging sie in ihre Lesegruppe, in der sich sechs, sieben Frauen trafen, fünf Minuten über *Corellis Mandoline* diskutierten und dann drei Stunden lang über ihre Männer herzogen.

»Das verstehe ich nicht«, sagte ich. »Ein zusammengestellter Roman – wie soll das gehen?«

Catherine räusperte sich und las mir ihr Work in Progress vor. »Der Roman spielt in Wessex, in der Stadt Casterbridge. Eines Morgens wacht der Bürgermeister auf und bemerkt, dass er sich in einen Käfer verwandelt hat. Daraufhin findet Mrs. Bennett, dass er als Ehemann für ihre Tochter Molly Bloom nicht länger in Betracht kommt, woraufhin Molly aus dem Speicher flieht, in dem sie von Rochester gefangen gehalten wurde, und Mandalay in Brand setzt. ›Das Grauen, das Grauen!‹, ruft Heathcliffe, während der weiße Wal Little Nell unter Wasser und in einen tragischen Tod zieht, und Tom Jones sitzt allein im Garten von Barchester Towers und weiß, dass er den Sieg über sich selbst errungen hat. Er liebte den Großen Bruder.«

Ich lachte über Catherines fantastische, wunderbar geschmacklose Idee und tat so, als würde ich jede Anspielung zuordnen können. Insgeheim dachte ich sogar: Ich hätte gar nichts dagegen, so was zu lesen, schließlich habe ich nicht die geringste Ahnung von der englischen Literatur.

»Schnell, schnell!«, sagte sie plötzlich und legte meine Hand auf ihren Bauch. »Da. Hast du's gespürt?«

»Nein. Du bist doch nicht etwa schwanger?«

»Ach, jetzt hast du's doch rausgekriegt! Nein, ich habe einfach nur Unmengen von Cremetörtchen gegessen.« Wir lachten, und dann sagte ich plötzlich: »Mann, der war aber heftig.« Wenn Catherine lachte, versetzte ihr das Kind im Bauch manchmal zustimmende kleine Fußtritte, wie um zu zeigen, dass es alles mitbekam. Hin und wieder zeichnete sich die Ferse oder der Ellbogen des Babys unter Catherines straffem Bauch ab wie Moby Dick dicht unter der Wasseroberfläche. Catherine hatte jetzt mehr als die Hälfte der Schwangerschaft hinter sich. Ein neuer Mensch entstand in ihr, und in wenigen Monaten würde ich zum dritten Mal biologischer Vater werden, obwohl ich mich immer noch nicht als ein wirklich ausgereifter Erziehungsberechtigter fühlte. Die Geburt des Kindes würde eine lange, schmerzhafte Prozedur sein; wie konnte ich da erwarten, dass meine eigene Verwandlung sich einfacher gestaltete?

Catherines niedliches Bäuchlein wölbte sich auf Höhe des Magens, was nach allgemeiner Überzeugung auf einen Jungen hinwies. Die Volksweisheit und alte Fischweiber haben alle möglichen Kriterien ersonnen, um das Geschlecht eines ungeborenen Kindes herauszufinden: die Form des Bauchs, die Nahrungsmittel, nach denen die Mutter giert, und natürlich den Eheringtest. Dabei liegt die Mutter auf dem Rücken und lässt den Ehering an einem Faden über ihrem Bauch baumeln. Wenn er leicht hin- und herschwingt, ist es ein Mädchen; dreht er sich, ist es ein Junge. Catherines Ring drehte sich und schwang hin und her, und eine Woche lang sorgte ich mich, unser Kind werde vielleicht aussehen wie das Mädchen auf Simons Computerbildschirm.

Damit einer Schwangeren in der U-Bahn garantiert ein Sitz angeboten wird, muss ihr Bauch wesentlich größer sein als Catherines zu diesem Zeitpunkt war, aber Frauen im zweiundzwanzigsten Monat sind bisher nicht vorgekommen. Erst kurz vor Weihnachten würde sie wirklich dick sein, und bis dahin blieb den Männern, die in der U-Bahn saßen, nichts übrig, als das einzig Höfliche zu tun und ihre Zeitung so nah ans Gesicht zu halten, dass die stehende Schwangere unmöglich Blickkontakt mit ihnen aufnehmen konnte. So stellten sie es sich jedenfalls vor. Weil Catherine aber Catherine war, lugte sie über den oberen Zeitungsrand und sagte: »Sitzen Sie bequem oder möchten Sie Ihre Beine auf meinem Bauch ablegen?« Wahrscheinlich waren manche Männer einfach zu verlegen, um ihren Sitz anzubieten – die Vorstellung, in der U-Bahn mit einer völlig Fremden zu reden, einer Angehörigen des anderen Geschlechts, die sie allein wegen ihres gynäkologischen Zustands ansprechen sollten, war offenbar so schlimm, dass der Durchschnittsengländer lieber gestorben wäre. Ich erläuterte Catherine meine These; sie hörte konzentriert zu, nickte und breitete dann ihre eigene, sorgfältig durchdachte Analyse aus: »Meinst du nicht, es liegt ganz einfach daran, dass Männer egoistische Arschlöcher sind?« Für so etwas wie peinliche Berührtheit brachte Catherine kein großes Verständnis auf, aber wahrscheinlich braucht es viel, um einen Menschen zum Erröten zu bringen, der schon mal nackt, die Beine auf Stützen und den Blicken einer am Fußende stehenden Gruppe Medizinstudenten ausgesetzt, auf einem Bett lag.

Sie saß noch etwa eine Stunde am Boden vor dem Fernseher, und ich massierte ihr den Rücken, der schon seit Wochen schmerzte. Alfie wachte auf, und obwohl es eigentlich zu früh zum Füttern war, trug ich ihn hinunter und gab ihm sein Fläschchen. Er wirkte bei jedem Schluck so überrascht, als hätte er nie damit gerechnet, dass dem vorangegangenen Schluck warmer Milch ausgerechnet warme Milch folgen würde. Er döste weg; ich tippte ihm auf die Fußsohlen, und er begann wieder stärker zu saugen. Catherine lächelte und sagte, endlich hätte ich den Dreh raus, und das Baby in ihrem Bauch kickte wieder.

Millie war aufgewacht, hatte offenbar gesehen, dass das Bettchen ihres Bruders leer war, und gemeint, sie käme zu kurz, denn plötzlich stand sie an der Tür und behauptete, die Haare täten ihr weh. Wider besseres Wissen erlaubten wir ihr, im Wohnzimmer zu bleiben; wir vier kuschelten uns auf dem Sofa aneinander und sahen uns noch einmal den Anfang von *Der König der Löwen* an, und als Rafiki das neugeborene Baby allen Tieren entgegenstreckte und sie jubelten und sich verneigten und in Hurrageschrei ausbrachen, begann ich hysterisch zu lachen, um nicht in Tränen auszubrechen, und dann drückte ich Millie so fest an mich, dass sie »Aua!« sagte.

Ich brachte die Kinder wieder ins Bett und zog das Mobile auf, das etwas blechern Brahms' »Wiegenlied« abspulte, die offizielle Kinderzimmer-Themenmusik dieses Landes auf Grund seiner weltweiten Popularität, der zarten Melodie, vor allem aber, weil das Urheberrecht darauf vor einer halben Ewigkeit erlosch. Ich streichelte Millies Kopf, während sie einschlief. Dieser Augenblicke wegen war ich nach Hause gekommen. Ich dachte an die Männer im Geburtsvorbereitungskurs, so voller Enthusiasmus und gutem Willen. Wie viele von ihnen würden sich ihrer Familie entfremden, würden den Statusverlust, den sie zu Hause plötzlich erlitten, mit dem Respekt kompensieren, der ihnen in der Arbeit entgegengebracht wurde? Dem finsteren Mittelalter waren wir halbwegs entwachsen, immerhin durften die Männer inzwischen bei der Geburt ihrer Kinder zusehen, aber wie viele dieser Männer würden auch am *Leben* ihrer Kinder teilnehmen? Nachdem ich beschlossen hatte, mich von Grund auf zu ändern, war ich zu einem militanten Familienmenschen geworden, so wie die strikten Nikotingegner, die noch vor kurzem auf sechzig am Tag kamen. Warum war es so vielen Männern wichtig, im Beruf oder beim Sport möglichst gut zu sein, während sie sich über ihre väterlichen Qualitäten weniger Gedanken machten als darüber, wie sie ihre Durchschnittsleistung als Schlagmann beim Cricket verbessern konnten?

Nach einer Weile schlossen sich Millies Augen, und das Mobile kam ruckartig und erschöpft zum Stillstand. Mir war klar, dass ich mich nur schwer daran gewöhnen würde, mehr Zeit daheim zu verbringen, aber die Alternative war einfach nicht lebbar. Ich musste lernen, dass es nicht möglich war, bei meinen Kindern zu sein und gleichzeitig ein völlig anderes Tagesprogramm zu haben. Ich konnte mich nicht um ein Kleinkind und ein Baby kümmern und gleichzeitig meine Akustikgitarre neu besaiten. Sich hinsetzen, ein Sandwich machen, zur Toilette gehen – auf diesen Luxus gilt es zu verzichten. Man muss diese Zeit einfach abschreiben und sich auf das konzentrieren, was man gerade macht. Man muss sich kopfüber hineinstürzen. Man kann nicht mit kleinen Kindern zum Schwimmen gehen, ohne selbst nass zu werden, und diese Analogie lässt sich auf das gesamte Leben anwenden, sobald man Kinder hat. Das Wasser mag kalt sein und man hat vielleicht gar keine Lust, doch es hilft nichts, man muss reinspringen.

»Sie schlafen«, sagte ich, als ich wieder ins Wohnzimmer trat. Catherine erwiderte nichts. Sie war ebenfalls eingedöst. An diesem Abend hatte ich mich viel wohler mit ihr gefühlt, weil ich nicht mehr insgeheim jeden meiner Sätze daraufhin prüfte, was er womöglich verriet. Ich musste nur mehr mein Zimmer ausräumen und umziehen, dann lag mein Doppelleben hinter mir. Ich hatte Catherine nicht gesagt, dass ich plötzlich mit einer Lastwagenladung Musikequipment angefahren kommen würde, das dann zusätzlich in unserem voll gestopften Haus untergebracht werden müsse, weil sie mich dann bestimmt davon abgebracht hätte. Einiges würde im Speicher Platz finden. Die diversen Demotapes mit allen meinen Songs konnten neben der Schachtel mit meinen Kinderzeichnungen verstauben – Erinnerungen an eine weitere Phase meiner Reise zum Erwachsensein. Ich würde Catherine sagen, ich hätte keine Lust mehr, so oft von ihr und den Kindern getrennt zu sein, und hätte beschlossen, das Studio aufzugeben und daheim zu arbeiten. Was sich ziemlich merkwürdig anhörte, weil es fast die Wahrheit war.

Zwei Vormittage später fuhr ich nervös einen großen Mietlaster durch die verkehrsreichen Londoner Straßen und parkte nach einer geschickt ausgeführten Siebenundzwanzig-Strafpunkte-Wende vor der Wohnung. Die Stereoanlage wollte ich als Letztes mitnehmen, damit ich während der Arbeit Musik hören konnte. Ich entschied mich für King Crimsons *21st Century Schizoid Man*, gefolgt von Verdis *Macht des Schicksals* und summte mit, während ich meine Kleider in Umzugskartons packte. Schon komisch, in welchem Kontrast die eingerissenen Jeans und die Bomberjacken meiner Junggesellengarderobe zu den Strickjacken und Slippers standen, die ich zu Hause trug. Dass ich von der Außenwelt in meinen beiden Rollen so völlig unterschiedlich wahrgenommen würde, hatte ich nicht erwartet. Wenn ich den Zweierbuggy über den Gehsteig schob, lächelten mich die alten Damen an, und ich lächelte höflich zurück; war ich dagegen allein unterwegs, vergaß ich meist, dass ich den Ausweis meiner sozialen Zugehörigkeit gerade nicht durch die Straßen führte, und grinste gedankenverloren die eine oder andere vorbeigehende Dame an, die daraufhin den Blick abwandte, wie um zu sagen: Untersteh dich, mich auch nur anzusehen, du Vergewaltiger!

Auf meinem Kleiderschrank lag ein Riesenstapel Musikzeitschriften. Ich durchblätterte zwanzig Jahre sorgsam aufbewahrter alter *New Musical Express*-Ausgaben und steckte sie anschließend in Müllsäcke. Ein letzter Blick auf die Interviews mit den Helden meiner Jugend – aggressiven Punks, die nihilistischen Unsinn à la No Future und Anarchie von sich gaben, eine Haltung, die ich damals selbst eingenommen hatte. Am Besten bringe ich das ganze Zeug zum Papiercontainer, dachte ich.

Ich war jetzt Vater und hatte Kinder, die schon genug Unordnung machten, ohne dass ich diesen wertlosen alten Kram mit nach Hause bringen musste. Ich hatte versucht, mich in meine Twen-Jahre zurückzubeamen, wusste aber, dass das in Wirklichkeit unmöglich war. Ein paar Wochen war es erst her, da hatten wir im Park Fußball gespielt, als plötzlich ein hinreißendes Kindermädchen mit einem Kleinkind daherkam. Alle Männer hörten auf zu spielen und starrten in ihre Richtung.

»Die ist wunderschön«, sagte Jim.

»Ich glaube, es ist ein Er«, sagte ich mit Blick auf die Baby-Gap-Jeans des kleinen Jungen.

Ich hatte einfach nicht mehr das Zeug zum »Kumpel«. Ich kam mir vor, als würde ich ganz cool in einem Lotus Elan herumfahren – mit einem »Baby an Bord«-Sticker am Rückfenster.

Ich packte den Krimskrams und die Geräte ein, die sich auf dem Regal stapelten: einen altertümlichen Organizer (ohne Batterien), ein feststehendes, zu nichts zu gebrauchendes Schweizer Armeemesser, ein Ladegerät, das nur mit einer Spielkonsole kompatibel war, die ich schon vor langer Zeit gegen eine neue ausgetauscht hatte – all das Männerspielzeug und den ganzen Schrott aus schwarzem Plastik, die sich im Lauf meiner Zeit als Thirty-Something-Teenager angesammelt hatten. Nach nur einer Stunde hatte ich alle CDs und Bücher verpackt, so dass mir der restliche Nachmittag blieb, um die zwölf Kilometer Plastikspaghetti zu entwirren, die sich aus den Rückwänden von Keyboard, Mischpult und Stereoanlage ergossen. Zum Schluss lud ich das gesamte Equipment in den Laster. Es erinnerte mich an die Zeit, als ich bei vielen Bands spielte und immer dachte, eines Tages würden mich all die Verstärker und

Keyboards, die ich mir auf die Schulter hievte und zu irgendeinem Kleinbus schleppte, mit einem Nummer-eins-Hit belohnen. Ich tröstete mich mit dem Gedanken, dass ich für *Klassische Werbespots* wahrscheinlich eine Platinplatte bekommen würde, die ich rahmen lassen und auf den Kaminsims stellen könnte, obwohl ein Ehrenplatz an der Toilettenwand wahrscheinlich passender wäre.

Schließlich war alles auf der Ladefläche des Lasters verstaut und konnte über den Fluss gebracht werden. Ich machte mein Zimmer sauber, stellte den Putzeimer so lautstark wie möglich unter das Spülbecken und zerrte den Staubsauger ratternd und scheppernd an seinen Platz unter dem Küchenschrank, doch keiner meiner Mitbewohner hob auch nur den Blick. Es gab nichts mehr zu tun. Das war's. Ich sagte meiner schon längst in die Jahre gekommenen Jugendzeit ein reichlich überfälliges Adieu.

Jim saß am Tisch und bemühte sich vergeblich, in seinem Handy Nummern abzuspeichern, während Paul, vor Wut fast platzend, sich zu beherrschen versuchte, um Jim nicht zum hundertsten Mal zu sagen, er solle einfach die Bedienungsanleitung lesen. Simon fläzte vor dem Fernseher und sah sich ein Nonstop-Video mit Torschüssen an. Nicht etwa ein Video mit einem tollen Fußballspiel, in dem ein Tor etwas Wertvolles, Wichtiges war, sondern eine Zusammenstellung vieler verschiedener Tore, aus dem Spielzusammenhang gerissen und somit völlig bedeutungslos. Das Sport-Pendant zu *Klassische Werbespots*.

»Also, das wär's dann«, sagte ich verlegen und in einem spöttisch-wehmütigen Ton, der meine ehrlich empfundene Wehmut kaschieren sollte. Diese Menschen waren zwar nicht gerade meine Seelenverwandten, aber ein bisschen mehr Engagement beim Abschiednehmen hatte ich mir von ihnen schon erwartet.

Männer sind nie gut, wenn es darum geht, gefühlvoll Lebewohl zu sagen. Als Scotts Expeditionsteam sich auf dem Rückweg durch die Antarktis kämpfte und Captain Oates beschloss, sein Leben zu opfern, um seinen Kameraden nicht zur Last zu fallen, gab er vor, das Zelt nur kurz zu verlassen, um auszutreten. Er hätte lieber ehrlich gesagt, dass er nun gehen werde, um zu sterben, doch der Anblick seiner peinlich berührten, gleichmütig mit den Achseln zuckenden Freunde, die ihm nur noch »Gut, also dann bis irgendwann mal«, zugenuschelt hätten, wäre ihm unerträglich gewesen.

»Gut, also dann bis irgendwann mal, Michael«, sagte Jim, als ich aufbrach, um mich hinauszuwagen in den eisigen Schneesturm des Vollzeit-Ehelebens.

»Ja, ciao dann«, sagten Simon und Paul.

Ich blieb noch ein paar Sekunden unsicher stehen. Die Erinnerung an so manche tolle Situation mit den dreien machte mich traurig, fast weinerlich, doch die anderen wirkten gleichgültig und völlig ungerührt. Klar – sie hatten noch keine Kinder, ihre Gefühle waren noch gut unter Verschluss.

»Ach, eins noch«, sagte Simon.

»Ja?«, fragte ich hoffnungsvoll.

»Welcher Fußballverein ist der einzige, der keine ausmalbaren Buchstaben enthält?«

»Hä?«

»Manchmal malt man doch die Buchstaben in der Zeitung aus – die Os oder As, beispielsweise. Also, welcher Fußballverein der englischen beziehungsweise schottischen Liga enthält keine Buchstaben, die man ausmalen kann?«

»Das ist die unsinnigste Frage, die ich je gehört habe, Simon!« Es entstand eine kurze Pause. Dann hörte ich mich sagen: »Welcher Verein ist es?«

»Find's raus!«

»Nein, das ist doch bescheuert. Mit so was verschwende ich nicht meine Zeit und Energie. Keine Sekunde werde ich darüber nachdenken.«

»Okay, dann bis bald.« Er wandte sich wieder seinem Video zu.

»Aber, nur interessehalber – welche Mannschaft ist es?«

»Hast du nicht eben gesagt, es ist völlig unwichtig?«

»Ja, es ist völlig unwichtig. Eine sinnlose Tatsache. Absolut typisch für das in dieser Wohnung herrschende Gesprächsniveau. Stunde um Stunde wird hier mit komplett bedeutungslosem Gerede vergeudet. Und deshalb, Simon, sei bitte so gut und sag uns, welche Mannschaft nur Buchstaben enthält, die man nicht ausmalen kann!«

»Du wirst schon darauf kommen.«

»Du hast die Frage gestellt, jetzt beantworte sie auch!«

Simon hob den Blick und bedachte mich mit einem matten Lächeln.

»Nein.«

Eine Weile herrschte völlige Stille. Dann sagte ich: »Also, ich gehe jetzt wohl besser«, machte aber keine Anstalten.

»Ja, bis bald«, murmelten die anderen.

»Ah, jetzt hab ich's«, sagte ich.

»Brav.«

»Dürfte ich vielleicht bestätigt kriegen, dass ich dieselbe Mannschaft meine wie du?«

»Klar. Welche ist es denn, deiner Meinung nach?«, fragte Simon, der genau wusste, dass ich nicht die leiseste Ahnung hatte.

»Jetzt sag schon, Mensch! Welche ist es?«

»Ist doch völlig unwichtig«, erwiderte Simon, ohne den Blick vom Fernseher zu wenden.

»QPR«, stieß ich unbedacht hervor.

»Nicht schlecht. Außer dass man das Q, das P und das R ausmalen kann.«

»Ach so, ja.«

Ich setzte mich an den Küchentisch und begann die Namen obskurer Fußballvereine herunterzurasseln, wurde aber jeweils darüber aufgeklärt, dass man das B in Bury und das »a« beziehungsweise »e« in East Fife sehr wohl ausmalen könne. Mehrere Flaschen Bier später schaute Monica vorbei und rief, nachdem sie erfahren hatte, dass dies mein letzter Abend in der Wohnung war, ein paar Freunde an, die ihr Vorhaben eines Clubbesuchs umgehend änderten und mit Weinflaschen und Bierdosen anrückten. Ganz spontan hatte Monica somit die Abschiedsparty organisiert, die ich mir als Überraschung von meinen Mitbewohnern insgeheim gewünscht hatte.

Um neun Uhr abends befanden sich etwa vierzig Leute in der Wohnung, tranken billigen Rotwein aus Kaffeebechern und tanzten zu Songs, die ich irgendwann alle mal hatte erkennen müssen. Und ich freute mich, wenn einer zu mir sagte: »Ach, du bist der Typ, der hier auszieht. Danke für die tolle Party!« In gewisser Hinsicht war diese Abschiedsfete ein tiefer Einschnitt in meinem Leben, meine Vaterschafts-Bar Mizwa. Der Abend war geprägt von einem einzigen, alles überlagernden Gedanken. Nicht etwa »Tue ich das Richtige?« oder »Wird mich diese Entscheidung glücklich machen?«, sondern, leider Gottes: »Welcher englische oder schottische Fußballverein ist der einzige, dessen Name keine Buchstaben enthält, die sich ausmalen lassen?« Es ging mir einfach nicht aus dem Kopf. Ich hätte die Frage so gern vergessen, aber sie war wie eingebrannt in mein Gehirn. Es war mein großer Abend, ich stand im Mittelpunkt des Geschehens, doch ich konnte es nicht richtig genießen, weil ich immer, wenn sich jemand mit mir unterhielt, nur so tat, als hörte ich zu, in Wirklichkeit aber wie ein Besessener Dutzende von Fußballvereinen der zweiten und dritten Liga durchging.

»Und wohin ziehst du?«

»Fulham!«, sagte ich glückstrahlend.

»Aha, nach Fulham.«

»Nein, nein, Fulham nicht.«

»Warum nicht?«

»Weil man das ›A‹ ausmalen kann.«

Um neun tanzte ich noch ziemlich befangen, zwei Biere später etwas weniger befangen. Und dann hatte ich es plötzlich! Der Trick bestand darin, in Großbuchstaben zu denken. Es war eine unglaubliche Erleichterung, die Frage endlich los zu sein. Überglücklich hopste ich zu Simon.

»Exeter City«, erklärte ich großspurig.

»Die E's kann man ausmalen.«

»Tja, aber nicht, wenn man sie großschreibt.«

»Richtig. Aber wenn du Großbuchstaben benützt, was ist dann mit dem ›R‹?«

Ich dachte kurz nach. »Okay, dann eben Exeter City in Großbuchstaben mit Ausnahme des Buchstabens ›r‹, der einfach kleingeschrieben wird. Ich krieg das raus, ich krieg das raus ...«

Damit trottete ich, Vereine der zweiten schottischen Liga vor mich hin murmelnd, davon.

Die Party ging weiter. Kate kam mit ihrem neuen Freund, auf den ich unerklärlicherweise eifersüchtig reagierte. Ich wusste zwar, dass ich nie eine Beziehung mit ihr haben würde, hatte aber wohl unbewusst gehofft, sie werde ewig Single bleiben, nur für den Fall, dass ich es mir eines Tages anders überlegte. Außerdem passte mir nicht, wie Jim um sie herumscharwenzelte. Wenn ich mir keinen Seitensprung mit ihr erlauben durfte, hatte das gefälligst auch kein anderer zu tun. Dass ich verheiratet war, hatte ich meinen Wohngenossen immer noch nicht mitgeteilt. Ich hatte mir eine verwickelte Geschichte zurechtgelegt, um meinen Umzug zu erklären, doch keiner hatte je gefragt.

Irgendwann an diesem Abend entdeckte mich Paul, als ich allein in einer Ecke stand, kam mit zwei gekühlten Flaschen Bier auf mich zu und reichte mir eine. »Übernachtest du heute noch hier?«

»Nein, der Laster ist voll geladen. Nach diesem Bier fahre ich wohl besser los.«

»Du hast also nicht vor zu bleiben und beim Aufräumen mitzuhelfen?«

»Nein, Paul, tut mir Leid, ich hatte nicht vor, zu bleiben und beim Aufräumen mitzuhelfen, aber so ist das nun mal, wenn man mit einer Party überrascht wird.«

»War nicht so gemeint. Entschuldige.«

Ich merkte, dass er ziemlich viel getrunken hatte und kurz davor war, sich etwas von der Seele zu reden.

»Michael, ich weiß, warum du nie ein Mädchen mit hierher gebracht hast.«

Von der Nacht mit Kate wusste Paul nichts, aber ich hatte keine Lust, mit jener sagenhaften Liebesnacht zu protzen, denn Kate stand nur wenige Meter von mir entfernt.

»War das so?«, fragte ich und tat, als zerbräche ich mir den Kopf auf der Suche nach Gegenbeispielen.

»Also, bitte! Drei Jahre hast du hier gewohnt, bist immer wieder nächtelang weggeblieben, hast aber nie auch nur ein einziges Mädchen hierher gebracht. Ich weiß, warum.«

Es beunruhigte mich, dass mein Geheimnis ganz zum Schluss vielleicht doch noch gelüftet worden war. Ich wollte Genaueres wissen.

»Ah, ich verstehe. Hat es dir jemand gesagt oder hast du's erraten?«

»Ist ja wohl kaum zu übersehen.«

»Verstehe. Tja, es lässt sich nun mal nicht leugnen, dass ich, na ja, dass ich eben anders bin als ihr.«

»So anders nun auch wieder nicht, Michael. Jedenfalls nicht viel anders als ich«, erwiderte Paul vieldeutig.

»Soll das heißen, dass du auch ein Doppelleben führst?«

»Ja.«

Er freute sich sichtlich, sein Geheimnis mit mir zu teilen.

»Du bist ja ein ganz stilles Wasser, Paul, alle Achtung!«

»Ja, aber ich glaube, ich kann es nicht mehr lang geheim halten.«

»Ja, ich weiß, was du meinst.«

»Dir wollte ich es als Erstem sagen, weil du mich verstehen wirst. Ich bin auch schwul.«

»Was?«

»Ich bin auch schwul. Und ich glaube, du empfindest für mich dasselbe wie ich für dich.«

»Nein, nein, nein, Paul, ich bin nicht schwul!«

»Mach jetzt bitte keinen Rückzieher«, zischte er mir zu, während um uns herum der Partylärm dröhnte. »Wenn ich dir mein Geheimnis verrate, kannst du das auch.«

»Ich bin nicht schwul«, sagte ich noch einmal.

»Du hast eben selbst gesagt, dass du es nicht mehr lang geheim halten kannst.«

»Damit meinte ich etwas völlig anderes.«

»Na klar. Und was?«

»Das möchte ich lieber nicht sagen, wenn's erlaubt ist.«

»Es ist völlig in Ordnung, schwul zu sein, Michael.«

»Stimmt. Es ist in Ordnung, schwul zu sein. Ich finde es völlig in Ordnung, schwul zu sein.«

»Gut. Klingt doch schon viel besser.«

»Aber zufälligerweise bin ich es nun mal nicht.«

»Du steckst noch immer in der Phase des Leugnens, Michael.«

»Ich leugne gar nichts. Ich leugne nur, dass ich schwul bin.«

»Wenn du dich outest, oute ich mich auch.«

»Ich kann mich nicht outen, weil ich nicht schwul bin, kapiert?«

Pauls im Brustton der Überzeugung vorgebrachte Behauptung meiner angeblichen Homosexualität hatte fast die weit bedeutsamere Tatsache vergessen lassen, dass er mir soeben das größte Geheimnis seines Lebens anvertraut hatte, nämlich dass er nicht nur schwul, sondern obendrein in *mich* verknallt war. Plötzlich fiel es mir wie Schuppen von den Augen – warum er immer gehofft hatte, ich würde da sein und essen, was er gekocht hatte, sein ständiges Eingeschnapptsein wegen nichts und wieder nichts. Er hatte sich benommen wie eine sitzen gelassene Geliebte. Und da er zu der Überzeugung gelangt war, die scheinbare Abwesenheit von Frauen in meinem Leben habe denselben Grund wie bei ihm, da er jahrelang mit Hilfe dieses Fantasiekonstrukts meine arglos dahingesagten Komplimente für seinen gebackenen Fisch oder eine neue Hose mit tiefster Bedeutung angefüllt hatte, war er jetzt nicht gewillt, kampflos zuzulassen, dass ich seine Illusionen zerstörte. Wie konnte man sich nur derartig täuschen lassen?, überlegte ich. Dann fiel mir ein, für wie glücklich ich Catherine immer gehalten hatte.

Ich erklärte, es freue mich, dass er endlich beschlossen habe, sich zu outen, und entschuldigte mich für die Situationen, in denen die Atmosphäre in der Wohnung möglicherweise schwulenfeindlich gewesen war.

»Ach was. Jim und Simon rissen ab und zu Witze darüber, aber du hast sie stets zurechtgewiesen. Da habe ich es zum ersten Mal bemerkt.«

»Dass ich nichts gegen Schwule habe, heißt noch lange nicht, dass ich schwul bin, du dummes Arschloch! Nichts für ungut.«

»Michael, ich liebe dich, und ich glaube, dass du mich auch liebst. Du willst es nur nicht wahrhaben.«

»Vergiss es! Frag Simon, ob er mit dir schlafen will, der muss ja mal mit irgendeinem Lebewesen verkehrt haben, bevor er dreißig wird.« Ich deutete auf Simon, der gerade vergeblich versuchte, ein Mädchen in sich verliebt zu machen, indem er einige seiner Lieblingssites im Internet beschrieb und wider besseres Wissen hoffte, eines werde zum anderen führen. Doch Paul ließ sich nicht abschrecken. »Ich kenne auch noch ein paar andere Schwule, weißt du. Die haben mir die Kraft für mein Coming-out gegeben. Dir könnten sie auch helfen. Ich habe ihnen alles über dich erzählt ...«

Das war zu viel. Mein Geduldsfaden riss deutlich hörbar.

»WOHER NIMMST DU DAS RECHT HERUMZUERZÄHLEN, DASS ICH SCHWUL BIN?«

Es war schlagartig still im Raum. Alle sahen mich an und warteten auf eine Erklärung. Der Mund blieb ihnen offen stehen vor Staunen über mein gelüftetes »Geheimnis«. Der Mann, der die Pizzas geliefert hatte, stellte seine Bierdose ab und verkündete, er müsse jetzt aber wirklich wieder zurück in den Laden.

»Das erklärt alles«, sagte Kate laut.

»Ich bin überhaupt nicht schwul. Ich sagte nur gerade zu Paul hier, dass er, äh, nicht herumerzählen soll, ich sei schwul. Falls er, äh, jemals auf den Gedanken kommen sollte.«

Es schien niemanden zu überzeugen.

»Ist ja gut, Michael. Ist doch völlig in Ordnung, schwul zu sein«, sagte ganz hinten im Eck jemand aufmunternd.

»Ich weiß.«

»Gut für dich, Kumpel«, meinte ein anderer.

»Dann haben wir ja heute doppelten Grund zum Feiern«, rief Monica. »Er geht in die Welt hinaus *und* hat sein Coming-out.« Alle klatschten. Irgendein Witzbold legte »YMCA« auf, und mein einsamer Protest verhallte ungehört, als alle plötzlich zu der Musik von Village People sangen und tanzten. Sie hatten die Platte eigens für mich aufgelegt und fanden, ich sei ein Spielverderber, wenn ich nicht mittanzte. Also tat ich es schließlich, was allgemein als endgültige Bestätigung meines Coming-outs gewertet wurde. Sie machten auf der Tanzfläche Platz für mich und feuerten mich an und applaudierten, als wäre mir gerade die Last eines lebenslangen Geheimnisses von den Schultern genommen. Ich sah zu Paul hinüber. Er stand in der Ecke, formte den Text des Songs mit den Lippen, war aber immer noch nicht souverän genug, um auf einen berühmten Schwulen-Klassiker zu tanzen. Als ich das nächste Mal den Blick hob, fiel er auf den ziemlich verdutzten und beleidigten Simon, dem der inzwischen stark angetrunkene Paul gerade einen Antrag machte.

Eine Weile später kam Kate zu mir und sagte, sie wäre nie darauf gekommen, dass der »andere Mensch«, für den ich mich aufgespart hätte, ein Mann sei. Jetzt verstehe sie, warum ich nicht mit ihr habe schlafen wollen. Es beruhigte sie offenbar sehr. Ich hatte nicht die Kraft, standhaft weiter zu leugnen, sondern dankte ihr nur für ihr Verständnis und lächelte sie an. Alle diese Leute würde ich wahrscheinlich nie wieder sehen, also war es nicht weiter schlimm, dass sie felsenfest von meiner Homosexualität überzeugt waren.

Nach mehreren Stunden selbst auferlegter Nüchternheit wurde mein Lächeln angesichts der Trunkenheit der anderen immer gequälter. Ich verabschiedete mich nur von einigen wenigen, fand es jedoch, da inzwischen alle den ursprünglichen Anlass der Party vergessen hatten, nicht allzu unhöflich, mich einfach davonzuschleichen. Ich steuerte den Mietlaster durch die Londoner Nacht und war bald auf der Waterloo Bridge, der alten Grenze zwischen meinen beiden Leben. Ich betrachtete den

Fluss, das funkelnde Canary-Wharf-Areal und die City im Osten, das Parlament und das gigantische Riesenrad London Eye im Westen. Dann fuhr ich durch Aldwych, vorbei an zusammengesunkenen Gestalten, die in Hofeinfahrten oder mit Kartons bedeckt schliefen. London war genau wie mein Leben. Aus der Ferne wirkte es toll, doch wenn man näher kam, sah man, dass es völlig kaputt war.

Dann stand ich vor unserem Haus. Zum Ausladen war es zu spät, aber der Laster hatte eine Alarmanlage und hinten mehrere Vorhängeschlösser, so dass ich keine Bedenken hatte, ihn erst am Morgen zu entladen. Dunkel und still war das Haus, als ich lautlos in die Diele trat und die Tür leise hinter mir schloss. Seit die Kinder da waren, hatte Catherine einen so leichten Schlaf, dass ich unten nur auf Zehenspitzen umherging und mich bemühte, nicht zu laut zu atmen.

Auf dem Küchentisch lag so, dass ich es sehen musste, eine Videokassette. Catherine hatte also nicht vergessen, meine Lieblingssendung aufzunehmen. Ich wollte zwar nicht, dass andere es erfuhren, aber es gab nichts Wichtigeres für mich als private Videoaufnahmen von Labradors, die auf einem Skateboard in einen Swimmingpool stürzten, und von Kleinkindern, die in der Kloschüssel stecken blieben. Unsere Videokamera war auf dem Stativ befestigt – die Fernsehsendung hatte Catherine demnach dazu inspiriert, unsere eigenen Kinder zu filmen. Ich nahm mir ein Bier aus dem Kühlschrank, machte es mir im Wohnzimmer bequem und schaltete den Ton des Fernsehers super-rücksichtsvoll auf eine kaum mehr hörbare Lautstärke ein, um mal wieder so richtig herzhaft über das Ungemach anderer zu lachen. Im ersten Film waren offensichtlich gestellte Szenen mit Leuten zu sehen, die so taten, als schauten sie nicht, wohin sie gingen, und dann vollständig angezogen in einen Fluss fielen. Immerhin bekam jeder von ihnen fünfhundert Pfund, genug für eine neue Videokamera, was ich ihnen von Herzen gönnte. Es folgte eine Sequenz mit peinlich ehrlichen Kindern – ein kleiner Junge sagte zu einer stark übergewichtigen Kinder-Animateurin: »Du bist ein dickes, fettes Schwein.« Als er geschimpft wurde, deutete er, schwer beleidigt wegen der unfairen Leugnung dieser simplen Wahrheit, auf die Frau und sagte: »Aber sie *ist* ein dickes, fettes Schwein!«

Dann sah man eine pompöse kirchliche Trauung. Der Bräutigam wurde gefragt, ob er diese Frau zu seinem ihm rechtmäßig angetrauten Eheweib nehmen wolle, was er bejahte. Dann wurde die Braut gefragt, ob sie diesen Mann nehmen wolle, aber sie war ziemlich nervös und tat sich schwer mit der Antwort. Gleich fällt sie in Ohnmacht, dachte ich. Man sah es förmlich kommen. Doch ich sollte mich irren. Ein Mann mit einem Walkman, der etwa in der fünften Bankreihe saß, sprang plötzlich auf, stieß die Arme in die Luft und schrie: »TOR!« Ich musste so lachen, dass ich befürchtete, die gesamte Straße aufzuwecken, von Catherine ganz zu schweigen. Ich spulte das Band zurück, sah mir die Szene noch mal an und musste fast genauso lachen wie beim ersten Mal. Fantastisch! Ich liebte diese Sendung! Dem Moderator gefiel der Film auch, doch er versprach, der nächste sei noch lustiger. Das wird super, dachte ich und genehmigte mir einen großen Schluck Bier. Dann war das Bild mit einem Mal weg, und ich dachte: O nein, sie hat die Aufnahme vermasselt!

Hatte sie aber nicht. Plötzlich erschien auf dem Bildschirm Catherines wutverzerrtes Gesicht. »Du Wichser!«, schrie sie. »Du verlogener, egoistischer, feiger, fauler, scheiß-verlogener Drecksack! Du willst nicht bei mir und den Kindern wohnen? Du brauchst deinen ›Freiraum‹? Kannst du haben, du Scheißkerl! Arschloch!«

Ich lief nach oben. Unser Bett war leer. Das Kinderzimmer war leer. Catherines Seite des Kleiderschranks war leer. Auch das ein oder andere Spielzeug und die meisten Anziehsachen der Kinder waren weg. Unser Schlafzimmer wirkte karg und aufgeräumt wie ein Hotelzimmer. Ich stand da und blickte mich völlig baff um. Meine Gedanken waren im freien Fall. Und dann schoss es mir wie aus dem Nichts durch den Kopf. Hull City. Die Antwort auf Simons Quizfrage lautete Hull City. Und meine Frau hatte mich verlassen und die Kinder mitgenommen. Meine Ehe lag in Trümmern. Hull City. Na klar doch!

where
do
you
want
to go
today

Und das ist das Kinderzimmer«, sagte ich, während mein Vater über die zurückgelassenen Plüschtiere stieg, um sich in Millies und Alfies leerem Zimmer umzusehen.

»Sehr schön«, meinte er. »Die Wolken an der Decke gefallen mir. Hast du die gemalt?«

»Nein, nein, das war, äh, Catherine.«

»Ach so.«

Hätte ich mir je Gedanken darüber gemacht, wie es sein würde, Dad eines Tages mein Haus zu zeigen, hätte ich mir garantiert vorgestellt, dass sich meine Familie bei dieser Gelegenheit noch darin befände.

»Da hat Millie geschlafen und dort Alfie.«

»Ah ja. Und wer ist das da auf der Bettdecke?«

»Auf der Bettdecke? Das ist Barbie«, sagte ich fassungslos. Barbie war in meinem Haus wie eine Ikone angebetet und mehr verehrt worden als die Jungfrau Maria im Vatikan; kaum zu glauben, dass es immer noch Menschen gab, die noch nie etwas von ihr gehört hatten.

»Und, äh, das da ist Ken.«

»Ist ›Ken‹ der Ehemann von Barbie?«

»Dass sie miteinander verheiratet sind, glaube ich eher nicht. Ken ist nur ihr Freund. Vielleicht auch ihr Verlobter, ich weiß nicht genau.«

Peinliches Schweigen.

»Sie gehen jetzt schon dreißig Jahre miteinander. Sollte Ken immer noch nicht um ihre Hand angehalten haben, würde ich mir an Barbies Stelle allmählich Sorgen machen.« Ich lachte nervös auf, doch Dad hatte offenbar nicht bemerkt, dass es ein Scherz sein sollte. Vielleicht eignete sich ja das Thema Ehe und familiäre Bindungen im Augenblick nicht besonders für Späße. Wir standen eine Weile da; Dad bemühte sich, Interesse am Kinderzimmer vorzutäuschen.

»Ich habe nichts angerührt, seit Catherine von hier weggegangen ist«, erklärte ich mit fast schon kokett selbstmitleidigem Unterton.

Dad dachte kurz nach. »Hast du nicht gesagt, sie hat den Wagen genommen?« Niemand vermag sich so auf unwichtige Details zu versteifen wie ein alter Vater.

»Okay, dann eben seit sie wegge*fahren* ist.«

»Und wo warst du, als sie wegfuhr?«

»Ich lud gerade den Krempel aus meiner Wohnung ein, um ihn hierher zu bringen.«

Wieder kam es zu einer gedankenschweren Pause. Irgendetwas beunruhigte ihn – allerdings nicht die Katastrophe, die über die Ehe seines Sohnes hereingebrochen war.

»Wie ist sie dann an den Wagen rangekommen?«

»Was?«

»Wie ist sie an den Wagen rangekommen, wenn du gerade deinen Krempel eingeladen hast?«

Ich seufzte genervt auf, um ihm klarzumachen, dass dies nun

wirklich nicht wichtig war. Dann sagte ich mit zusammengebissenen Zähnen: »Ich hatte den Wagen nicht. Ich hatte einen Laster gemietet.«

»Ach so.« Nun dachte er auch darüber eine Zeit lang nach. »Weil du wusstest, dass sie den Wagen brauchen würde, um mit den Kindern und dem ganzen Gepäck zu ihrer Mutter zu fahren?«

»Nein, das wusste ich natürlich nicht, sonst hätte ich versucht, sie davon abzubringen.«

»Aber warum hast du die Sachen aus deiner Wohnung dann nicht mit dem Wagen transportiert? In einen Astra geht doch ganz schön was rein, noch dazu bei einem Hecktürmodell.«

»Ist doch völlig egal. Es war ziemlich viel Zeug, ich hätte zweimal fahren müssen.«

Er hielt eine Weile den Mund. Wir gingen ins Schlafzimmer. Es war mir ein bisschen peinlich, dass es so feminin eingerichtet war: Bettdecke mit Blümchenmuster, Rüschenbesatz an der Frisierkommode – das alles wirkte jetzt, da nur mehr ich darin schlief, völlig unpassend.

»Ist es eigentlich teuer, so einen Laster zu mieten?«

»Was?«

»Ist es teuer, einen Laster zu mieten, wenn man umzieht?«

»Ach, keine Ahnung. Ja, es kostet eine Million Pfund. Dad, das mit dem Laster ist doch nun wirklich unwichtig.«

»Aber du hast ihn doch nicht etwa immer noch gemietet und fährst damit rum, wo Catherine jetzt den Wagen hat, oder?«

»Nein, ich habe den Scheiß-Laster nicht immer noch gemietet.«

Obwohl ich mir wünschte, ich hätte ihn noch gemietet. Dann hätte ich meinen Vater damit überfahren können.

Meine Gereiztheit wurde dadurch noch verstärkt, dass ich Dad die Schuld an Catherines Auszug gab. Seinen Gepflogenheiten entsprechend, hatte er vor kurzem seine Freundin einer Jüngeren wegen verlassen. Jocelyn war sehr verbittert; es ist hart, mit neunundfünfzig den Laufpass zu kriegen, vor allem, wenn es geschieht, weil man nicht mehr vierundfünfzig ist. In ihrer Wut hatte sie meinen ausführlichen Geständnisbrief an Catherine geschickt, um sie vor diesen wankelmütigen Adams-Männern zu warnen.

Vielleicht war das der Grund, weshalb Dad es vermied, über den Vorfall zu sprechen. Ich hatte ihn angerufen, um ihn einzuladen, und gefragt, ob er den Brief gelesen habe.

»Aber ja, natürlich«, hatte er frohgemut geantwortet.

»Und, was denkst du darüber?«

Er zögerte keine Sekunde. »Deine Handschrift ist sehr viel besser geworden, findest du nicht auch?«

Ich wollte in Erfahrung bringen, wie Jocelyn den Brief gefunden hatte. Hatte sie seine Taschen durchsucht oder die Schubladen durchstöbert, oder was? Ich wollte ihn gerade danach fragen, da sagte er: »Schade, dass du mich nicht ein paar Wochen früher eingeladen hast. Ich hätte so gern Catherine und die Kinder gesehen.«

Ja, echt schade, dachte ich. Echt schade für dich, dass meine Frau und meine Kinder mich verlassen haben. Jammerschade. Armer, armer Dad.

»Tja, schade ist allerdings auch, das Jocelyn meinen Brief gelesen hat, denn wenn sie das nicht getan hätte, wären Catherine und die Kinder jetzt noch hier.«

»Ha! Fair bleiben, ja?«, sagte er, als hätte ich in einem Schul-Debattierclub einen billigen Punkt erzielt.

»Hat sie deine Taschen durchsucht, oder was?«

»Wie bitte?«

»Jocelyn. Wie kam es, dass sie meinen Brief las?«

Dad schwieg mehrere Sekunden lang, in denen ihm offenbar

zu schwanen begann, dass er möglicherweise etwas getan hatte, was besser unterblieben wäre.

»Nein, äh, ich habe ihn ihr gezeigt.«

»Du hast *was* getan?«, fragte ich aufjaulend.

»War das in Ordnung?«

»Du hast ihr einen privaten Brief deines Sohnes gezeigt, der unglaublich viel Sprengstoff enthielt, und sie dann abserviert?«

Er war völlig perplex. Als er die Stirn runzelte, geriet die kümmerliche Reihe transplantierten Haars oben am Kopf in leichte Bewegung.

»Was heißt ›abserviert‹?«

»Genau das, was ich jetzt deinetwegen bin: sitzen gelassen, abgeschoben, ausgemustert!«

»Also, das ist jetzt aber ein bisschen unfair. Schließlich hast du deine Frau betrogen, nicht ich.«

In diesem Moment brannten in meinem Kopf gleich mehrere Sicherungen durch. »Aber wenigstens bin ich nicht mit irgendeinem Apothekenweib auf und davon und habe mein fünfjähriges Kind zurückgelassen!«

»Das ist nicht fair, Michael. Ganz so simpel, wie du sie schilderst, war die Sache nicht …«

»Ich glaubte damals, ich hätte etwas sehr Böses getan, weil du mich so plötzlich verlassen hast. Ich dachte, es sei meine Schuld.«

»Deine Mutter und ich hatten beide Schuld daran, dass unsere Ehe nicht funktionierte.«

»Ach ja, Mama war schuld daran. Ist ja klar. Schieb ruhig Mum die Schuld zu, sie kann sich schließlich nicht mehr wehren!«

»Ich will damit nur sagen, dass es vieles gibt, was du nicht weißt.«

»Eines weiß ich aber, nämlich dass sie noch am Leben wäre,

wenn du sie nicht verlassen hättest, weil sie dann nie mit diesem Wie-hieß-er-doch-gleich nach Belfast gezogen wäre – deshalb ist es deine Schuld, dass sie überfahren wurde!«

»Ich bitte dich, Michael. Ich saß doch nicht am Steuer dieses Wagens, oder?«

»Aber so gut wie!«, brüllte ich, und ganz hinten im Kopf hörte ich eine feine Stimme sagen: Was redest du da, Michael? Das ist doch kompletter Unsinn! Aber ich war nicht in der Stimmung, das Gesagte zurückzunehmen.

»Du hast Mum und mich wegen einer Frau verlassen, die dann dich verließ, und danach hast du dir eine andere gesucht und noch eine andere und noch eine. Und was ist das Ergebnis? Ein verkorkster Sohn und eine lachhafte Haartransplantation, die aussieht, als hätte jemand eine Reihe Senfsamen auf deinem glänzenden, kahlen Riesenschädel gesät!«

Ich hatte den Atombombenknopf gedrückt, das war mir klar. Es war in Ordnung gewesen, ihn einen schlechten Vater zu nennen, ihn zu beschuldigen, er habe meine Kindheit zerstört, ja sogar, ihm die indirekte Schuld an Mums Tod zu geben, aber über seine Haartransplantation hatte niemand ein Wort zu verlieren. Das tat man einfach nicht, alle wussten es. Dad saß schweigend da und sah mir ungerührt in die Augen. Dann erhob er sich, nahm seinen Mantel vom Haken, setzte den Hut auf und ging.

Zwanzig Minuten später aß ich den vor-vorgefertigten Sheperd's Pie aus dem Supermarkt, den ich für uns bereits in den Ofen geschoben hatte. Ich halbierte das Gericht und aß meine Portion, und dann aß ich den Rest auch noch. Dann fiel mir wieder der eigentliche Grund ein, weshalb ich Dad schließlich doch zu mir nach London eingeladen hatte. Ich hatte vorgehabt, ihm das Haus zu zeigen, ihm ein Mittagessen zu servieren, ihm die Situation in Bezug auf die Hypothekenzahlungen darzulegen und ihn zu fragen, ob er mir möglicherweise eine ziemlich große Geldsumme leihen könne. Das alles war also ganz nach Plan verlaufen.

Ich war erschrocken über das, was ich ihm an den Kopf geworfen hatte, aber auch über die Verbitterung, die so lange in mir aufgestaut gewesen war. Warum hatte ich nicht einen Vater wie in den Werbespots? Im Gilette-Spot, den ich Millionen Mal mitgesummt hatte, gehen Vater und Sohn irgendwo in Amerika zum Angeln, und Dad hilft Sohnemann, einen Lachs einzuholen. Sie gehen locker miteinander um, fühlen sich beide wohl, der Vater ist hervorragend rasiert, und dann singt jemand: »Für das Beste im Mann.« Dieser Vater würde nie im Leben mit einer Apothekerin namens Janet durchbrennen; meinen Dad hätten sie nie in der Gilette-Werbung eingesetzt. Aber er hätte wahrscheinlich sowieso einen Vollbart gehabt.

Mein Vater hatte allerdings auch keinen Vater um sich, als er klein war. Eine Mutter die meiste Zeit übrigens auch nicht. Am ersten September 1939 war er in einen Zug nach Wales gesteckt worden und sah seinen Dad erst nach Kriegsende wieder. Ich überlegte, dass Dad, wenn er nicht aufs Land verschickt worden wäre, einen Vater als Rollenvorbild gehabt hätte, was ihn vielleicht dazu gebracht hätte, bei uns zu bleiben und seinerseits mir ein Rollenvorbild zu sein, wodurch ich ein besserer Vater geworden wäre, was Catherine davon abgehalten hätte, mich zu verlassen. Da hatten wir's wieder – schuld an allem war Adolf Hitler. Aber an so was hatte der wahrscheinlich keinen einzigen Gedanken verschwendet, als er in Polen einfiel.

Ich lag den ganzen Abend auf dem Sofa, sah fern und bekam immer mal wieder genug Hunger, um zu probieren, ob die widerliche Pizza, die ich mir hatte kommen lassen, in kaltem Zustand etwas genießbarer war. War sie nicht, aber ich aß sie trotzdem. Die Fernbedienung in der Hand, zappte ich zwischen sämtlichen Kabel-Filmsendern hin und her und sah mir drei Spielfilme gleichzeitig an. Trevor Howard küsste Celia Johnson, die gerade in die Eisenbahn gestiegen war, und dann stürzte der ganze Zug in den River Kwai. Daraufhin brachte Celia ihre Kinder ins Bett, und Jack Nicholson zertrümmerte die Tür mit einer Axt.

Ich sah mir also wieder mal mehrere Geschichten gleichzeitig an und hatte im Grunde von keiner etwas. Zwischen Jack Nicholson in *The Shining* und mir entdeckte ich jedoch eine erschreckende Parallelität: Ich lebte in diesem Haus, als wäre die Zeit stehen geblieben, bewachte es bis zur Rückkehr der anderen und wurde nach und nach immer verrückter, weil ich nicht mehr arbeiten konnte, sosehr ich mich auch bemühte. Ich glaube allerdings nicht, dass ich als Ehemann so schlimm gewesen war wie er. Ich hatte beispielsweise nie versucht, meine Frau und meine Kinder mit einer Axt zu töten, was Catherine mir aber wohl kaum als Pluspunkt angerechnet hätte.

Ich lebte mittlerweile seit mehreren Wochen ganz allein in einem auf Kinder zugeschnittenen Haus. Das Mobile drehte sich immer noch träge bei jedem Luftzug, und das Rotkehlchenpendel an der Regenbogenuhr schwang immer noch hektisch hin und her, doch gerade diese kleinen, isolierten Inseln der Bewegung ließen mich spüren, wie leblos und geradezu unheimlich still das Zimmer ohne die Kinder war. Ich wollte nichts verändern; alles war bereit für den Tag, an dem sie vielleicht doch heimkämen. Jedes Mal wenn ich runtergehen wollte, musste ich die Treppensicherung öffnen und vor jedem Griff in einen Küchenschrank ein Kinderschloss entriegeln. Nur eine einzige kleine Veränderung hatte ich vorgenommen: Ich hatte die bunten Magnetbuchstaben, mit denen Catherine an der Seitenwand des Kühlschranks auf Augenhöhe das Wort »Wichser« gebildet hatte, wieder durcheinander gebracht. Wie lange hatte sie wohl

nach dem »W« gesucht, bevor sie sich mit der seitlich gewende-
ten Ziffer 3 begnügte? Ich war der einsame Hausmeister in der
Kulisse einer Familienserie, einer möblierten Wohnung, vollständig eingerichtet für meine Frau und die Kinder, die, wenn
sie wollten, jederzeit einziehen konnten. Alles Nötige war vorhanden, jede erdenkliche Sicherheitsvorkehrung, damit unseren
kostbaren Kleinen auch ja nichts passierte – abgesehen von
dem unbedeutsamen Missgeschick in Gestalt der elterlichen
Trennung natürlich. In all diese Geschäfte hatten wir unsere
Kinder mitgeschleppt, hatten Kindersicherungen für die Steckdosen, Videoschlösser, Kindersicherungen, Treppengitter sowie
eine Vorrichtung gekauft, die verhindern sollte, dass Millie aus
dem Bett fiel, aber etwas zur Verhinderung der Scheidung, der
wir uns mit Riesenschritten näherten, hatten wir nicht gefunden. Gut, dann wachsen die Kinder eben ohne Vater auf, und
Mum wird einsam, arm und verbittert, aber wenigstens sind
die Kleinen kein einziges Mal die drei von der Küche hinabfüh-
renden Stufen runtergefallen, das ist schließlich das Allerwich-
tigste.

Ich wollte die drei wiederhaben. Ich wollte sie so sehr wiederhaben, dass es mich ganz leer und stumpf und krank machte.
Ich war zu Catherines Eltern gefahren, hatte meine Frau ange-
fleht, zurückzukommen, doch sie hatte nur gesagt, sie sei nicht
bereit mit mir zu sprechen, da ich ein egoistischer Drecksack sei,
da ich ihr Vertrauen missbraucht hätte und da es halb vier Uhr
morgens sei. Die einzige Abwechslung in diesen langen, einsamen Wochen waren meine Treffen mit den Kindern, die Catherine mir mit Todesverachtung zugestanden hatte. Zweimal pro
Woche trafen wir uns an den Schaukeln des zugigen Spielplatzes im Hyde Park. Der Herbstwind blies die letzten Blätter von
den Bäumen, während wir schweigend dastanden und den Kindern beim Spielen zusahen, und weil die Stille so bedrückend

war, rief ich hin und wieder irgendetwas: »Nein, nicht auf die große Rutsche, Millie!«, beispielsweise, und dann rief Catherine: »Ist schon in Ordnung, Millie, du darfst auf die große Rutsche, wenn du willst«, und obwohl sie dabei Millie ansah, sagte sie es in Wahrheit zu mir. Diese paar Stunden pro Woche waren nun meine Umgangszeit mit den Kindern; ich konnte allerdings beim besten Willen nicht verstehen, was das mit Umgang zu tun haben sollte. Ich verbrachte jeweils eine von Anspannung und Befangenheit geprägte Stunde mit ihnen, obendrein im Bewusstsein, danach wieder allein nach Hause fahren zu müssen.

Und siehe da, schon wieder führte ich ein Doppelleben! Lange Tage, die ich ganz allein verbrachte, an denen ich tun konnte, was ich wollte, unterbrochen von kurzen Phasen mit meiner Frau und den Kindern. Catherine war klug genug, das zu erkennen. »Genau das wolltest du doch, oder? Dich hin und wieder mit uns treffen und ansonsten deine Freizeit haben. Du siehst die Kinder weiterhin, spielst weiterhin mit ihnen, aber die öden, schwierigen Dinge brauchst du nicht mehr zu machen. Der einzige Unterschied besteht darin, dass du jetzt in einem größeren Bett den ganzen Tag rumlungern kannst.«

»Das ist nicht fair«, sagte ich und suchte krampfhaft nach einem Grund, warum es nicht fair war. Von außen betrachtet ähnelte dieses Leben vielleicht meinem früheren, doch während ich zuvor überzeugt gewesen war, mir das perfekte Dasein zusammengebastelt zu haben und das jeweils Beste der beiden Welten zu genießen, war ich jetzt todunglücklich. Denn jetzt konnte ich nichts mehr selbst bestimmen; die Stunden, in denen ich die Vaterrolle übernahm, wurden nicht mehr großzügig von meinem besseren Selbst gewährt, sondern mir widerwillig zugeteilt. Jetzt hatte Catherine die Macht in Händen. Mein geheimer Außenposten im Widerstand gegen die Diktatur der Kinder war von einer Informantin verraten worden. Man hatte mich ins elterliche Sibirien verbannt und zu Einzelhaft mit zwei Stunden Besuchszeit pro Woche verurteilt.

Catherine hatte zwar den Anstoß zu diesen Treffen gegeben, war aber so wütend auf mich, dass sie es kaum ertrug, mich auch nur anzusehen. Beim ersten Mal wollte ich sie zur Begrüßung auf die Wange küssen, doch das erwies sich als schwere Fehlinterpretation der Situation. Als ich mich zu ihr beugte, wich sie zurück und wandte sich ab; mein Kuss landete auf ihrem Ohr, und ich musste so tun, als wäre dies die normalste Stelle dafür. Ich hatte mich mit dem Argument zu rechtfertigen versucht, meine Tat sei weniger schwerwiegend, als wenn ich etwas mit einer anderen Frau gehabt hätte; Catherine entgegnete jedoch zu meiner großen Enttäuschung, eine Affäre wäre ihr lieber gewesen, die hätte sie wenigstens einer unersättlichen, typisch männlichen Begierde zuschreiben können.

Sie sah müde aus. Offenbar schlief sie nicht besonders gut in so großer Nähe zu den Kindern. Auch ich war müde. Ich schlief nicht besonders gut, so weit weg von ihnen. Catherines Bauch hatte mittlerweile groteske Ausmaße. Entweder war sie höchstschwanger, oder sie hatte das Kind bereits zur Welt gebracht und verbarg einen Hüpfball unter ihrem Pullover. Ich hätte den Bauch gern berührt, hätte ihn gern betastet und mit dem Kind geredet, aber dieses Kind befand sich für mich in der absoluten Sperrzone. Ich hätte gern gewusst, wie sie den großen Tag organisieren wollte, traute mich aber nicht zu fragen, wo sie mich während der Geburt haben wollte. Wahrscheinlich hätte sie »in Kanada« gesagt. Während der zurückliegenden acht Monate, in denen das Kind ein kleiner Mensch geworden, Augen, Ohren, ein Herz, eine Lunge, Blutgefäße, Nervenenden und alles andere Unfassliche bekommen hatte, das einfach so, ganz von selbst, entsteht, war die Liebe seiner Eltern offenbar verkümmert und gestorben. Könnten Babys doch im Augenblick der Lust, in dem sie gezeugt werden, auf die Welt kommen, anstatt neun Monate später, wenn alles zu Staub zerfallen ist!

»Also, was ist? Spielst du mit ihnen oder nicht?«, fragte Catherine. Dazu war ich schließlich da.

»Ach ja, genau.« Ich trottete los und versuchte, ein so spontaner, toller Vater wie möglich zu sein, was schlicht unmöglich ist, wenn man dabei von der Mutter der Kinder, die mit dem Gedanken spielt, sich scheiden zu lassen, scharf beobachtet wird. Millie kraxelte gerade das Klettergerüst hoch.

»Soll ich dich ums Klettergerüst jagen, Millie?«

»Nein.«

»Soll ich dich vielleicht auf der Schaukel anschubsen?«

»Nein.«

»Hab ich dich!«, rief ich und zog sie spielerisch vom Klettergerüst herunter. Doch ich war angespannt und ging zu grob vor, ich packte sie zu fest oder erschreckte sie, jedenfalls begann sie plötzlich zu weinen.

»Was machst du da?«, rief Catherine, kam wutentbrannt über den Spielplatz gelaufen, nahm mir Millie weg, drückte ihre Tochter fest an sich und sah mich hasserfüllt an. Mit Alfie, so hoffte ich, würde es vielleicht besser gehen. Er hatte einige Wochen zuvor die ersten Schritte gemacht – ein Ereignis, dessen Zeuge ich nicht hatte sein dürfen –, wackelte schon recht selbstbewusst durch die Gegend und fiel nur gelegentlich auf den windelgepolsterten Po. Er blieb vor dem metallenen Schaukelgestell und schlug einen Kieselstein dagegen. Weil ich spürte, dass Catherine mich beobachtete, ging ich neben ihm in die Hocke und schlug ebenfalls mit einem Steinchen an das Metallrohr. Der Lärm, der dabei entstand, gefiel ihm, er konnte nicht genug davon kriegen. Als ich nach fünf Minuten aufhören wollte, geriet er darüber so in Verzweiflung, dass ich weitermachte. Ich blickte kurz hinter mich und zeigte Catherine ein

245

gespielt-gequältes Grinsen, erntete jedoch keine Reaktion. Ich war völlig durchgefroren, und das Hocken wurde immer unbequemer, aber zum Hinknien war der Boden zu weich und zu nass. Also blieb ich schwankend in der Hocke, während im selben Rhythmus, in dem mein Kieselsteinchen an das kalte, hallende Stahlrohr schlug, alles Blut aus meinen Beinen wich. Ich hätte immer schon gern gewusst, welche Bereiche des Zusammenseins mit Kindern die gegenseitige Bindung fördern und welche einfach nur Zeitverschwendung sind.

Irgendwann setzte ich mich dann doch neben Catherine auf eine Bank und versuchte über das Vorgefallene zu reden. Sie wohnte bei ihren durchgeknallten Eltern, die sich jetzt noch anmaßender als sonst benahmen, da die Bohrassel-Zerquetsch-Saison vorüber war.

»Ist bestimmt ziemlich schwierig, bei deinen Eltern zu wohnen, mit den Kindern und so.«

»Ja.«

»Weißt du denn, wie lange du dort bleibst?«

»Nein.«

»Du kannst jederzeit nach Hause kommen.«

»Und wohin ziehst du dann?«

Ich merkte, dass ich nicht gerade dabei war, sie mit meinem Charme aus der Reserve zu locken.

»Ich würde bleiben und dir mit den Kindern helfen. Die Wohnung habe ich aufgegeben.«

»Die brauchst du ja jetzt nicht mehr. Du bist uns los und hast die Wohnung nicht mehr nötig, stimmt's?«

Ich versuchte, so dezent und reumütig wie möglich die Eventualität anzusprechen, dass ich für die Vaterrolle noch nicht reif genug gewesen war und mich erst jetzt in sie einlebte. Daraufhin brachen bei ihre sämtliche Gefühlsdämme.

»Meinst du, für *mich* war es *nicht* schwer, mich in die Mutterrolle einzuleben?«, fauchte sie mich zornbebend an. »Mit der Arbeit aufzuhören, ein Kind zu gebären und von heute auf morgen den ganzen Tag allein mit einem schreienden Baby im Haus zu sein! Glaubst du, für mich war es kein Riesenschock, plötzlich hässlich, dick und müde zu sein und ständig loszuheulen? Ein brüllendes Kind zu stillen, während die schrundigen Brustwarzen zu bluten beginnen, und kein Mensch sagt einem, dass es schon in Ordnung ist und dass man es richtig macht, auch wenn das Baby nicht trinkt und nicht schläft, sondern tagelang ununterbrochen schreit? Tut mir echt Leid, dass es dir so wahnsinnig schwer fiel, diese Rolle anzunehmen, Michael!« Sie begann zu weinen. Sie war wütend auf mich und auf sich selbst, weil sie vor mir die Fassung verloren hatte. »Aber ich habe mich nie in diese Rolle eingelebt, weil das nämlich unmöglich ist. Ich konnte doch nur verlieren. Die Vorstellung, wieder zu arbeiten, machte mir Schuldgefühle, und die Tatsache, dass ich nicht mehr arbeitete, genauso. Aber darüber kann man ja mit niemandem reden, weil die einzigen anderen an den Schaukeln rumstehenden Frauen mit Kindern alle achtzehn sind und nur Scheiß-Kroatisch sprechen. Ja, es tut mir echt Leid, dass es so schrecklich für dich war, mit deiner Frau unter einem Dach zu leben, als sie durch die Hölle ging, aber so schlimm war es ja auch wieder nicht, schließlich konntest du gehen, konntest abhauen, wenn dir danach war, und mit deinen Kumpels rumgammeln, Partys feiern, Videos gucken und dein Handy ausgeschaltet lassen für den Fall, dass deine Frau dir am Telefon etwas vorheulen wollte!«

So gesehen, hatte sie in gewisser Hinsicht Recht. In stundenlanger, akribischer Arbeit hatte ich an Argumenten gefeilt, so wie die nordamerikanischen Indianer vor jedem Kampf wunderschön verzierte Pfeile schnitzten. Doch dann war Catherine dahergestürmt wie die US Army, hatte ihre Riesenkanone abgefeuert und mich weggepustet. Ich brachte meine erbärmliche Rechtfertigung trotzdem vor. Ich behauptete, der einzige Unterschied zwischen dem, was ich getan hätte, und dem, was andere Väter täten, bestehe in der Tatsache, dass ich mir meiner Verhaltensweise bewusst gewesen sei.

»Was? Und du glaubst allen Ernstes, es spricht für dich, dass du mich ganz *bewusst* getäuscht hast? Diese Männer fühlen sich wenigstens noch einem Team zugehörig, die bilden immerhin noch eine Einheit mit ihren Frauen, der eine zu Hause, der andere in der Arbeit. Die ziehen am *gleichen* Strang!«

»Diese Männer sind an ihrer Arbeitsstelle – gut, das war ich auch. Aber in Wirklichkeit müssten sie gar nicht so viele Dienstreisen und abends so viele Geschäftsessen absolvieren und am Wochenende mit den Kunden Golf spielen. Das tun sie nur, weil sie es wichtiger finden, als bei der Familie zu sein.«

Es machte sie nur noch wütender. »Eines wollen wir doch mal klarstellen: Du hast dir das alles gründlich überlegt, und anstatt zu beschließen, dass du nicht so ein Vater wie diese Männer sein willst, bist du hergegangen und hast dich zehnmal mieser benommen: Dein Plan lautete, *mit voller Absicht* nicht da zu sein.«

»Ich dachte, es würde unserer Ehe gut tun.«

Fast alle meine Rechtfertigungen klangen schon schal, während ich sie noch vorbrachte.

»Hat ja prima funktioniert, was?«

Sie stand auf und sagte, sie fahre jetzt zurück zu ihrer Mum, und trübselig und verzweifelt, wie ich war, erlaubte ich mir den Spruch: »Du hast es gut, du hast noch eine Mum«, den sie mit einem verächtlichen Blick quittierte. Ich hasste mich dieses Satzes wegen fast genauso, wie sie es tat. Und als sie ging, dachte ich: Na ja, wenn wir beide darin übereinstimmen, dass ich ein jämmerlicher Wurm geworden bin, haben wir wenigstens etwas gemein. Vielleicht lässt sich darauf aufbauen …

Als sie gegangen waren, blieb ich noch eine Zeit lang am Spielplatz sitzen. Eine junge Mutter mit mehreren Kindern erschien und sah mich an, als wäre ich ein entlaufener Kinderschänder; als sie ihren Sprösslingen verbot, in meine Nähe zu gehen, stand ich auf und trottete nach Hause.

Auf der Fußmatte lag wieder ein vertraut wirkender Umschlag, der diesmal allerdings per Kurier geschickt worden war. Ich legte ihn ungeöffnet zu den anderen. Die Dinger stapelten sich auf dem Tischchen in der Diele wie gegen mich sprechende Beweise. Mir war klar, dass die Bank Geld wollte; ich glaubte aber, unmöglich welches verdienen zu können, wenn ich die in den Umschlägen vermuteten Drohungen auch noch läse. Solange ich möglichst viel arbeitete, ging ich das Problem ja wohl an, dachte ich und steckte den Kopf immer tiefer in die Musik. Einer dieser Briefe kam per Einschreiben, was ich als ziemliche Geldverschwendung betrachtete, und bereitwillig bestätigte ich den Empfang, was nicht hieß, dass ich auch nur die geringste Absicht hatte, das Ding zu öffnen oder gar zu lesen. Manchmal riefen sie an, und sobald ich die Nummer auf dem kleinen Telefondisplay sah, schaltete ich hastig den Anrufbeantworter ein und überspulte dann die jeweilige Nachricht. Im Schnelllauf klang der aufgebrachte Mann nicht mehr ganz so furchterregend. Eher wie Donald Duck nach dem Inhalieren von Helium.

Manchmal saß ich dreizehn, vierzehn Stunden am Keyboard, brachte aber weniger zu Stande als früher an einem halben Vormittag. Einst hatte ich mich in der Musik verlieren können, doch das war, bevor ich anfing, diesen Zustand krampfhaft herbeiführen zu wollen. Bis zum Abgabetermin für meine Zusammenstellung von *Klassische Werbespots* lagen noch mehrere Monate; in der Zwischenzeit konnte ich eigene richtungweisende Sachen komponieren. An diesem Tag handelte es sich um einen dreizehnsekündigen Jingle mit dem Text »Alles in Butter? Alles in Butter! Alles in Butter mit *Butterlight!*«

Hm, dachte ich, die sind wohl auf eine butterweiche Melodie aus. Schade, dass der Spot aus rechtlichen Gründen am unteren Bildrand mit der blinkenden Aufschrift »KEINE BUTTER« versehen werden musste, was allerdings nicht mein Problem war. Um sechs sollte es fertig sein. Ich gab meinem Keyboard die Sporen.

»Butter. Was assoziiert man damit?« Ich probierte verschiedene Sounds auf dem Roland aus. Oboenklang, Cembaloklang, Fagottklang, aber nichts davon erinnerte mich auch nur entfernt an Butter, was das neue *Butterlight* aber wahrscheinlich auch nicht getan hätte. Der Jingle sollte von mehreren pantomimisch agierenden Revue-Kühen gesungen werden – dieses Bild musste ich beim Komponieren vor meinem geistigen Auge haben. Ich hatte nie behauptet, dass mein Job von großer Bedeutung für die Zukunft der Menschheit sei, aber auf dem drehbaren Klavierhocker sitzen, jeden Gedanken an den Zustand der eigenen Ehe wegschieben und sich stattdessen mit einem Haufen Revue-Kühen beschäftigen zu müssen, die etwas über das neue *Butterlight* sangen, führte nicht gerade zu einer radikalen Verbesserung meines Selbstwertgefühls. Der Adrenalinausstoß war einfach nicht so wie bei einer wirklich wichtigen Tätigkeit. Der Hebamme, beispielsweise, die unserem dritten Kind auf die Welt helfen sollte, blieb nichts übrig, als alle ihre Probleme beiseite zu schieben und sich darauf zu konzentrieren, das Baby gesund aus Catherine herauszubringen. Verdammt, es war schon wieder passiert! Ein einziger winziger Gedankenschritt hatte genügt, schon war ich mit unserem nächsten Kind beschäftigt, anstatt mich auf den Jingle für eine neue, fettarme Margarine mit geringfügigem Milchanteil zu konzentrieren.

»Ja, ja, *Butterlight*. Konzentrier dich, Michael, konzentrier dich! Butter.«

Ich summte den Text des Jingles ein paar Mal laut vor mich hin. Hatte die Agentur mich absichtlich dazu bringen wollen, wieder und wieder »Alles in Butter!« zu singen, obwohl ich mich so elend fühlte wie noch nie zuvor im Leben? Konzentrier dich! Konzentrier dich! Wenn mir etwas auf der Seele lag, wenn die Abtastnadel gewissermaßen verschmutzt war, konnte ich die Melodien in meinem Kopf manchmal kaum hören. Heute waren so viele Fusseln an der Nadel, dass sie quer übers Vinyl schrammte.

Es war so schwer, nicht an meine Kinder zu denken, die mich aus den Bilderrahmen auf dem Kaminsims anlächelten. Ich stand auf und legte alle Rahmen mit dem Bild nach unten hin. Dann setzte ich mich wieder an die Arbeit, fand aber, dass das grauenhaft aussah – als leugnete ich ihre Existenz oder so. Ich ging noch mal hin und stellte die Fotos wieder auf wie zuvor.

Hm. Butter? Butter, dachte ich. Hat Catherine rein juristisch betrachtet überhaupt das Recht, die Kinder einfach so mitzunehmen? Immerhin bin ich der Vater. Wie hätte sie es gefunden, wenn ich ihr die Kinder plötzlich weggeschnappt, sie allein gelassen und erklärt hätte, ich sei nicht mehr zufrieden mit unserer Ehe? Ich dachte darüber nach, warf einen Blick auf die Uhr, sah, dass es Viertel nach zwölf geworden war, und stellte fest, dass ich schon seit Stunden keinen Gedanken mehr an Butter oder die neue *Butterlight* verschwendet hatte, und selbst wenn mir jetzt noch eine einigermaßen passende Melodie einfallen sollte, musste ich sie auch noch aufnehmen und abmischen. Die Zeit bis zum Sechs-Uhr-Termin erschien mir plötzlich äußerst knapp. Also, los jetzt! Butter, Butter. »Alles in Butter? Alles in Butter! Alles in Butter mit *Butterlight*.« Ich sagte es mir dreimal laut vor. Dann versuchte ich es noch einmal, wobei ich andere Wörter betonte. Dann ging ich in die Küche und machte mir eine Tasse Tee.

Das Haus strahlte eine andere Atmosphäre aus, seit nur mehr ich darin herumspukte. Ich sah es jetzt aus einem anderen Blickwinkel, was nicht unwesentlich damit zusammenhing, dass ich manchmal stundenlang rücklings auf dem Teppichboden in der Diele lag oder unter dem Küchentisch auf dem Boden saß. So etwas kann man nur machen, wenn man allein ist. Ich streifte mit der Tasse in der Hand von einem Zimmer zum anderen und beschloss letztendlich, den Tee auf dem oberen Treppenabsatz zu trinken.

Die Katze ließ sich dazu herab, ihren Lieblingsplatz zwischen Alfies Plüschtieren zu verlassen, und legte sich neben mich auf den Teppich, der den Treppenabsatz bedeckte. Als wir die Katze bekommen hatten, durfte Millie sich einen Namen für sie aussuchen. Den Rest dieses Tages hatten wir damit verbracht, unserer Tochter ihren ersten, ohne jedes Zögern vorgebrachten Vorschlag auszureden, doch sie war stur geblieben, und wir mussten den Namen akzeptieren. Katze, die Katze, und ich hatten in den Wochen, seit ich ganz allein in unserem Haus lebte, eine ziemlich enge Beziehung zueinander geknüpft. Ich kaufte ihr Leckerbissen, stellte mich, wenn ich zurückkam, ans Gartentor und rief so laut »Katze! Katze!«, dass die Passanten den Augenkontakt mit mir vermieden und ihre Schritte beschleunigten. Abends saß sie auf meinem Schoß, ich kraulte sie unterm Kinn, und sie schnurrte mit einer grotesken Lautstärke. Ich befestigte ein Stück Schnur an einem kleinen Ball und spielte mit Katze, und wenn sie ihr Essen nicht fressen wollte, gab ich ihr frischen Fisch, den mochte sie immer. All das empfand ich als starken Trost. Bis zum Tag des roten Halsbandes. Katze hatte nämlich kein Halsband. Bis zum Tag des roten Halsbandes. Sie kam nach mehrstündiger Abwesenheit durch die Katzenklappe rein und trug ein nagelneues hellrotes Halsband. Sie schnüffelte an ihrem Fressnapf, verweigerte den Inhalt und begab sich wieder nach draußen. Ich war am Boden zerstört. Ich hatte immer geglaubt, sie würde dort draußen andere Katzen von meinem Garten fern halten oder hin und wieder einen Spatzen jagen, um ihn stolz ihrem Herrchen zu präsentieren, doch in Wirklichkeit hatte sie sich vor dem Elektroofen irgendeines Fremden zusammengerollt, hatte irgendjemandes frischen Fisch gegessen und auf irgendjemandes Schoß gesessen. Das Halsband hatte ein Namensetikett, auf dem »Cleo« stand. So also hieß sie, wenn sie sich in dem geheimen anderen Haus aufhielt. Katze führte ein Doppelleben. Ich fühlte mich hintergangen, verschmäht, zurückgestoßen. Das Schlimmste aber war, dass eine Scheiß-Katze sich in geradezu satirischer Absicht über mich lustig gemacht hatte.

Vierzig Minuten später lag ich noch immer rücklings auf dem Treppenabsatz und ließ die Beine über die ersten paar Stufen baumeln. Katze, die Katze, hatte sich längst davongeschlichen, aber die Muster an der Decke über der Treppe waren so faszinierend, dass ich noch eine halbe Stunde liegen blieb. Dann half mir das Klappern des Briefschlitzes auf die Beine. Dieses Geräusch heiterte mich jeden Tag auf; es ließ mich hoffen, dass die Außenwelt mich nicht ganz und gar vergessen hatte. Was von der Bank kam, las ich natürlich nicht, aber vielleicht war es ja eine Minicab-Reklamekarte oder ein Pizza-Werbezettel, und es war immer schön, Post von Menschen zu bekommen, die sich die Mühe machten, den Kontakt zu halten. Auf der Fußmatte lag ein Immobilienkatalog mit Häusern, von denen jedes über eine Million Pfund kostete. Während ich mir die Hochglanzfotos der herrlichen, sündhaft teuren Villen ansah, wuchs meine Überzeugung, dass die Katze diesen Katalog in den Briefschlitz geworfen hatte, um sich nun andernorts im Glanz ihres sarkastischen Triumphs zu sonnen.

Immerhin reichte dieser Höhepunkt meines langen, einsamen

Tages aus, mich ans Keyboard zurückzutreiben. Ich setzte mich auf meinen Hocker. Allerdings mussten noch diverse überaus wichtige Dinge erledigt werden, bevor ich mich richtig an die Arbeit machen konnte. Ich überprüfte, wie viele Schuppen ich aus meinem Haar herausschütteln konnte. Ich spürte einen Pickel mitten auf dem Rücken und versuchte zehn Minuten lang mit Hilfe bizarrer, yogaartiger Verrenkungen, das Ding mit beiden Händen zu erreichen und auszudrücken. Dann kratzte ich etwas von dem schmierigen grauen Film ab, der sich an den Synthesizertasten abgelagert hatte. Ich roch daran, tupfte mir das Zeug auf die Zunge und wurde schlagartig wieder an die neue *Butterlight* erinnert. »Los jetzt, Michael!«, sagte ich laut. »Alles in Butter? Alles in Butter! Alles in Butter mit *Butterlight*.« Ich überlegte, ob ich die Agentur anrufen und fragen solle, ob sie diesen Butterjingle wirklich unbedingt haben wollten. Der größte Teil des Tages hatte sich irgendwie verflüchtigt. Ich hatte nicht ans Mittagessen gedacht und war plötzlich so hungrig, dass ich sofort etwas zu essen brauchte. Es war aber nichts im Haus, abgesehen von ein paar Scheiben zwei Tage alten Brots und dem Behälter mit der scheißblöden *Butterlight*, die ich zum Ausprobieren erhalten hatte.

Als ich die verschmähte Brotrinde in den Müll warf, wurde mir klar, dass ich meine Auftraggeber im Stich lassen und zum ersten Mal in meinem Berufsleben einen Abgabetermin nicht einhalten würde. Ich beschloss, die Produzentin anzurufen und um einen Tag Aufschub zu bitten. Erst hing ich eine halbe Ewigkeit in der Warteschleife, und als ich endlich durchgekommen war, begrüßte mich ein Anrufbeantworter.

»Hallo, hier spricht Sue Paxton, Anschluss 7946 0003. Ich bin im Augenblick nicht an meinem Platz. Sie können mich aber unter der Nummer 7946 0007 erreichen. In dringenden Fällen wählen Sie bitte die Handynummer 07700 900004 oder meinen

Pager 08081 570980 Nummer 894. Sie können mir auch unter der Nummer 7946 0005 ein Fax schicken oder mich per E-Mail unter s Punkt paxton at Junction5 Punkt co Punkt uk erreichen. Wenn Sie es bei mir zu Hause versuchen möchten, wählen Sie bitte entweder 01632 756545 oder 01632 758864 oder senden mir ein Fax unter der Nummer 01632 756533 beziehungsweise schicken mir eine E-Mail an folgende Adresse: s Punkt paxton at compuserve Punkt com. Andernfalls hinterlassen Sie einfach eine Nachricht.«

Am Schluss hatte ich vergessen, weswegen ich eigentlich anrufen wollte, und legte auf, um es wenig später, mit Kugelschreiber und Papier bewaffnet, noch einmal zu versuchen. Dann wählte ich nacheinander sämtliche aufgezählten Nummern, wurde jedoch unter jeder einzelnen auf die jeweils anderen verwiesen. Als ich alle durchprobiert hatte, war eine weitere Stunde vergangen. Und dann klemmte ich mich wirklich hinter die Arbeit, und plötzlich flutschte es nur so. Schnell aufnehmen, bevor es wieder weg ist – doch dann klingelte das Telefon, Catherine rief an, um das für den nächsten Tag vorgesehene Treffen im Hyde Park abzusagen, und ich wurde wütend und fühlte mich so machtlos, war grob und weinerlich, legte auf und ging durchs Haus und trat mal nach rechts, mal nach links gegen ein Möbelstück.

Dann klingelte das Telefon erneut, doch es war nicht Catherine, die es sich anders überlegt hatte, sondern wieder mal die Bank, und ich brüllte dem beflissenen Arschloch einfach nur »Hau ab!« in die Muschel und legte auf, aber eine halbe Stunde später rief er wieder an und teilte mir mit der Selbstzufriedenheit eines Nazi-Kommandanten, der einen Fluchttunnel entdeckt hat, mit, sie hätten mir einen Brief geschickt, in dem sie mich darüber informierten, dass sie ihre Anwälte ermächtigt hätten, einen Räumungsbefehl zu erwirken, und ich wisse ja, was das bedeute, nämlich dass ich kurz davor sei, das Haus zu verlieren. Ich erkläre, bitte um Verständnis, sage ihm, dass ich nur dann eine Chance hätte, meine Familie zurückzubekommen, wenn ich das Haus behalten dürfe, dass ich zwei kleine Kinder hätte und ein drittes unterwegs sei und dass die Mutter dieser Kinder mich verlassen habe und zu ihren Eltern gezogen sei, wo sie allerdings nicht ewig bleiben könne, da ihre Mutter unaufhörlich beklage, dass die Enkel nicht getauft seien, dass sie also irgendwann nach Hause zurückkommen müsse und dann sofort erkennen werde, dass wir das schaffen könnten, dass sie schon sehen werde, dass ich mich geändert hätte, und dass wir dann alle wieder zusammen sein würden, weil das das Einzige sei, was zähle, und dass dies meine einzige Hoffnung sei: dass sie alle zurückkämen, was aber natürlich nur zu machen sei, wenn es noch ein Haus zum Nachhausekommen gebe, verstehen Sie, und deshalb müsse ich hier bleiben, derzeit könnten sie mir das Haus schlicht und einfach nicht wegnehmen. Das alles hört er sich schweigend und sehr geduldig an. Dann teilt er mir mit, dass sie das Haus wieder in ihren Besitz nehmen würden.

emotion
neu
definiert

bisschen Kleingeld übrig? 'tschuldigung, hätten Sie 'n paar Münzen für mich?«

Ich hatte es mir angewöhnt, an den Obdachlosen, die im Konzert der Straßen Londons den Begleitgesang übernommen hatten, raschen Schritts vorbeizugehen. Heute aber kam mir zum ersten Mal der Gedanke, dass ich soeben achtlos an einem anderen Menschen vorbeigeeilt war. Ich kehrte um und warf fünf Pfund in den Karton, der als behelfsmäßige Sparbüchse diente. Fünf Mäuse! Dabei hatte der Typ nicht mal ein Stückchen Seil mit einem traurig dreinblickenden Hund am Ende.

Ich ärgerte mich kurz darüber, dass der Empfänger ob meiner exzessiven Großzügigkeit nicht in ekstatische Dankbarkeit ausbrach, dass mir fünf Pfund keinen glücklicheren Bettler eingebracht hatten. Für einen Fünfer erwartet man ein Dankeschön von der Geschäftsleitung sowie einen persönlich gehaltenen Brief, der eine Woche später eintrifft, darüber informiert, wie das Geld verwendet wurde, und in einem PS darum bittet, keine Weihnachtsgeschenke zu kaufen, sondern das Geld zu spenden. Der Typ aber glaubte, ich wäre auch nur einer von den reichen, gepflegten Leuten, die ständig an ihm vorbeigingen. Er glaubte, ich hätte ein schönes Haus, eine glückliche Frau und alles andere, worum er mich beneidete.

Ich kam gerade von der Bank, wo ich die Schlüssel zu meinem

257

Haus abgegeben hatte. Ich war in eine Filiale gegangen, hatte mich vor dem Schalter angestellt und einem jungen Mädchen die Schlüssel überreicht.

»Warten Sie bitte, ich hole besser den Filialleiter«, hatte sie gesagt.

»Nein, nicht nötig, er kennt alle Unterlagen. Hab keine Zeit. Muss mich um einen Schlafplatz für die Nacht kümmern.«

»Ach so. Gibt es noch etwas Wichtiges, was wir wissen müssen?«

»Äh, ja. Die Toilette im Erdgeschoss. Da muss man zuerst einmal langsam spülen und dann gleich noch mal ganz schnell.«

Sie sah mich verständnislos an. Erst als ich mich zum Gehen wandte, fiel ihr der Text wieder ein.

»Danke für Ihren Besuch, Mr. Adams. Einen schönen Tag noch.«

»Danke, sehr freundlich«, rief ich ihr über die Schulter hinweg zu und trat hinaus auf die Straßen von London. Ich hatte keine Ahnung, wohin ich gehen sollte. Eine Zeit lang lief ich einfach herum – eine völlig surreale Situation. Auf dem Gehsteig verbringt man normalerweise nur die unwichtige Zeit zwischen den verschiedenen Phasen des Alltags; jetzt gab es plötzlich nichts anderes mehr. Ich hatte das Gefühl, meinen Lebenszweck verloren zu haben. Der Abfallbehälter hatte einen Zweck, er war dazu da, Abfall in sich aufzunehmen. Das Straßengeländer hatte einen Zweck, es hielt die Leute davon ab, die Fahrbahn zu betreten. Welchen Sinn hatte ich? Ich tat nichts, ging nirgendwohin – wozu war ich noch gut?

Ich blieb stehen und betrachtete eine Weile das Gewirr eines alten Kassettenbands, das sich im Straßengeländer verheddert hatte, ein schmales, braunes, glänzendes Band, weggeworfen und im Wind flatternd. Wahrscheinlich war Musik darauf, Musik, die jemand komponiert und durchgeformt und bearbeitet hatte und die jetzt ganz aufgelöst und sinnlos war. Irgendwann war das Band einfach gerissen. Ich besaß jetzt so viel Freizeit, wie ich wollte, doch diese Währung hatte eine kontinuierliche Abwertung erfahren. Zeit für mich hatte ich mir früher nur häppchenweise gegönnt; jetzt wurde sie mir aufgezwungen wie ein auf lebenslänglich lautendes Urteil. Ich hatte eine Reisetasche dabei, in der sich ein paar Klamotten, ein Necessaire und der *Time out*-Stadtführer London befanden. Meinen gesamten übrigen Besitz und den Inhalt unseres Hauses hatte ich in die Garage meiner Nachbarin gestopft.

»Ihr Kühlschrank hat aber ein großes Gefrierfach, da sind Sie wirklich zu beneiden!« Die alte Mrs. Conroy hatte krampfhaft versucht, etwas Positives zu sagen, als ich das Ding auf einer Sackkarre die Auffahrt hochschob. Plastikmüllbeutel wurden prall mit Plüschtieren gefüllt, den Fernseher umwickelte ich mit einem Pocahontas-Bettbezug und stellte ihn in Alfies Bettchen. Zwei Tage hatte ich gebraucht, um das Haus leer zu räumen, und als ich fertig war, sah die Garage aus, wie ich mir unser Haus völlig zerquetscht nach einem Erdbeben vorstellte. Mrs. Conroy sagte freundlicherweise, ich könne alles so lange dalassen, wie ich wolle. Klaus und Hans wohnten nicht mehr bei ihr, sie waren nach Deutschland zurückgegangen; die Garage wurde nicht mehr genutzt. Mrs. Conroy hatte mir Kartons gegeben, in die ich das ganze Zeug packte, sie hatte mir Sandwiches und viele Tassen Tee gemacht, wenn ich wieder Sofas und Matratzen ihre Auffahrt hochgeschleppt hatte und völlig erschöpft war. Sie hatte mir sogar einen Schlüssel für die Garage überreicht, falls ich mal rein musste, um etwas zu holen. Wie ich mit den Hypothekenzahlungen derart in Rückstand gekommen war, hatte sie nicht gefragt. Eine einzige Anspielung erlaubte sie sich, als ich die Garagentür abschloss, noch einmal danke sagte und mich zum Gehen wandte. Sie sah mich traurig an, schenkte mir ein aufmunterndes Lächeln und sagte: »Sie waren nicht viel zu Hause, nicht wahr?«

Langsam trottete ich die Camden High Street entlang, die Tasche mit den wenigen Habseligkeiten, die nicht in Mrs. Conroys Garage lagerten, fest umklammert, und musste feststellen, dass ich mich wesentlich stärker als früher für den Plastikkram in den Schaufenstern der Wohltätigkeitsläden interessierte. Ich kam an einem Spielsalon mit einarmigen Banditen vorbei, der sich »Jede Menge Spaß« nannte; aus den emotionslosen, grauen Gesichtern der Menschen darin zu schließen, war die Verheißung über dem Eingang jedoch leicht übertrieben. Immobilienmakler boten attraktive Häuser an, Bausparkassen problemlose Darlehen. Dass Catherine aus dem Brief an meinen Vater von den nicht geleisteten Hypothekenzahlungen wusste, hielt mich nicht davon ab, das Thema in den langen Stunden, die wir fröstelnd neben den Schaukeln verbrachten, noch einmal aufzuwerfen. Wenn ich über Belangloses sprach, speiste sie mich mit einsilbigen Erwiderungen ab; ich wollte sie mit dem drohenden Verlust unseres Hauses dazu bringen, dass sie mit mir redete.

»Die Bank wird demnächst das Haus übernehmen«, hatte ich verkündet.

Ich erwartete ja nicht, dass sie mir um den Hals fallen würde, aber mit welchem Thema hätte ich sie sonst aus der Reserve locken sollen? Sie sah mich an und wandte den Blick sofort wieder ab.

»Wir hätten es bei der Scheidung sowieso verkaufen müssen«, meinte sie, als wären wir uns darüber schon seit langem einig. Zum ersten Mal war das Wort »Scheidung« gefallen, aber hey – immerhin sprachen wir jetzt wieder miteinander! Ich versuchte das Ganze positiv zu sehen.

»Ich könnte sowieso nie wieder dahin zurück«, fügte sie hinzu. »Ich war immer todunglücklich so ganz allein in diesem Haus.«

Eine genau kalkulierte Extra-Drehung des Messers: Jetzt wollte sie nicht mehr mit mir zusammen sein, damals aber hatte ich sie unglücklich gemacht, weil ich nicht bei ihr gewesen war. Mein einziger Trost war, dass sie die Mitteilung über den Verlust des Hauses so ruhig aufnahm. Ich hatte nicht das Gefühl, dass das durch meine Schuld verlorene Haus unsere Chancen, wieder zueinander zu finden, verkleinert hatte, was aber wahrscheinlich daran lag, dass diese Chancen im Augenblick ohnehin bei null standen.

Ziellos trottete ich die Camden High Street entlang. Plötzlich kam mir eine Idee. Die Tatsache, dass ich keinen Schlafplatz hatte, lieferte den besten Vorwand, mich Catherine als ein mitleiderregender Mensch zu präsentieren! Ich malte mir aus, wie sie reagieren würde. Wenn sie jemals gesagt hätte: »Falls du mal obdachlos wirst, kannst du jederzeit kommen und bei mir wohnen«, hätte ich mich bestimmt daran erinnert. »Ich habe zwar nur ein Einzelbett, Liebling, aber dann wird's umso gemütlicher, wenn du dich an mich kuschelst«? Nein, auch diese Aussage klang alles andere als vertraut.

Mein Vater kam ebenso wenig in Frage. Abgesehen davon, dass er in Bournemouth lebte, hatten wir aus übersteigertem männlichen Stolz nicht mehr miteinander gesprochen, seit er meine Küche und gleich darauf mein Haus verlassen hatte. Wäre ich bei ihm auf der Matte gestanden und hätte ihm erzählt, dass die Schlüssel inzwischen in der Bank lagen, hätte sich seine Besorgtheit garantiert auf die Frage beschränkt, ob der Schlüsselanhänger deutlich beschriftet sei. Dann gab es noch die Wohnung in Balham, in der sich jedoch seit meinem Auszug einiges getan hatte.

Monica hatte mit Jim Schluss gemacht, woraufhin Jim, nach

Ablauf einer mehrstündigen Anstandsfrist, Monicas beste Freundin, Kate, zu einem Rendezvous animiert hatte und bereits wenige Wochen später in deren Wohnung in Holland Park gezogen war, die alles bot, was Jim zur Fertigstellung seiner Dissertation brauchte, auch wenn Sky Sports 2 dort etwas grobkörnig zu empfangen war. Paul hatte sich endlich geoutet und war zu seinem Freund nach Brighton gezogen, der als Türsteher in einem Nachtclub sowie im Rekrutierungsbüro der Armee tätig war. Simon hatte daraufhin drei junge Frauen als neue Mitbewohnerinnen organisiert, die allerdings sämtliche Schlösser austauschten und Simons Habe vor die Haustür stellten, nachdem er ihnen alle seine Lieblingsinternetsites vorgeführt hatte.

Innerhalb weniger Monate hatten wir vier die Wohnung verlassen. Das alles hatte ich von Simon erfahren, als er mich einige Wochen zuvor auf dem Handy anrief. Er laborierte immer noch an seinem Rausschmiss und meinte, dass die Mädchen ihn nicht mochten, habe bestimmt einen anderen Grund. Er gestand, einmal von ihrer Erdnussbutter genascht zu haben, und hielt das für die eigentliche Ursache.

Meine alte Junggesellenbude schied also auch aus. Ich wusste nicht, wohin. Ich dachte an alle Freunde, die ich zwischen zwanzig und dreißig gehabt hatte, doch der Kontakt zu ihnen bestand schon lange nicht mehr. Am Tag der Geburt des ersten Kindes geht man am besten das Adressbuch durch und streicht umstandslos die Namen aller Freunde, die noch keine Kinder haben. Das erspart später eine Menge Peinlichkeiten sowie sinnlose Weihnachtskarten. Catherine und ich hatten zwar einen großen Freundes- und Bekanntenkreis gehabt, doch in Wahrheit waren das ihre Freundinnen mit den dazugehörigen Ehemännern gewesen. Seit meiner Heirat hatte ich den Kontakt zu allen alten Collegefreunden verloren. Die Schuld daran gab ich keineswegs Catherine – sie hatte mich nie davon abgehal-

262

ten, mich mit den Kumpels zu treffen, mit denen ich oft zusammen gewesen war, bevor sie und ich zusammenzogen –, nein, ich hatte mich bequem zurückgelehnt und es aus reiner Faulheit ihr überlassen, unser Sozialleben zu organisieren, und sie hatte sich verständlicherweise nicht auch noch die Mühe gemacht, die Verbindung zu meinen alten Freunden aufrechtzuerhalten. Nicht ein Ehepaar gab es, das ich in dieser Situation ohne Scheu angerufen hätte. Sie hatten mich schon damals immer meine Unzulänglichkeit spüren lassen mit ihren gigantischen Weingläsern, dem italienischen Brot und der Batterie von Olivenölflaschen auf der Anrichte.

So kam es, dass ich am Ende dieses mit ziellosem Herumstreifen verbrachten Tages Hugo Harrison anrief und ihn fragte, ob ich ein, zwei Nächte bei ihm schlafen könne, bis ich die Situation einigermaßen im Griff hätte. Ich war zwar nicht gerade scharf darauf, einem Arbeitskollegen – meinem Hauptauftraggeber, besser gesagt – erklären zu müssen, dass ich mich in eine ernste finanzielle Notlage manövriert hatte, doch Hugo war viel zu unsensibel, um sich auch nur im Mindesten für ein Gesprächsthema zu interessieren, das nicht die Heldentaten des Hugo Harrison beinhaltete, und fragte kein einziges Mal nach. Er freute sich sogar auf mein Kommen – endlich hatte er jemanden, den er belabern konnte.

Seine Londoner Wohnung, ein großartiges Penthouse-Apartment, befand sich in einem Hochhauskomplex bei der Albert Bridge mit Blick auf ganz London; von dort konnte Hugo auf alle herabsehen. Früher waren in dem Häuserblock Sozialwohnungen gewesen, doch der Stadtrat hatte es geschafft, sämtliche Bewohner mit der Begründung, sie hätten hartnäckig Labour gewählt, zum Ausziehen zu zwingen. Jetzt glich das Gebäude einer Festung; man hatte elektronische Tore eingebaut und Sicherheitskameras angebracht, die sofort jeden entdeckten, der etwas Verdächtiges tat, sich übers Wochenende in London aufhalten, beispielsweise. Hugos Frau lebte mit ihren Pferden auf dem Land, die Kinder waren im Internat, und Hugo verbrachte die Abende unter der Woche in seiner Luxuswohnung. Im Grunde unterschied sich dieser Lebensstil nicht wesentlich von dem, was ich ausprobiert hatte, nur dass diese Version offenbar gesellschaftlich akzeptiert war. Aber Hugo gehörte eben zur Schickeria. Wenn er sich mit Leuten unterhielt, kam er ihnen meist zu nahe, doch in Bezug auf seine Familie legte er normalerweise Wert auf größtmögliche Distanz.

Hugo tat ein gutes Werk an mir, ließ mich aber dafür bezahlen, indem ich ihm den ganzen Abend zuhören musste. Und je mehr er erzählte, umso verständlicher wurde, warum er diese Wohnung hatte: Hugos Hobby war der Geschlechtsverkehr. Ich hatte Golf-Langweiler und Bridge-Langweiler kennen gelernt; jetzt musste ich zum ersten Mal im Leben das Geschwätz eines Geschlechtsverkehr-Langweilers über mich ergehen lassen. Er erzählte mir von einem sexuellen Abenteuer nach dem anderen und setzte dabei fraglos voraus, dass ich seine Einstellung, ein gesunder Mann verhalte sich nun mal so, teilte. Dass meine Frau mich verlassen hatte, machte mich in seinen Augen zum Märtyrer für die gemeinsame Sache, zum heroischen Opfer des Geschlechterkampfes. Er forderte mich ständig zum Trinken auf und versuchte, während die funkelnde Stadt unter uns im Dunkel versank, mich aufzuheitern, indem er erzählte, wie mies er sich seiner besseren Hälfte gegenüber benahm. Ich wollte wissen, wie er wirklich zu seiner Frau stand, und fragte ihn ein bisschen nach seiner Ehe aus.

»Ach, sie ist eine gute Mutter und so, das schon«, räumte er ein. »Den Kindern schickt sie ständig Sachen ins Internat. Aber sie ist dick, weißt du. Ein großer Fehler.«

»Was? Dick zu sein?«

»Nein, nein, dafür kann sie nichts«, gab er großzügig zu. »Ein großer Fehler meinerseits. Weißt du, sie gefiel mir ursprünglich gerade wegen dieses unglaublichen Vorbaus«, und für den Fall, dass seine Wortwahl nicht eindeutig genug war, stellte er gestisch dar, was ein unglaublicher Vorbau war und an welchem Teil des menschlichen Körpers man ihn antraf.

»Aber ein Mädchen mit Riesentitten darf man nie heiraten, Michael. Als mein ältester Sohn mit Mädchen auszugehen begann, gab ich ihm nur einen einzigen Rat. Ich sagte: ›Eines darfst du nie vergessen, Sohn: große Titten mit zwanzig, fette Frau mit vierzig.‹«

»Charmant«, witzelte ich sarkastisch. »Dafür wird er dir irgendwann mal sicher sehr dankbar sein.«

Hugo schenkte mir nach und sprach über die Molligkeit seiner Frau, als handelte es sich um eine tragische Behinderung, die es ihm unmöglich machte, eine sexuelle Beziehung welcher Art auch immer zu ihr aufrechtzuerhalten, und gleichzeitig die Rechtfertigung dafür lieferte, dass er es mit anderen Frauen krachen ließ, wann immer er Lust hatte, was, aus seinen Anekdoten zu schließen, ziemlich häufig der Fall war. Er war beispielsweise allen Ernstes stolz darauf, eine Schauspielerin verführt zu haben, die alles daransetzte, eine Rolle in einem aufwendig produzierten und lukrativen Werbespot zu bekommen, für dessen Casting er zuständig war. Eine echt beeindruckende Leistung, Hugo, alter Schwerenöter! Seine Frau, so berichtete er, sei in London gewesen, er habe sich mit ihr treffen sollen, weil sie in die Oper gehen wollten. Stattdessen hatte er sie vor dem Coliseum stehen lassen und war mit der viel versprechenden jungen Dame zum Vögeln ins Hotel gegangen. Aber es kam noch schlimmer ...

»Mir war klar, dass meine Alte mich anrufen würde, deshalb schaltete ich mein Handy auf Vibration, und als ich gerade diese geile kleine Schauspielerin fickte, diese – auf den Namen komme ich nicht mehr –, begann plötzlich mein Handy auf dem Nachttisch zu vibrieren. Ich werfe einen Blick auf das Display und sehe an der Nummer, dass der Anruf von Mirandas Handy kommt.«

»O Mann! Da hast du dich ziemlich mies gefühlt, oder?«

»Was? Ach, Quatsch! Mir kam plötzlich eine echt fiese Idee. Diese Schauspielerin war ziemlich blau, kicherte ständig rum, verstehst du, und da nahm ich das vibrierende Handy und drückte es gegen ihren ... na ja, du weißt schon, gegen ihren kleinen Sexknopf.«

»*Was* hast du gemacht?«

»Tja. Sie fand's zum Brüllen komisch, aber sie fuhr auch total drauf ab. Musst du dir mal vorstellen! Meine Frau ruft mich an, weil sie wissen will, wo ich bin, hört aber nur den Klingelton und hat keine Ahnung, dass sie meine Geliebte umso näher zum sexuellen Höhepunkt bringt, je länger sie es läuten lässt!«

»Das ist obszön, Hugo.«

»Ja, echt, oder? Meine eigene Frau hat es meiner Liebhaberin besorgt!«

Er brach in lautes, wieherndes Lachen aus, kippte seinen Drink und schlug mir auf den Rücken. »Noch'n Wein, Michael?« Als er aus der Küche zurückkam, fragte ich ihn, ob das Mädchen gut gewesen sei in dem Werbespot. Er sah mich an, als wäre ich verrückt, und sagte: »Mann, wo denkst du hin, die habe ich doch nicht genommen!«

Und weiter ging es mit viel zu vielen Details über sexuelle Begegnungen mit Dutzenden namenloser Frauen, doch je mehr Gespielinnen er auflistete, umso einsamer klang er. Durchaus möglich, dass er sich jede einzelne dieser Geschichten ausgedacht hatte und mich nur benützte, um seine geheimsten Fantasien zum Ausdruck zu bringen. Der einzige eindeutige Beweis, den ich für seine unglaublichen Verführungskünste hatte, war sein Besuch bei einer schäbigen Prostituierten in Soho. Von dieser speziellen Eroberung berichtete er merkwürdigerweise nichts. Ich fand es zunehmend unangenehm, dazusitzen und ihm zuzuhören. Er wollte mich zum Komplizen machen, meine Zustimmung erzwingen. Ich hatte, genau wie er, meine Frau getäuscht, und Hugo versuchte mir einzureden, dies berechtige mich zu lebenslanger Mitgliedschaft in seinem Frauenhasserclub. Ich war überzeugt, anders zu sein als er. Ich war nicht prüde, ich hatte nichts gegen Sex, aber Hugo sprach derart verächtlich über die von ihm verführten Frauen, dass mir davon derselbe üble Nachgeschmack blieb, den er sicherlich bei diesen Frauen hinterlassen hatte.

»Man lebt nur einmal, Michael, und ich kann mir nichts Langweiligeres vorstellen, als den Rest meines Lebens einmal pro Woche Miranda zu bumsen und sonst keine.«

Er füllte mein Glas und fragte, ob ich mir weitere Gedanken über *Klassische Werbespots* gemacht hätte. In diesem Augenblick wurde mir etwas schlagartig und in aller Deutlichkeit klar.

»Äh, ich habe mich entschieden, es doch nicht zu machen.«

»Aber warum denn nicht?«

Ich versuchte es ihm zu erklären. Er hatte gesagt, er wolle eine Klassik-CD ohne die langweiligen Stellen; ich sagte ihm, dass die langweiligen Stellen nun mal nötig seien, da die herausragenden Stellen nur deshalb herausragen könnten, weil es das gebe, was er als langweilige Stellen bezeichne. »Das Leben hat eben auch seine langweiligen Stellen«, verkündete ich eine Nuance zu laut. Ich versuchte ihm klarzumachen, dass das Chorfinale in Beethovens Neunter Sinfonie nur auf Grund des in der Stunde zuvor Gehörten so bewegend, mitreißend und wunderbar ist, auf Grund der Mühe, die man sich beim Zuhören geben musste. Die Celli und Bässe führen durch die vorangegangenen

Sätze, verwerfen sie der Reihe nach, um dann zögerlich das Thema der »Ode an die Freude« zu entwickeln, das schon zuvor von den Holzbläsern angespielt wurde. Nur deshalb stellt der Höhepunkt der Sinfonie, der endlich gewaltig ertönende Schlusschor, einen der größten Momente der Musikgeschichte dar.

Hugos Erwiderung lautete: »Okay, dann lassen wir Beethovens Neunte und nehmen stattdessen diesen Mozart aus der Joghurtwerbung rein.« Ich nahm noch einmal Anlauf und erklärte ihm, dass man nicht immer nur die besonderen Stellen aneinander reihen kann. So läuft es nicht in der Kunst, und im Leben auch nicht. Das war mir jetzt klar.

Er zeigte sich belustigt über meine merkwürdigen Prinzipien und kam rasch wieder darauf zu sprechen, wo, wie und mit wem er seine Frau betrogen hatte. Da stand ich auf und sagte: »Ich pack's jetzt, Hugo. Ich besuche heute noch ein paar andere Leute und werde wahrscheinlich bei denen übernachten.« Und schon sah ich mein Gesicht im Aufzugspiegel und überlegte, warum ich ein warmes Bett in einer luxuriösen Penthouse-Wohnung für eine Nacht voller Ungewissheit eingetauscht hatte.

»Gute Nacht, Sir«, sagte der uniformierte Portier und öffnete mir die Haustür – grandioser war wohl kein Obdachloser je hinausgetreten auf die dunklen Straßen Londons.

Ich sah ein auf irisch getrimmtes Pub und ging hinein, setzte mich in eine Ecke und betrank mich langsam, aber systematisch. Es war leichtsinnig, aber ich tat es ganz bewusst; danach kaufte ich mir sogar noch eine kleine Flasche Whisky bei einem Spirituosenhändler, dabei hatte ich Whisky noch nie gemocht. Catherine hatte mir immer einen selbstzerstörerischen Zug nachgesagt, doch als ich in diesem Pub saß, ohne Zuhause, von der Familie exkommuniziert und ohne Freunde, an die ich mich hätte wenden können, besaß ich wohl ein gewisses Recht auf ein bisschen Selbstmitleid. Und um meine private Demütigung noch zu vergrößern, spielte die Jukebox einen mehrere Jahre alten Song, an den ich mich gut erinnerte.

»Was iss'n das, was da grade läuft?«, fragte ich lallend die Frau hinter dem Tresen, die dabei war, die von mir geleerten Gläser aufeinander zu stapeln.

»The Truth Test«, antwortete sie mit Piepsstimme und einem näselnden australischen Akzent, der nicht recht zu den Plastik-kleeblättern an der Wand passen wollte.

»The Truth Test! O Mann, bitte nicht diese beschiss'ne Band Truth Test! Sind die jetzt bekannt?«

»Soll das ein Witz sein? Das ist ein Nummer-eins-Hit!«

»The Truth Test! Aber die waren gnadenlos schlecht! War unsere Begleitband in Godalming. Ich musste denen immer meinen Scheiß-Verzerrer leihen!«

Sie lächelte gequält, spielte offenbar mit dem Gedanken, mich zu fragen, was ein Verzerrer sei, ließ es dann aber bleiben. Als derselbe Song sofort darauf noch mal gespielt wurde, nahm ich das zum Anlass, aufzustehen und zu gehen. In meinem Geldbeutel fand sich keine einzige Banknote mehr, dafür aber hatte ich einen Zettel mit Simons neuer Adresse in Clapham gefunden. Ich stopfte ihn mir in die Tasche und machte mich auf den Weg nach Süden. Es waren nur ein paar Kilometer Luftlinie, aber mindestens sieben Kilometer Besoffenengetorkel, und als ich endlich da war, hatte ich den Zettel verloren. Ich stand im stockdunklen Clapham Common und durchsuchte immer wieder dieselben Taschen. Zweimal sah ich nach, ob das Ding nicht in meine Hosenaufschläge gefallen war, musste aber beide Male feststellen, dass ich keine Aufschläge hatte. Was sollte ich tun? In der Ferne umrundeten Scheinwerfer den Park, diese größte Verkehrsinsel Londons. Ich setzte mich auf eine Bank. Ich war betrunken und müde, und endlich gestand ich mir ein, was mit mir los war, und legte mich hin. In der Ferne heulte eine Sirene. Ich legte mir die Reisetasche unter den Kopf, wickelte meinen Mantel so fest um mich, wie es ging, und versuchte einzuschlafen. In meinem Suff erlaubte ich mir sogar ein kurzes, übermütiges Grinsen angesichts meiner Situation. Der letzte Umschlag, den ich daheim geöffnet hatte, enthielt eine Zeitschrift meiner ehemaligen Universität, und wie immer hatte ich sofort zu der Seite mit der Rubrik »Wo sind sie jetzt?« geblättert. Vielleicht hätte ich reinschreiben sollen: »Liege völlig hacke auf einer Bank im Clapham Common und versuche zu pennen.«

Trotz des Windes und des gelegentlich ertönenden Spottgelächters der Stockenten vom Bootsteich schlief ich ziemlich schnell ein. Ich war schon immer rasch weggedöst, wenn ich viel getrunken hatte; ich hatte deswegen sogar mal einen Sommerjob verloren – Rentner ans Meer kutschieren. Doch mitten in der Nacht taten Alkohol und Nieselregen ihre Wirkung: Als ich zu mir kam, fühlte ich mich gleichzeitig durchnässt und ausgetrocknet. Wenn man an einem fremden Ort aufwacht, versucht man sich in einem Sekundenbruchteil zu erinnern, wo man ist. Wie mein Bett zu Hause fühlte es sich schon mal nicht an. Auch nicht wie das von mir verschmähte luxuriöse Himmelbett in Hugos Wohnung. Als mir klar wurde, dass ich deshalb fröstelte und mir alles wehtat, weil ich auf einer Parkbank schlief, zog mich das unglaublich runter. Am liebsten hätte ich mich vor das erstbeste Fahrzeug geworfen; es handelte sich dabei jedoch um das Elektrowägelchen eines Milchlieferanten, das mir nur ein paar blaue Flecke am Bein eingebracht hätte, und ich wollte meiner Liste keinen weiteren Fehlschlag hinzufügen.

Die deprimierte frühmorgendliche Selbstbetrachtung führte mich in den gefährlichen Treibsand des Selbstmitleids, in dem ich nun ausgiebig schwelgte. Das Einzige, was ich wollte, das

Einzige, was ich immer gewollt hatte, waren die Liebe und der Respekt von Catherine. Die Sicherheit, dass die Frau, die ich liebte, mich auch liebte. In meinem egozentrischen Universum hatte ich sie immer nur als einen Planeten gesehen, der sich um mich drehte. Diese irrtümliche Annahme war bis zur Geburt der Kinder haltbar gewesen, danach war das physikalische Konstrukt in sich zusammengefallen. Ich aber hatte das nicht akzeptiert, sondern versucht, mich ins Zentrum ihres Lebens zurückzudrängen. Wenn sie beim Frühstück nicht wegen mir sauer geworden war, sorgte ich dafür, dass es beim Mittagessen klappte. Ich griff mir ihren Ärger und zwang ihn, sich auf mich zu beziehen. Vielleicht waren alle Männer so. Vielleicht wurde Dennis Thatcher einen Tag nachdem Mrs. Thatcher ihren Job als Premierministerin los war, plötzlich unwirsch und abweisend und sagte: »Ich weiß wirklich nicht, warum du so sauer auf mich bist.«

Frierend und innerlich leer lag ich da und betrachtete die vorbeirasenden Autos. Es wurden immer mehr, London erwachte. Die Fahrer schienen es auch immer eiliger zu haben. Im schwachen Licht der Laternen sah ich auf der gegenüberliegenden Fahrbahnseite einen am Straßengeländer befestigten Gegenstand. Wenige Meter vom ausgeschlachteten Gerippe eines Fahrradrahmens entfernt hing ein Strauß verblühter Nelken, ein kleiner Strauß billiger Tankstellenblumen, braun und leblos. Man bindet nur aus einem Grund Blumen an ein Straßengeländer: um die Stelle zu bezeichnen, an der ein Mensch gestorben ist. Wieder fuhr ein Wagen vorbei, ohne dass der Fahrer sich der Bedeutung der Stelle bewusst wurde, raste dahin, wie das Unglücksauto es getan hatte, der Anlass für die anrührenden, verwelkten Gedenkblumen. Im Sommer stehen da Eisautos. Ich überlegte, ob vielleicht ein Kind, ohne zu schauen, über die Straße gelaufen war, um sich ein Eis zu kaufen, so wie Millie damals, als sie mitten auf der Fahrbahn eine Feder entdeckte und hinlief und ich sie so anbrüllte, dass sie zu weinen begann. So wütend hatte sie mich noch nie erlebt, aber in Wahrheit war ich sauer auf mich selbst gewesen, weil ich ihre Hand losgelassen hatte und weil mir klar war, was hätte passieren können.

Und schon galoppierten meine zügellosen Gedanken einen Weg entlang, dessen Erkundung unerträglich grauenhaft war. Was, wenn Millie überfahren würde? Was, wenn es auch für mich ein Straßengeländer gäbe, an das ich billige Nelken binden müsste? Denk nicht daran, Michael! Schlag es dir aus dem Kopf! Aber ich konnte nicht anders, ich begann ganz bewusst, mir Millies Tod auszumalen, stellte mir alles Schritt für Schritt vor, sah es förmlich vor mir, konstruierte im Kopf ein grauenerregend glaubhaftes tödliches Szenario.

Ich bin im Vorgarten und gieße die Pflanzen in den Fensterkästen. Die Haustür ist angelehnt, weil ich die Schlüssel nicht eingesteckt habe. Aus den Augenwinkeln sehe ich, dass die Katze sich durch den Türspalt schlängelt. Dass Millie ihr nachgeht, sehe ich nicht. Jetzt ist die Katze auf dem Gehsteig, und Millie hält sie am Schwanz fest. Das gefällt der Katze nicht, sie reißt sich los und läuft über die Straße, und Millie jagt hinterher und läuft zwischen den parkenden Autos auf die Fahrbahn. Der große weiße Laster einer Baufirma nähert sich; auf dem Armaturenbrett liegt die *Sun*. Der Fahrer hört Capital Gold, sie spielen »Bohemian Rhapsody«, jetzt läuft gerade das Gitarrensolo, da steigt er immer aufs Gas, plötzlich ein dumpfer Aufprall, die Bremsen quietschen, dann ein lautes Knackgeräusch – die Vorderräder überrollen Millie und gleich darauf die Hinterräder, und es passiert alles ganz schnell, aber wie in Zeitlupe. Sie liegt hinter dem Laster auf der Fahrbahn, reglos liegt sie da, nur mehr ein Körper, ein kleiner, zerschmetterter, sinnloser Körper, und heute Morgen habe ich ihr diese Schuhe angezogen, und wir suchten zusammen dieses Kleid aus, und jetzt steht der Fahrer am Straßenrand und benützt jeden Kraftausdruck, den er kennt, um klarzumachen, dass es nicht seine Schuld ist, ganz bleich und zittrig ist er, und dann kommt ein BMW und hupt, weil der blöde Laster die Straße blockiert, und dann kotzt der Lastwagenfahrer in den Rinnstein, und sein Radio läuft immer noch, sie singen gerade, dass doch eigentlich alles egal ist, dann ertönt ein Gong, und alles ist vorbei, das war's – Millies Leben währte nur drei kurze Jahre.

Wieder wischt Scheinwerferlicht über die vertrockneten braunen Blumen, und ich komme zu mir. Meine Schreckensvision ist so anschaulich, dass ich Millie sofort sehen will, ich will sie hochheben und ganz fest an mich drücken und nie mehr loslassen, aber das geht nicht. Ich habe sie nicht durch einen weißen Lastwagen verloren, sondern durch einen viel heimtückischeren Unfall: durch eine in die Brüche gegangene Ehe. Natürlich ist das nicht dasselbe, ihr fehlt nichts, und Catherine wird sie bestens großziehen, aber sie wird mich nie so lieben wie ich sie, wird sich nie um mich sorgen. Und obwohl das Millionen Mal besser ist als ihr Tod durch den verdreckten Lastwagen einer Baufirma – verloren habe ich sie doch. Wir werden nie zusammenleben, sie wird mich nie wirklich kennen. Ein schrecklicher Unfall hat sich ereignet, und ich habe sie verloren.

Wie hatte das geschehen können? Warum hatten die Ereignisse diesen Verlauf genommen? Der Tag, an dem ich Catherine zum ersten Mal hinterging, indem ich mein Handy ausschaltete, nachdem ich unsere Nummer auf dem Display gesehen hatte – das war der Tag gewesen, an dem sich die Katze aus dem Haus schlich. Dann kam die Phase, als Catherine mich fragte, ob ich die Nacht durchgearbeitet hätte, und anstatt einfach zu sagen, ich hätte bis zehn gearbeitet und sei dann zu müde gewesen, um heimzufahren und die ganze Nacht über immer wieder von den

Kindern aus dem Schlaf gerissen zu werden, starrte ich zu Boden und nickte, und indem ich es ihr nicht sagte, log ich durch Verschweigen – gleichbedeutend damit, dass ich nicht aufblickte, um nachzusehen, wo Millie war, und nicht daran dachte, dass sie in Gefahr schweben könnte. Ich log mit zunehmender Routiniertheit und belog mich obendrein selbst, weil ich glaubte, Catherine sei glücklich. Und dann begann ich mich ganz bewusst von ihr und dem Baby abzusetzen – wie die Katze, die sich losriss, als Millie sie am Schwanz festhalten wollte. Und dann war die Katze über die Straße gelaufen, und Millie konnte sie nicht fangen, und plötzlich, peng, waren meine beiden Leben zusammengestoßen und Catherine weint, weint, weint und alles ist vorbei, nichts kann mehr gekittet werden. Ich habe meine Familie verloren, so wie Dad damals mich verloren hat. Das war auch so ein Unfall, dachte ich. Die Affäre. Mein Dad hatte mir beigebracht, die Straße zu überqueren, weil er mich nicht verlieren wollte; er hatte mir gesagt, ich solle nie einem Fußball auf die Fahrbahn hinterherlaufen, weil er mich nicht verlieren wollte. Aber die Gefahr, in die er mich brachte, als er mit diesem Mädchen, das er bei der Arbeit kennen gelernt hatte, einen trinken ging, erkannte er nicht. Er dachte einfach nicht weit genug; er war aufgeregt, genau wie das Kind, das einer Katze oder einem Ball nachläuft, genauso lief er dem hübschen Mädchen nach, und peng, schon hatte er seinen Sohn verloren, seine Ehe war aus und vorbei, und das Ganze war ein schrecklicher Unfall.

Die dunkelste Stunde vor Tagesanbruch wurde vom blauen Blinklicht eines Polizeiautos erhellt, das vorbeiraste, ohne dass eine Sirene die Stille der Winternacht durchbrach. Warum eilten die nicht herbei, wenn Ehen in die Brüche gingen? Warum war der Polizeiwagen nicht hinter meinem Dad hergejagt, als er uns verlassen hatte, warum hatten die Polizisten nicht zu ihm gesagt: »Was Sie da machen, ist sehr gefährlich, Sir, das Kind könnte Schaden nehmen!«? Sollte das Gleiche jetzt wieder geschehen?

Bei meinem letzten Treffen mit Catherine an den Schaukeln hatte ich ihr noch einmal versichert, dass ich mein Zimmer bereits aufgegeben hatte, als sie mich verließ, und meinte ein kurzes Zögern in ihrem Blick zu sehen; einen Augenblick lang war sie fast versucht mir zu glauben. Ich hatte ihr erzählt, wie wütend ich auf meinen Dad war, weil er seiner Freundin den Brief gezeigt hatte.

»Warum hat er das nur getan?«, hatte ich sie gefragt. »Warum hat er Jocelyn einen streng vertraulichen Brief von mir gezeigt?«

»Weil er stolz war«, erwiderte sie seelenruhig.

Innerhalb einer Sekunde wurde mir unglaublich vieles klar. Nachdem Catherine es ausgesprochen hatte, war es mit einem Schlag offensichtlich: Dad hatte mein umfangreiches Geständnis seiner Freundin gezeigt, weil er stolz darauf war, einen Brief von mir bekommen zu haben. Zuvor hatte ich ihm nie auch nur eine Postkarte geschickt und ihn nur selten angerufen oder in Bournemouth besucht. Der Inhalt des Briefes spielte für ihn überhaupt keine Rolle. Hätte ich ihm berichtet, dass ich Rentner ausraubte, um meine Crack-Sucht zu finanzieren, hätte er genauso freudig mit dem Brief gewinkt, um zu verkünden: »Schau mal, ein Brief von meinem Sohn!«

Es war meine eigene Schuld, dass Dad seiner Freundin das Schreiben gezeigt hatte. Es war meine eigene Schuld, dass Catherine es in die Hände bekommen hatte. Ich war für die Generation vor mir genauso wenig da gewesen wie für die nach mir. Der Brief erlangte seine wahre Bedeutung letztlich nicht durch das, was er Dad oder Catherine mitgeteilt hatte, sondern durch das, was ich daraus erfuhr: Wie unglaublich betrogen Catherine sich fühlte, nachdem sie die Wahrheit über meine Lebensweise erfahren hatte, und wie sehr mein Vater nach dem kleinsten Zeichen meiner Aufmerksamkeit gierte.

Über dem Park ging die Sonne auf, und plötzlich war ich durchdrungen von dem Gefühl, endlich etwas kapiert zu haben. Ich verstand jetzt, wie alles gekommen war; ich hatte das Rätsel im Kopf gelöst: Man muss schlicht und einfach viel Zeit verbringen mit den Menschen, die man liebt. Man darf nicht versuchen, sie zu ändern, man darf sich nicht ärgern, weil sie sich anders verhalten, als man es gern hätte, man muss sich abfinden mit der Langeweile, mit den Wutanfällen und den ewigen Wiederholungen und einfach seine Zeit mit ihnen verbringen. Sie so nehmen, wie sie sind – ihnen zuhören, wenn sie von den Autos erzählen, die ihre besten Freunde in Belgien gekauft haben, oder was sie in der Spielgruppe gemalt haben oder was auch immer. Man muss Geduld üben und einfach da sein. Alter Vater oder kleines Kind, da ist kein Unterschied. Verbring viel Zeit mit ihnen, dann sind am Ende alle glücklich, auch du selbst.

Ich wollte Catherine unbedingt sehen, um ihr von dieser Offenbarung zu berichten, um ihr zu sagen, dass ich jetzt wisse, was ich zu tun hätte, und dass von nun an alles wieder in Ordnung sei. Ich wollte bei ihr sein, mich mit ihr zusammen langweilen. Ächzend richtete ich mich im Dämmerlicht auf, doch mir wurde sofort schlecht und schwindlig. Wenn ich einen Kater hatte, lechzte ich normalerweise nach frischer Luft, was in dieser speziellen Situation allerdings nicht das Problem war. Ich schloss die Augen und presste die Fingerspitzen an die Schläfen, versuchte es mit sanften, kreisförmigen Massagebewegungen, als gäbe es auch nur den Hauch einer Chance, auf diese Weise die Auswirkungen von einer Flasche Wein, mehreren Gläsern dunklen Biers sowie einer kleinen Flasche Blended Scotch zu mildern.

»Siehst ganz schön fertig aus, Alter.«

Wenn ich so fertig aussah, wie ich mich fühlte, überraschte es mich, dass sich mir überhaupt jemand auch nur auf hundert Meter Entfernung näherte. Neben mir auf der Parkbank saß ein Stadtstreicher. Einer von den üblichen stinkenden Pennern, eine große Dose Special-Brew-Starkbier in der Hand und eine gewaltige Krätze am Kinn. Das einzig Unübliche an ihm war, dass er aus Wales kam. Schottische Säufer hatte ich schon viele gesehen. Irische Säufer auch, klar – die hatten die U-Bahn-Station Camden fest im Griff. Ein walisischer obdachloser Alkoholiker war dagegen etwas völlig Neues für mich. Merkwürdig, dass Schotten und Iren überall auftauchten – in Filmen, in der Musik, bei keltischen Tanzspektakeln, oder eben auch zusammengesackt vor den U-Bahn-Stationen. Hier war endlich mal ein Waliser, der sich um einen gewissen Ausgleich bemühte.

»Ja, ich bin ziemlich fertig, kann man sagen. Wollte mich nur mal kurz hinsetzen.«

»Und dann hast du dich ausgestreckt und hier geratzt, ha ha ha ha! Das da ist meine Bank, weißt du, aber du hast tief geschlafen, da hab ich sie dir für diese eine Nacht überlassen. Auch 'n Schluck?« Er hielt mir seine Bierdose entgegen, an deren Rand noch ein Tröpfchen Speichel hing.

»Nein, danke, ich trinke nie warmes Bier und Pennerspucke vor dem Frühstück.«

Das dachte ich allerdings nur; ich hatte nicht den Mut, es auszusprechen. Es war nett von ihm, das bisschen, was er hatte, mit mir teilen zu wollen, auch wenn es sich dabei um das mit Abstand reizloseste Angebot handelte, das ich jemals erhalten hatte. Es beunruhigte mich, dass dieser Penner so freundlich zu mir war, dass er wie zu seinesgleichen mit mir sprach.

»Hab dich hier noch nie schlafen gesehen«, sagte er.

»Das ist leicht zu erklären. Ich bin nicht obdachlos.«

»Oh, bitte vielmals um Entschuldigung, Seine Majestät!« Er vollführte im Sitzen eine übertrieben unterwürfige, taumelige Verbeugung. »Wo wohnt Ihr denn?«

»Äh, also, im Augenblick wohne ich eigentlich nirgends«, murmelte ich. »Bis vor kurzem hatte ich allerdings sogar zwei Unterkünfte«, fügte ich rasch hinzu, wie um meinen Anspruch, ein vollwertiges Mitglied der bürgerlichen Gesellschaft zu sein, geltend zu machen.

»Hast zwei Unterkünfte gehabt, und jetzt hast nicht mal mehr eine.« Er leerte die Dose und warf sie auf den Boden. »Find ich irgendwie gerecht.«

Es stimmte, der Verlauf der Geschehnisse wies eine gewisse Symmetrie auf: Der Mann, der alles hatte haben wollen, besaß am Ende nichts. Aber es ärgerte mich, dass er mich auf sein Niveau herabzuziehen versuchte. Ich war kein Penner! Okay, ich besaß keine Wohnung und kein Geld und hatte die Nacht auf einer Bank verbracht, aber auch nach noch so viel Special Brew hätte ich niemals die leere Dose einfach so auf den Boden geworfen!

»Ich habe zwei Kinder, und das dritte ist unterwegs«, erzählte ich stolz.

Er musterte mich von Kopf bis Fuß. Er betrachtete mein faltiges Gesicht mit den Bartstoppeln, das wirre Haar, die zerknitterte, verschmutzte Kleidung und die erbärmlichen, in einer schäbigen Reisetasche verstauten Habseligkeiten.

»Hat ja voll das große Los gezogen, das Mädel. Siehst wirklich aus wie 'ne Traumpartie für jede Frau.«

»Na ja, wir hatten einen Riesenkrach, aber ich rufe sie an, jetzt gleich, von der Telefonzelle da drüben.«

»Na, dann mal los!«

»Und dann versöhne ich mich mit ihr, schließlich bin ich kein Penner!«

»Wie du meinst.«

»Ich bin kein obdachloser Bettler.«

»Klar. Also, dann ruf jetzt deine Frau an.«

»Das Einzige ... Hättest du ein paar Münzen für mich, bitte?«

Mit zwanzig von dem walisischen Penner geschnorrten Pence rief ich bei Catherines Eltern an und wappnete mich innerlich bereits gegen die zu erwartende eisige Ablehnung. Doch dann war Millie am Apparat, und mein Herz tat einen Freudensprung.

»Hallo, Millie, hier spricht Daddy. Wie geht es dir?«

»Gut.«

»Hast du schon gefrühstückt?«

Das am anderen Ende der Leitung eintretende Schweigen bedeutete, dass sie nickte.

»Folgt ihr euren Großeltern auch brav?«

Wieder Schweigen. Ob sie jetzt nickte oder den Kopf schüttelte, war schwer zu sagen. Ich musste aufhören, ihr Fragen zu stellen, auf die sie mit Gesten antworten konnte.

»Gefällt dir mein Hut?«, fragte sie mich.

»Das ist ein sehr schöner Hut. Gehört der deiner Granny?«

»Nein!«, antwortete sie, als wäre ich ein Volltrottel. »Granny ist doch kein Pirat!«

Das Telefon fraß die Einheiten nur so weg, und so schön ich es fand, mit Millie zu reden – die Diskussion darüber, ob Granny ein Pirat war oder nicht, würde mich beim Neuaufbau meines Lebens nicht wesentlich voranbringen. »Ist Mummy da, Schätzchen?«

Schweigen.

»Millie, ich kann von hier aus nicht sehen, ob du nickst oder den Kopf schüttelst. Holst du Mummy bitte mal ans Telefon?«

Ich hörte Catherine zu Millie sagen, sie solle ihr den Hörer geben.

»Hallo?«

»Ich bin's. Hör zu, wir müssen unbedingt miteinander reden. Ich weiß, dass du mich hasst und so, und ich verstehe auch, dass ich in deinen Augen nicht gerade der tollste Typ der Welt bin, aber der mieseste bin ich auch nicht, weißt du. Und außerdem liebe ich dich, und überhaupt schlafen viele Männer mit anderen Frauen, und ihre Ehefrauen verzeihen ihnen, während ich das noch nie gemacht habe. Mein Gott, ich versuche ja sogar beim Masturbieren immer nur an dich zu denken!«

»Hier ist nicht Catherine, Michael, hier ist Sheila«, erklärte mir Catherines Mutter in frostigem Ton. »Und bitte benütze den Namen des Herrn nicht auf so unflätige Weise!«

»Ach so, äh, tut mir Leid, Sheila. Mein Gott, du klingst am Telefon genau wie sie.«

»Ich bitte dich, den Namen des Herrn nicht zu missbrauchen!«

»Ach so, ja. Scheiße, Entschuldigung. Kann ich bitte mit Catherine sprechen?«

»Nein.«

»Was heißt das? Lässt du mich nicht oder ist sie nicht da?«

»Sie ist nicht da.«

Sheila ließ sich buchstäblich jedes Wort aus der Nase ziehen.

»Äh, weißt du zufällig, wo sie ist?«

»Ja.«

»Könntest du es mir bitte sagen!«

»Ich weiß nicht, ob ich das darf.«

»Großer Go ... Große Stücke hältst du nicht auf mich, Sheila, das ist mir klar, aber Catherine ist immer noch meine Frau. Sie ist im neunten Monat schwanger mit unserem dritten Kind. Ich finde, ich habe das Recht, zu erfahren, wo sie ist!«

Sheila schwieg eine Weile. Dann sagte sie mir, wo Catherine war. Und dann brüllte ich irgendetwas und rannte aus der Telefonzelle; der Hörer baumelte herab, und als der Mensch, der draußen gewartet hatte, um nach mir zu telefonieren, ihn ans

Ohr führte, hörte er noch, wie Sheila sagte: »Bitte zügle deine Sprache in Bezug auf unseren Schöpfer!«

Ich lief durch die Clapham High Street und durch Stockwell und an allen U-Bahn-Stationen vorbei, die ich beim Pendeln zwischen Ehe und Jugendzeit immer passiert hatte. Jetzt besaß ich nicht einmal ein Pfund, um mir eine Fahrkarte zu kaufen, und so rannte ich und rannte und rannte, bis mir alles wehtat und mir schlecht war, aber ich rannte immer weiter, weil ich zu Catherine musste. Ich musste ihr beistehen, musste an ihrer Seite sein, denn die Wehen hatten eingesetzt. Unser drittes Kind kam zur Welt.

ein
schöner
tag

als ich die Fahrbahn überquerte, wich mir eines der Autos, die die Clapham Road kreuzten, im letzten Moment hupend aus. Mehr als drei Kilometer war ich gerannt und dem Zusammenbruch nahe, als wie ein orangerotes Leuchtfeuer ein Taxi auftauchte, das ich sofort heftig gestikulierend heranwinkte.

»Hallo«, stieß ich keuchend hervor und lehnte mich an die Fahrerseite. »Hören Sie, ich hab kein Geld, aber meine Frau liegt im St.-Thomas-Hospital in den Wehen, und wenn Sie mich schnell hinbringen, schicke ich Ihnen einen Scheck über den doppelten Fahrpreis.«

»Rein mit Ihnen! Hab selbst zwei kleine Äffchen daheim. Ich bring Sie doppelt schnell hin, und zahlen müssen Sie gar nichts. Diese Fahrt geht auf mich.«

Das jedenfalls hatte ich zu hören gehofft. Ich kannte es aus Filmen – verzweifelter Mann mit niederkommender Frau trifft auf Polizisten oder Taxifahrer, der ihm unter Umgehung der Gesetze hilft. Dieser Taxifahrer hatte allerdings nicht dieselben Filme wie ich gesehen.

»Hau bloß ab!«, knurrte er und riss mir beim Anfahren fast den Arm weg.

Ich setzte den Marathonlauf quer durch South London fort. Hin und wieder wechselte ich die Reisetasche von einer Hand in die andere, bis ich sie schließlich in einen Abfallbehälter warf. Als ich die Themse erreicht hatte, kam ich nur mehr in kurzen, immer wieder abgebrochenen Spurts voran; dazwischen lagen lange Phasen, in denen ich nur so flott wie möglich ging. Wie weit ein bestimmter Ort wirklich entfernt ist, lässt sich erst ermessen, wenn man mit einem starken Kater verzweifelt versucht, rechtzeitig da zu sein, um die Geburt des eigenen Kindes mitzuerleben. Straßenabschnitte, die in meiner Erinnerung höchstens fünfzig Meter lang waren, erschienen mir jetzt so endlos, als hätte ich das falsche Rollband im Flughafen Gatwick erwischt. Durch die Anstrengung verstärkte sich meine Übelkeit noch. Mir war schwindelig, mir war schlecht, und der Schweiß rann mir den Rücken hinab und durchtränkte meinen Mantel.

Zu meiner Linken lag die Themse; am gegenüberliegenden Ufer zeichnete sich durch den Nebel hindurch das Parlamentsgebäude ab. Auf dem Uferweg, den ich völlig erschöpft entlanglief, raste mir eine Horde Fahrradfahrer entgegen, und einen Moment lang sah es so aus, als bliebe mir nur noch die Flucht auf einen Baum. Dann hatte ich endlich den Eingang des St.-Thomas-Hospitals erreicht und trat, nach Luft ringend, an den Empfang.

»Hallo, ich muss zu Catherine Adams, die hier gerade ein Kind zur Welt bringt. Können Sie mir bitte sagen, auf welcher Etage sie liegt?«

Die Dame am Empfang erachtete die Sache offenbar nicht als ganz so dringend wie ich. Immer noch keuchend, erklärte ich ihr, dass ich der Ehemann und deshalb nicht mitgekommen sei, weil ich nicht dabei gewesen sei, als die Wehen plötzlich eingesetzt hätten, dass ich jedoch sofort zu ihr müsse und man mich bestimmt schon erwarte, damit ich ihr beistünde. Dann kotzte ich in einen Abfallbehälter.

Der Anblick sich übergebender Menschen gehörte offenbar zum Alltag der Empfangsdame, denn er brachte sie nicht im Mindesten aus der Fassung. Als ich den Kopf auf den Empfangstresen legte und leise »O Gott« stöhnte, rief sie in der Entbindungsstation an, um sich den von mir geschilderten Sachverhalt bestätigen zu lassen.

»Ja, er ist hier am Empfang«, erklärte sie. »Er hat gerade in den Abfallbehälter erbrochen und wird wohl gleich das Bewusstsein verlieren.«

Es folgte ein Gespräch, von dem ich nur die Hälfte mitbekam. »Verstehe ... ja ... ja ...« Aus ihrem Tonfall schloss ich, dass es eine irgendwie verwaltungstechnisch bedingte Verzögerung gab.

»Was ist denn jetzt? Gibt es ein Problem?«, fragte ich ungeduldig.

»Sie wollen wissen, warum Sie sich übergeben haben. Sind Sie krank?«

»Nein, ich bin nicht krank, ich bin nur hierher gerannt, das ist alles.«

»Nein, er ist nicht krank. Er riecht allerdings nach Alkohol«, fügte sie äußerst hilfreich hinzu und gab mir gleich darauf mittels eines kurzen, ernüchternden Kopfschüttelns zu verstehen, dass dieses Detail sich nicht zu meinen Gunsten ausgewirkt hatte. Schließlich teilte sie mir mit, man verwehre mir den Zutritt zur Geburtshilfestation, da Catherine und ich getrennt lebten und Catherine bereits ihre Schwester Judith zur Unterstützung bei der Geburt mitgebracht habe. Als ob eine Entbindung nicht schon Qual genug wäre.

»Na gut, ich verstehe«, sagte ich ganz ruhig. »Ich, ähm, rufe dann vielleicht einfach später mal an.« Mit diesen Worten ging ich langsam um die Ecke und sprang in den Aufzug, der zur Entbindungsstation hinaufführte. Im siebten Stock stieg ich aus. Das nächste Hindernis war eine große, zerschrammte Metalltür, neben der sich ein Summer befand. Ich blieb eine Weile in der Nähe der Tür und tat, als studierte ich das »So tasten Sie

284

Ihre Brust ab«-Plakat; eine vorbeieilende Krankenschwester warf mir einen sehr merkwürdigen Blick zu. Plötzlich kündigte das Klingeln des Aufzugs die Ankunft eines weiteren künftigen Vaters an, der gleich darauf, ein großes Paket eingeschweißter Sandwiches aus dem Laden im Erdgeschoss umklammernd, den Lift verließ. Sehr gut – er schritt auf die Tür zur Entbindungsstation zu.

»Ah, die berühmten Sandwiches«, sagte ich, da ich es für das Beste hielt, mich mit ihm anzufreunden, ehe ich ihm ins innerste Heiligtum zu folgen versuchte.

»Ich wusste nicht, welcher Belag für eine Frau in den Wehen am besten ist, und habe verschiedene Sorten genommen.«

»Käse und Pickles«, erklärte ich selbstbewusst und stellte mich direkt hinter ihn.

»Oh.« Er wirkte plötzlich ganz niedergeschlagen. »Genau die Sorte habe ich als einzige nicht gekauft. Ich fahre schnell runter und tausche die hier dagegen um.«

»Nein, nein, Ei und Kresse ist sogar noch besser. Manche Leute glauben sogar, dass Käse und Pickles das Risiko eines Kaiserschnitts vergrößert!«

»Wirklich? Mensch, vielen Dank für den Tipp!« Er drückte auf den Summerknopf, sprach seinen Namen in die Gegensprechanlage, und schon war er drin und ich mit ihm.

Ich gab mich so zielstrebig, als wüsste ich genau, wohin ich wollte, musste dabei aber ziemlich langsam gehen, um, falls zufällig eine Tür geöffnet wurde, einen Blick in den jeweiligen Raum werfen zu können. Der fensterlose Gang der Entbindungsstation hatte die Atmosphäre eines Geheimgefängnisses in irgendeiner weit entfernten faschistischen Diktatur. Hinter den Türen ertönten Schmerzensschreie, und es herrschte ein Kommen und Gehen entschlossen dreinblickender Männer und Frauen mit metallischen Folterinstrumenten. Dann sah ich eine

Tür und hatte sofort das Gefühl, dass Catherine in diesem Zimmer lag und unser Kind gebar.

»'tschuldigung, falsches Zimmer«, erklärte ich der nackten Dame, die gerade in ein Gebärbecken stieg. Ich drückte mein Ohr an die Tür des nächsten Gebärzimmers und hörte einen Mann in belehrendem Ton sagen: »Aber das weiß doch jeder, dass Käse und Pickles das Risiko eines Kaiserschnitts vergrößern!« Am Ende des Gangs stand der Schreibtisch der Stationsschwestern. Mir war klar, dass ich keine Wahl hatte. Betont selbstsicher ging ich daran vorbei und hielt Ausschau nach irgendwelchen Hinweisen, und prompt hing da ein großes weißes Brett an der Wand, auf dem die Zimmernummern und die Namen der Mütter verzeichnet waren. Unter »Zimmer 8« hatte jemand mit blauem Filzstift »Catherine Addams« gekritzelt. »Adams« mit Doppel-d, als handelte es sich um die Addams Family – ein Versehen, das, als ich mich im Spiegel erblickte, plötzlich durchaus passend erschien. Dann stand ich vor Zimmer 8. Ich versuchte mein Haar mit der Handfläche glatt zu streichen, aber es richtete sich immer wieder auf. Ich klopfte leise an und trat ein.

»Aaarrrrgggggghhhhhhh!«

»Hallo, Catherine.«

»Aaaaaaarrrrgggggghhhhh!« Sie hatte wahrscheinlich gerade eine Wehe – falls es sich nicht um eine ganz natürliche Reaktion auf mein Erscheinen handelte.

»Was, zum Teufel, hast du hier zu suchen?«, schrie sie.

»Ich muss mit dir reden.«

»Na, großartig. Ich habe nämlich im Augenblick nichts Besonderes zu tun. Aaaaaaaaarrrrggggggghhh!«

Die einzige andere Person im Raum war Judith. Sie wirkte grauenhaft enttäuscht – wie die zweite Besetzung in einem Theaterstück, nachdem die Hauptdarstellerin in allerletzter Sekunde, unmittelbar bevor sich der Vorhang hebt, doch noch aufgetaucht ist.

»Warum ist keine Hebamme und kein Arzt hier oder sonst wer?«, fragte ich.

»Der Muttermund hat sich erst fünf Zentimeter geweitet«, erklärte Judith, beleidigt, weil ich sie nicht einmal als »oder sonst wer« gelten ließ. »Ab und zu kommt jemand rein und sieht nach, wie es ihr geht. Und ich habe ihr Sandwiches gekauft.«

»Sie isst nie Sandwiches.«

»Ach so.« Judiths Enttäuschung wurde noch größer.

»Hör zu, Catherine«, sagte ich, »ich hab's endlich kapiert. Ich weiß jetzt, was ich falsch gemacht habe.«

»Gratuliere, Michael!«

Sie saß, in einen unvorteilhaften Krankenhauskittel gehüllt, aufrecht im Bett und war fast genauso verschwitzt und zerzaust wie ich.

»Ich glaubte, du hättest mich satt.«

»Ich habe dich satt. Ich bin total und absolut angeekelt von dir und entsetzt über dich.«

»Ja, jetzt – und das ist ja auch verständlich«, räumte ich ein. »Aber vorher, als du es satt hattest, die Mutter von zwei kleinen Kindern zu sein, da glaubte ich, du liebtest mich nicht mehr, und das war wohl der Grund, weshalb ich immer wieder wegging.«

»Aaaaarrrrrgggghhhh!«

Judith drängte sich ostentativ zwischen uns und tupfte die Stirn ihrer Schwester widerlich sanft mit einem Waschlappen ab, der noch nasser war als Catherines Haut.

»Was riecht da?«

»Ätherische Öle, Essenzen«, antwortete Judith selbstgefällig nickend. »Die haben mir sehr geholfen, als ich Barney bekam.«

»Essenzen sind das ja wohl kaum, oder, Judith? Diese Öle sind nämlich ganz und gar nicht essenziell. Jahrtausendelang haben Frauen Kinder ohne das Zeug auf die Welt gebracht. Extrem überflüssige Öle wäre eine bessere Bezeichnung.«

»Hör auf, Michael«, sagte Catherine, die sich noch von der letzten Wehe erholte. »Du hast mich belogen und allein gelassen und glaubst, du müsstest einfach nur hier auftauchen, und alles ist wieder gut? Du langweilst dich, so ganz allein, und wärst gern wieder eine Weile Dad, bis dich das auch wieder langweilt. Hau bloß ab, sag ich dir!«, brüllte sie.

»Äh, soll ich deine Füße massieren?«, fragte Judith etwas verlegen.

»Nein, Judith, du sollst mir nicht die Füße massieren, vielen Dank.«

»Was du da sagst, ist völlig richtig, Catherine. Aber *du* wolltest doch so früh Kinder. Ich tat so, als wollte ich sie auch, aber nur, damit du glücklich bist. Ich habe alles immer nur getan, um dich glücklich zu machen.«

»Ach, so ist das? Du hast also nur deshalb in deiner eigenen Wohnung die Sau rausgelassen, um *mich* glücklich zu machen? Ich dachte die ganze Zeit, du hättest es getan, weil du ein egoistisches Arschloch bist, aber jetzt erkenne ich, dass eigentlich immer alles nach *meinem* Willen ging. Entschuldige bitte vielmals, dass ich so egoistisch war!«

»Augenblick mal«, sagte ich. »Was ist das für ein Geräusch?«

»Welches Geräusch?«, fragte Catherine, verärgert, weil ich ihren Redefluss unterbrochen hatte.

Da war es wieder. Ein unheimliches, dumpfes Ächzen, das aus dem Zimmer selbst kam. Es klang, als liege im Kleiderschrank ein mit Beruhigungsmitteln vollgestopfter, stöhnender alter Mann, dessen Ende nahte.

»Da, schon wieder! Das klingt ja schrecklich. Was ist das?«

Judith war zutiefst beleidigt. »Das ist meine Kassette mit

dem Gesang der Wale. Der soll Catherine beim Entspannen helfen.«

»Aaaaaaaaaaaaaargh!«

»Funktioniert ja prima. Eine Kassette mit Walgesängen! Mann, du erfüllst das Hippie-Klischee wirklich bis ins Letzte! Ich wette, das sind nicht mal aktuelle Walgesänge, sondern Klassiker aus den sechziger Jahren.«

»Gnnnnnnnnnooooooooo ...«, machte der Wal.

»Aaaaaaaaaaaarrrrrrrrgggghhhh!«, machte Catherine, rutschte nervös auf dem Bett hin und her und fügte hinzu: »Tust du mir bitte einen Gefallen, Judith?«

»Ja?«, sagte Judith hocherfreut.

»Würdest du diese beschissene Walgesang-Kassette stoppen? Ich fühle mich auch so schon wie ein dicker, fetter Wal.«

»Ja, ist gut.«

»Und hör auf, mir dieses stinkende Öl in die Füße zu massieren, sonst muss ich noch kotzen.«

Nun konnten Catherine und ich unsere Auseinandersetzung fortführen, wobei sie den leichten Nachteil hatte, sich mitten in der Eröffnungsphase zu befinden. Ein- oder zweimal glaubte ich sie in die Enge getrieben zu haben, weil sie nichts erwiderte, doch das lag jedes Mal an einer gewaltigen, äußerst schmerzhaften Wehe. Während wir uns anschrien, nahm ich aus den Augenwinkeln wahr, dass Judith in einem Handbuch über natürliche Geburt nachsah, welche Kristalle oder Kräuter man in einer Situation wie dieser am besten schwenkte. Catherine erklärte, mir gehe es immer nur um mich, woraufhin ich erwiderte: »Nein, ich liebe dich, du Vollidiotin!« Sie nannte mich egozentrisches Arschloch, ich bezeichnete sie als eine ewig jammernde Märtyrerin. Ich hatte es aufgegeben, zu Kreuze zu kriechen, weil das absolut nichts brachte, und ging stattdessen in die Offensive.

289

»Du hast mich aus dem Haus getrieben, *du* schuldest *mir* eine Entschuldigung!«

»Ich schulde dir eine Entschuldigung?«, fragte sie fassungslos.

»Ja, genau.« Ich wusste zwar nicht, wohin das führen würde, machte aber trotzdem weiter.

»Ich schulde *dir* eine Entschuldigung? Willst du wissen, was ich dir schulde?«

»Ja, äh, was denn?«

Auf dieses Stichwort hin schlug sie mir mit aller Kraft ins Gesicht. Ich ging zu Boden wie ein gefällter Baum und knallte mit dem Hinterkopf an die Metallbehälter mit den Narkosegasen, die der Schmerzlinderung dienen sollten, in Wirklichkeit aber äußerst schmerzhaft waren. Dann begann Catherine zu weinen und mich mit einer Plastikbettpfanne zu hauen. Ich rollte mich auf dem Boden zusammen. Bei Catherine setzte die nächste Wehe ein, und Judith drückte den Schwesternrufknopf.

Bei der Geburt meiner ersten beiden Kinder war ich emotional merkwürdig distanziert gewesen. Bei der Geburt des dritten wurde ich körperlich von zwei stämmigen Angehörigen des Krankenhaussicherheitsdienstes entfernt. Etwa eine Stunde lang ging ich ratlos vor dem Gebäude auf und ab, während fröhliche Besucher der Entbindungsstation mit Blumensträußen und Plüschtieren hineineilten und mit leeren Händen herausschlenderten. Ein winziger Hoffnungsschimmer hatte mich veranlasst, draußen vor dem Krankenhaus zu bleiben; Catherine hatte nämlich, während sie meinen Kopf mit der Bettpfanne bearbeitete, immer wieder »Ich liebe dich« gesagt. Ich hatte angenommen, sie würde mich hassen, was ja ebenso gut hätte sein können. Doch als mich die Sicherheitsleute an den Haaren packten, meinen Kopf nach unten drückten, mir den abgewinkelten Arm an den Rücken pressten, dass er fast brach, und mich aus dem Krankenhaus zerrten, überkam mich eine euphorische Gemütsruhe, fast als schwebte ich über dem Boden, was ich auch tatsächlich tat, als mich die beiden Gorillas in hohem Bogen auf den Gehsteig schleuderten.

Nach einer Weile sprach ich eine Gruppe von Besuchern an und überredete sie, eine Nachricht in Zimmer 8 der Entbindungsstation zu bringen. Die Mitteilung stand auf der Rückseite eines Kärtchens, das ich in einer Telefonzelle gefunden hatte. Die Leute waren sehr hilfsbereit, ich hatte keinerlei Probleme, sie um den Gefallen zu bitten, auch wenn ihre Bereitwilligkeit schwand, als sie das Kärtchen umdrehten und das Foto einer vollbusigen Prostituierten mit nacktem Oberkörper sowie die Aufforderung »Dominatrix! Lass dich von ihr bestrafen!« erblickten. Ich hatte nun mal nichts anderes gefunden. »Kleiner Scherz unter Eheleuten«, erklärte ich stotternd. »Daheim muss alles nach ihrer Pfeife tanzen.« Auf dem Kärtchen teilte ich Catherine mit, dass ich mich ganz in der Nähe aufhielte und über einen Anruf freuen würde, sobald das Baby auf der Welt sei. Dass es sich bei der angegebenen Nummer um die einer Telefonzelle an der Westminster Bridge handelte, würde Catherine nicht merken. Den restlichen Tag verbrachte ich auf einer Bank neben der von mir ausgesuchten Telefonzelle. Jeder Passant, der Anstalten machte, sie zu betreten, warf mir, nachdem er den großen »Außer Betrieb«-Aufkleber an der Tür gesehen hatte, einen Blick zu, und wir verzogen beide das Gesicht, wie um zu sagen: Wohin ist es gekommen mit diesem Land!

Alle Viertelstunden ertönte Big Ben und machte mir bewusst, wie langsam dieser Tag verging. Es war mir gelungen, den Fortlauf der Minuten auch noch mitanzusehen, indem ich mich gegenüber der größten Uhr der Welt niedergelassen hatte. Zentimeter für Zentimeter drehte sich das Riesenrad im Kreis, die Flut kam, die Ebbe trat ein. Ich ließ mir mein Mittagessen schmecken. Ich war nämlich, bevor ich mich auf der Bank niedergelassen hatte, auf ein verstört wirkendes Paar zugegangen, das die Klinik gerade mit einem Neugeborenen verlassen hatte und über den Parkplatz schritt.

»Herzlichen Glückwunsch«, sagte ich.

»Danke«, erwiderten beide. Sie wirkten stolz, aber auch ziemlich durcheinander. Mutter und Baby wurden auf den Rücksitz verfrachtet.

»Äh, darf ich Sie etwas fragen? Hat sie die Sandwiches gegessen?«

»Wie bitte?«

»Die Sandwiches, die Sie ihr gemacht haben, als die Wehen einsetzten.«

»Nein. Komisch, dass Sie die erwähnen – sie hat sie nämlich nicht angerührt.«

»Würden Sie mir die Sandwiches für die Obdachlosen hier in der Gegend geben? Wir haben da so eine Aktion ins Leben gerufen.«

»Selbstverständlich. Tolle Idee!« Er gab mir die Sandwiches, mehrere Dosen Limonade und sogar eine Tafel Schokolade. Doch obwohl die Frau gerade erst entbunden hatte und dem Anschein nach völlig auf ihr neugeborenes Kind fixiert war, befahl sie vom Rücksitz aus: »Die Schokolade nicht!«

Meine lange Wache neben der Telefonzelle durchlief mehrere Phasen. Zunächst war ich stolz auf das Organisationstalent, das ich angesichts der widrigen Umstände bewiesen hatte. Ich hatte einen Sitzplatz mit Blick auf die Themse. In einer Tüte links neben mir lag mein Mittagessen. Mein öffentliches Privattelefon befand sich zu meiner Rechten. Jetzt galt es nur zu warten. Doch als dann Stunde um Stunde vergangen war und die Kälte meine Moral schwer unterminiert hatte, begann ich mir Gedanken zu machen. Zuerst betraf meine Besorgnis die Möglichkeit, dass Catherine nicht anrufen würde, dass sie meine Mitteilung einfach zerrissen hätte und ich noch auf der Bank sitzen würde, wenn sie das Krankenhaus schon längst verlassen hätte. Dann überlegte ich, ob nicht vielleicht das Telefon wirklich außer Betrieb war, dass ich ein Schild an die Zelle geklebt hatte, ohne mich zu vergewissern, dass dessen Aufschrift auch tatsächlich eine Lüge war. Ich betrat die Zelle und wählte 150.

»Hallo, hier ist die British Telecom, mein Name ist Janice, was kann ich für Sie tun?«

»Danke, mehr wollte ich nicht wissen.«

Dann packte mich die Angst, dass Catherine sich möglicherweise genau während dieses zehnsekündigen Anrufs gemeldet, das Besetztzeichen gehört und es kein zweites Mal versucht hatte. Sollte ich mir von einem Passanten 10 Pence schnorren, auf der Entbindungsstation anrufen und nachfragen? Aber auch das war ja vielleicht genau der Moment, in dem sie mich zu erreichen versuchte. Diese überspannten Gedanken wirbelten so lange in meinem Kopf herum, bis sie völlig ausgelaugt waren und ich mich nur mehr mit echten, ernsthaften Sorgen herumschlagen musste. Warum sollte sie mich überhaupt anrufen? Und was würde ich dann eigentlich tun? Mich wieder auf meine Bank im Clapham Common legen? In Mrs. Conroys Garage schlafen? Obdachlose Arbeitslose haben ohnehin mehr Probleme als die meisten anderen Menschen; das Allerschlimmste aber sind die nicht enden wollenden Stunden, in denen es nichts zu tun gibt, als zu grübeln. Als General Custer Probleme hatte, wusste er wenigstens nicht, wo ihm der Kopf stand.

Es wurde Abend. Die Tausenden von Menschen, die am Vormittag an mir vorbeigegangen waren, passierten mich jetzt in die Gegenrichtung. Die Bootslichter verschwanden unter der Westminster Bridge, weniger und weniger Scheinwerfer glitten über die Brücke. Mit der Dunkelheit nahm auch die Kälte zu, und der Drang zu urinieren, von dem ich gehofft hatte, er werde vergehen, wenn ich ihn nur ignorierte, wurde zur vordringlichsten, brennendsten Sorge. Ich ging vor der Bank auf und ab, ich schlug die Beine übereinander, ich hüpfte auf der Stelle, doch es wurde unerträglich. Ich musste in Hörweite der Telefonzelle bleiben und gleichzeitig pinkeln. Deshalb also stinken Telefonzellen immer nach Urin. Plötzlich kam mir eine Idee. Ich schlich mich, eine weggeworfene leere Bierdose in der Hand, in die Telefonzelle und beschloss, mein Geschäft dort zu verrichten. Zu diesem Zeitpunkt hielt ich dies noch für eine zivilisierte Lösung des Problems; ich hatte mir allerdings noch nie Gedanken über die Kapazität meiner Blase gemacht. Niemals hätte ich gedacht, dass sie circa das Vierfache des Fassungsvermögens einer leeren 50-cl-Bierdose betrug. Nach etwa zwei Sekunden war die Dose voll, der Schwall aber nicht mehr zu stoppen. Die Vorstellung, so tief zu sinken, dass ich in eine öffentliche Telefonzelle pinkelte, war mir jedoch derart unerträglich, dass ich meinen Penis an der Spitze fest zusammendrückte und den Hahn schmerzhaft zudrehte. Dann stieß ich ungelenk mit dem Bein die Zellentür auf und krümmte mich so, dass ich die Dose auf die matschige Grünfläche entleeren konnte, während ich mit der anderen Hand weiter meinen armen, gequälten Penis hielt, der zum Bersten geschwollen war und wie ein verstopfter Feuerwehrschlauch in einem *Tom und Jerry*-Cartoon aussah. Genau in diesem Augenblick klingelte das Telefon.

Ich erschrak und geriet sofort in Panik. »Hallo?«, sagte ich in den Hörer, während der Urin sich wie durch einen gebrochenen Damm über meine Hose ergoss. »O nein!« Jetzt war mir auch noch die Dose aus der Hand gefallen, und das Zeug lief gluckernd über meinen Schuhen aus. »Verdammte Scheiße!«

»Ich bin's«, sagte Catherine. »Ich dachte, du wolltest, dass ich anrufe.«

»Ja, richtig. Aber ich habe wegen dir gerade meine Pissedose ausgeschüttet.«

»Was?«

»Das Bier verpisst sich.«

Ich versuchte nach Kräften, so normal und beiläufig wie möglich zu klingen, während mein Urin unaufhaltsam meine Hose hinabfloss.

»Also, was, äh, hast du denn so gemacht?«

»Ein Baby zur Welt gebracht«, erklärte sie staubtrocken.

»Ach ja, richtig, stimmt.«

Ein Mann ging an der Telefonzelle vorbei und warf mir einen kurzen Blick durch die Glasscheibe zu, während ich nach Kräften zu vertuschen suchte, dass ich die Zelle effektiv als öffentliche Toilette missbrauchte.

»Und was hast du so gemacht?«

»Das hast du mich gerade gefragt.«

»Ach ja, entschuldige. Du hast darauf geantwortet, dass du gerade ein Baby zur Welt gebracht hast. Siehst du, ich habe durchaus zugehört!«

Die dampfenden Niagarafälle in der Telefonzelle waren endlich versiegt. Ich schloss mit der einen Hand den Hosenschlitz, während ich mit der anderen den Hörer ans Ohr hielt.

»Also, es ist da«, sagte Catherine. Sie klang sehr fremd. Müde natürlich, aber auch kühl und distanziert, was mir ein bisschen Angst machte.

»Und geht es dem Baby gut?«, fragte ich nervös. »Ich meine, ist es gesund und so?«

»Ja, völlig gesund und wunderschön. Dreitausendzweihundertsechzig Gramm. Geburtszeit vierzehn Uhr dreißig. Es ist übrigens ein Junge, falls du vorhattest, danach zu fragen.«

»Ein Junge! Fantastisch! Und dir geht es gut, ja?«

»Ja. Es war eine ganz leichte Geburt.«

»Tja, das Wunder des Walgesangs«, witzelte ich, doch Catherine ließ sich nicht zum Lachen verführen.

»Also, du kommst am besten mal vorbei. Ich muss mit dir reden. Ich habe mit ihnen gesprochen, sie lassen dich jetzt rein. Ich liege im sechsten Stock, Station Helen.«

»Super, vielen Dank! Ich komme so schnell ich kann.« Ich legte auf. Ich hätte hinzufügen können: »Vorher muss ich nur schnell noch den ganzen Urin aus meiner Hose waschen«, aber der Moment erschien mir für diese Information wenig geeignet. Ich hob die halbvolle Bierdose auf und pfefferte sie in den nächsten Abfallbehälter. Aus den Augenwinkeln sah ich einen Penner, der beobachtete, wie die Flüssigkeit während des Wurfs aus der Dose schwappte, und, als ich Richtung Krankenhaus loslief, hektisch und voller Vorfreude auf den ersten Schluck zu dem Müllbehälter stapfte.

»Guten Abend«, rief ich dem Pförtner, der gerade die Krankenhaustoilette betrat, fröhlich entgegen. Wenn ich so tat, als wäre es das Normalste der Welt, in der Unterhose dazustehen und die ausgewaschene Hose unter den elektrischen Händetrockner zu halten, würde er sich zumindest für kurze Zeit davon überzeugen lassen, sagte ich mir. Ließ er sich aber nicht.

»Ich habe Kaffee auf meine Hose geschüttet, jetzt muss ich sie auswaschen«, erklärte ich. Das sollte ihm die Gelegenheit geben, mich verständnisvoll anzulächeln, die er jedoch nicht ergriff.

Kurz darauf war ich wieder angezogen. Ich wusch mir das stoppelbärtige Gesicht und tat mein Möglichstes, um das schüttere Haar flach anzulegen. Ich sah aus wie ein alter Mann, wirkte jedoch nervös wie ein Junge vor dem ersten Rendezvous. Als ich die Tür aufzog, sah ich, dass meine Hand zitterte. Die Hochstimmung wegen der Geburt unseres Babys bewirkte, dass meine heimlichen Ängste ungeahnte Dimensionen annahmen. Ein neues Leben hatte bereits begonnen an diesem Tag; jetzt hing es von Catherine ab, ob auch für mich ein neues anfangen konnte. Es war wohl meine letzte Chance. Ich hatte ihr gesagt, dass ich anders werden, dass ich mich verändern würde. Wenn ihr unmittelbar nach der Geburt unseres dritten Kindes nichts daran lag, mit mir zusammenzubleiben, würde ihr niemals mehr etwas daran liegen. Ich drückte den Aufzugknopf, als wäre ich vorgeladen worden, um mir anzuhören, wie über mein Gesuch entschieden worden war. Ich hätte voller Freude sein müssen, doch ich war nur angespannt. Sie hat gesagt, dass sie dich liebt, sagte ich mir immer wieder, aber sie hat dich dabei ins Gesicht geschlagen. Ziemlich widersprüchliche Signale. Und wenn sie mich wirklich wiederhaben wollte, warum hatte sie dann am Telefon so kühl und lieblos geklungen?

Die Lifttür öffnete sich, und heraus kam ein überglückliches Paar mit einem neugeborenen Kind. Aus der Nervosität zu schließen, mit der sie es nach Hause brachten, war es ihr erstes. Ich hatte vergessen, wie unglaublich winzig Neugeborene sind, und wie sehr sie einem Naturfilm entsprungen zu sein scheinen. »Ein Prachtkerl«, sagte ich.

»Ich weiß«, erklärte die stolze Mama und versuchte die riesige blaue Baumwollmütze davon abzuhalten, über das ganze Gesicht des Babys zu rutschen. Die Geburt eines Kindes gehört zu den wenigen Ereignissen, die einen Briten dazu bringen können, mit völlig fremden Menschen zu sprechen. Neugeborene Kinder, junge Hunde und das Gemeinschaftserlebnis eines Eisenbahnunglücks.

Der Lift erreichte die sechste Etage, und ich verschaffte mir mittels des Summerknopfes Eintritt in Station Helen. Vor mir erstreckte sich ein auf Hochglanz geputzter Korridor. Zu meiner Rechten befand sich die erste Nische, sechs Betten mit sechs sehr unterschiedlichen Frauen. Keine von ihnen war Catherine. Die Mütter trugen Bademäntel oder Nachthemden, waren jedoch viel zu sehr mit den winzigen Paketen in den kleinen Acrylglas-Bettchen beschäftigt, als dass sie sich von dem fremden Mann, der sie im Vorbeigehen der Reihe nach musterte, hätten stören lassen. Auch in der nächsten Nische lag ein Trupp frisch gebackener Mamas, jede von ihnen so unglaublich anders als Catherine, dass ich einmal mehr in meiner Ansicht bestätigt wurde, niemals an einer anderen Frau Interesse finden zu können. Die letzte Nische war neben dem Fernsehraum. Durch die geöffnete Tür hörte man das verzerrte Geschrei von Schauspielern.

»Hallo, Michael.« Catherines Stimme kam von hinten. Zwischen den beiden Teilen des schäbigen grünen Vorhangs, der um das erste Bett gezogen war, gab es eine kleine Lücke. Ich ging darauf zu und trat durch den Vorhang. Catherine saß aufrecht im Bett; sie trug ein altes Radiohead-T-Shirt von mir. Sie wirkte nicht gerade glücklich über mein Erscheinen. Eher verängstigt. Ich beugte mich zu ihr hinunter und küsste sie auf die Wange. Sie ließ es geschehen.

»Herzlichen Glückwunsch!«, sagte ich.

Sie erwiderte nichts, sah mich nur mit leerem Blick an.

»Tja, also, wo ist denn nun mein Kleiner?«, stammelte ich in dem Versuch, eine Heile-Familie-Atmosphäre zu kreieren, dessen Absurdität durch die aus dem Fernsehraum dröhnende schmissige Titelmusik einer Sitcom noch verstärkt wurde.

Ich blickte auf das winzige Baby, das, in eine blaue Krankenhausdecke gehüllt und mit einem hellblauen Namensschildchen aus Plastik ums Handgelenk, in seinem Bettchen schlief. Der kleine Junge war eine so vollkommene Miniaturausgabe eines

Menschen, jede Einzelheit an ihm war so liebevoll gestaltet, dass ich mir wünschte, wieder an Gott glauben zu können.

»Wie schön er ist«, sagte ich. »Wunder-, wunderschön.«

Ich betrachtete die meisterhaft geschwungenen, in winzigen, exakten Abständen angesetzten Wimpern und die kleinen, perfekte Kreise bildenden Nasenlöcher. Dann hörte ich Catherine sagen: »Er ist nicht von dir, Michael.«

Zuerst nahm ich es gar nicht richtig wahr. Dann wurde mir bewusst, was sie da eben gesagt hatte, und ich hob fassungslos den Blick. Catherine hatte Tränen in den Augen.

»Er ist nicht von dir«, sagte sie noch einmal und erklärte angesichts meiner totalen Verwirrung: »Du warst ja nie da.« Dann begann sie hemmungslos zu weinen. »Du warst ja nie da.«

Ich starrte sie an, suchte nach irgendeiner Logik in ihren Äußerungen.

»Aber woher weißt du das denn? Ich meine, mit wem hast du denn sonst noch ... ?«

»Mit Klaus.«

»Mit *Klaus*?«

»Ich war einsam, wir haben eine Flasche Wein getrunken, und dann, ach, ich weiß auch nicht.«

»Was soll das heißen? Dass eines zum anderen führte, vielleicht?«

»Hör auf zu schreien.«

»Ich schreie überhaupt nicht!«, schrie ich. »Du hast mich verlassen, weil ich dich getäuscht hatte, dabei hast du die ganze Zeit das Kind eines anderen im Bauch getragen!«

Sie schluchzte noch lauter, schnaubte und prustete hemmungslos wie ein Tier. Ihr Gesicht war völlig verzerrt.

»Woher willst du überhaupt wissen, dass das Kind von ihm ist? Wir haben schließlich auch miteinander geschlafen, ohne zu verhüten, weißt du nicht mehr?«

»Das war doch nur, weil ich wusste, dass ich schwanger war. Als Tarnung, sozusagen, damit du es nie herausfinden würdest. Damals hielt ich dich noch für einen guten Vater, aber jetzt ist es zu spät dafür.«

»Trotzdem könnte er von mir sein«, insistierte ich ohne große Hoffnung und versuchte mit einem kurzen Blick in das Bettchen herauszufinden, ob es zwischen dem Baby und mir nicht irgendwelche auffälligen Ähnlichkeiten gab. Es gab keine. Hinsichtlich der Frage, wem das Kind ähnelte, hatte Catherine es eindeutig mit Sir Winston Churchill getrieben.

»Das Datum beweist eindeutig, dass es seines ist. Ich weiß es einfach. Du kannst ja einen DNA-Test machen lassen, wenn du nicht überzeugt bist, aber bis dahin wirst du mir wohl oder übel glauben müssen. Es ist nicht dein Kind.«

Sie sah mich unverwandt an. Sie wirkte herausfordernd und fast stolz darauf, diejenige zu sein, die dieser Ehe den Todesstoß versetzte.

»Weiß er es? Hast du es ihm gesagt, bevor er nach München zurückflog?«

»Nein. Dieses Kind hat keinen Vater.« Sie begann wieder zu weinen, und am liebsten hätte ich gesagt: »Schon gut, hör auf zu heulen, so schlimm ist es nun auch wieder nicht«, aber natürlich war es durchaus so schlimm; es war sogar sehr, sehr schlimm.

Ich war völlig ratlos. Eigentlich hatte ich in diesem Raum überhaupt nichts verloren. Schließlich galt mein Besuch einer Frau, die bereits gesagt hatte, dass sie nicht mehr mit mir verheiratet sein wolle, und soeben von dem Kind eines anderen entbunden worden war. Ich machte kehrt und verschwand durch den Vorhang, ging den Korridor zurück und dackelte aus der Station. Eine vorbeieilende Schwester bedachte mich mit einem strahlenden Lächeln, was in einer Entbindungsstation

300

durchaus angebracht ist; ich schaffte es aber, glaube ich, trotzdem nicht zurückzulächeln. Ich erinnere mich nicht mehr daran, dass ich die Station verließ, muss es aber wohl getan haben.

Monatelang hatte ich ihren Bauch wachsen sehen, hatte ihr Papiertaschentücher gereicht, wenn ihr morgens übel war, hatte mich in den Anblick der kleinen Ultraschallaufnahme des Fötus vertieft, war mit ihr in den Geburtsvorbereitungskurs gegangen, hatte die Tritte des Babys in ihrem Bauch gefühlt und voller Spannung auf die Nachricht von der Geburt gewartet – diese gesamte emotionale Investition war mit einem Schlag zunichte gemacht. Nachdem sie weggegangen war, hatte ich das Baby für das vielleicht einzige Mittel gehalten, uns wieder zusammenzubringen. Jetzt hatte dieses Baby das Ganze in tausend Stücke zerfetzt.

Ich drückte den Aufzugknopf. Der Schock saß noch so tief, dass ich nicht die leiseste Ahnung hatte, wohin ich vom Krankenhaus aus gehen sollte. Durch meinen Kopf wirbelten wirre, wütende Gedanken. Wie mies hatte ich sie, ihrer Meinung nach, behandelt, wie hatte sie sich als die Geschädigte aufgespielt, als das bemitleidenswerte Opfer meiner herzlosen Täuschung! Und gleichzeitig war in ihr dieser Zeuge des elementarsten Betrugs herangewachsen, den es gab! Verbittert und verstört, wie ich war, nahm ich es ihr besonders übel, dass sie in einer Zeit mit unserem Nachbarn geschlafen hatte, in der sie mit mir dazu nie in Stimmung gewesen war. Es war ja nicht etwa so gewesen, dass wir uns, als wir noch zusammen waren, dreimal täglich liebten und ich plötzlich verschwand und sie mitsamt ihrem unersättlichen sexuellen Verlangen allein ließ. Seit der Geburt der Kinder war sie für Sex immer zu müde gewesen. Sie hatte mir erklärt, wenn man den ganzen Tag von Kindern betatscht werde, habe man abends keine Lust, auch noch vom Ehemann betatscht zu werden. Für Sex mit dem muskulösen jungen Studenten von nebenan hatte ihre Energie dagegen durchaus gereicht. Kein Wunder, dass der Typ immer so nett zu mir gewesen war. Er hatte mir den verstopften Waschbeckenabfluss freigemacht, neue Sicherungen reingedreht und den Absperrhahn geöffnet – keine Aufgabe war ihm zu beschwerlich gewesen. Deine Ehefrau schwängern? Ey – kein Problem, Mikey! Ich schau demnächst mal vorbei, wenn du nicht da bist.

Da der Aufzug keine Anstalten machte zu erscheinen, drückte ich wieder und wieder auf den Knopf, obwohl ich wusste, dass das völlig sinnlos war. Hatte sie auch nur einen Gedanken an Millie und Alfie verschwendet, während sie ihren Mann betrog? Hatte sie jemals darüber nachgedacht, was aus ihnen würde, wenn ich von dieser Liebesnacht erführe?

Aber vielleicht war es ja nicht nur eine Nacht gewesen, sondern viele Nächte, vielleicht dauerte diese Affäre schon Jahre. Vielleicht war er in Wirklichkeit gar nicht nach Deutschland zurückgekehrt, sondern hatte sich irgendwo in London eingemietet, und Catherine und die Kinder würden mit dem neuen Baby nachkommen! Ja, genau – die Nachricht von meinem Doppelleben war für sie genau der Vorwand gewesen, auf den sie gewartet hatte. Ich dachte eine Weile über diese Theorie nach, kam dann allerdings zu dem Schluss, dass sie einen kleinen Fehler hatte: Ich selbst hatte Klaus zum Flughafen gefahren, und er hatte mir sogar noch eine Postkarte aus München geschickt und sich bedankt, was als Tarnung ziemlich übertrieben gewesen wäre. Außerdem hatte Catherine mir erzählt, was passiert war; wäre die Wahrheit noch schlimmer gewesen, hätte sie das bestimmt nicht davon abgehalten, sie mir mitzuteilen.

Sie hatte also einmal mit dem Kerl von nebenan geschlafen. Konnte ich ihr das wirklich nicht verzeihen? War es so viel schlimmer als der fortwährende Betrug, den ich begangen hatte? Hatte ich sie nicht einsam und allein gelassen, Nacht für Nacht? Und war ich nicht selbst einmal um ein Haar sexuell untreu geworden? Mein Groll schwand, so schnell er gekommen war. Es war fast, als ließe mich der Aufzug absichtlich solange warten, damit ich Gelegenheit hatte, noch einmal über all das nachzudenken, was ich verlassen wollte. Ich sah Catherine und mich vor mir, wie wir im Schlafanzug mit den Kindern kuschelten und gemeinsam ein Video ansahen, ich dachte zurück an das Vertrauen, das aus den Gesichtern von Millie und Alfie sprach, wenn sie mich ansahen, und dann begann ich zu weinen. Womit hatten die Kinder dieses Chaos verdient? Wie hatte es so weit kommen können mit uns? »Es tut mir so Leid, Millie und Alfie, es tut mir so Leid!« Alles lag in Trümmern, und meine Tränen strömten wie aus einer geborstenen Hauptwasserleitung. Die Anspannung, unter der ich seit der Trennung gestanden hatte, entlud sich schlagartig. Ich wandte das Gesicht dem Schwarzen Brett zu und versuchte mich zu fassen. Vor meinen Augen hingen die Fotos sämtlicher Babys, die in den vergangenen Jahren Patienten der Intensivstation gewesen waren – winzige Frühchen, die in Sauerstoffzelten mit dem Tod rangen, daneben Fotos von den gesunden, strammen Kindern, die sie schließlich geworden waren, und schon heulte ich wieder los. Es sprudelte nur so; ich drehte den Hahn voll auf und ließ alles raus. Mehrmals öffnete sich die Aufzugtür und schloss sich wieder, und als ich mich endlich im Griff hatte, ging ich hin und drückte noch einmal den Knopf.

Die aufgehende Tür brachte einen alten, hageren Mann zum Vorschein, der in einem viel zu weiten, schmuddeligen Pyjama steckte. Der Mann wirkte dem Tod so nah, dass es mich kaum gewundert hätte, wenn der Schnitter sich hastig an mir vorbeigedrängt und für sein spätes Erscheinen entschuldigt hätte. Sei-

303

nen zitternden Körper hielt er mit Hilfe eines Laufgestells aufrecht; seine fleckige Haut umspannte Mund und Wangenkno-
chen zum Zerreißen straff.

»Rauf oder runter?«, fragte er mich.

In ein paar Jahren würde mein Vater genau so aussehen, einsam und dem Tode nah. Eine dumme Affäre mit Mitte dreißig,
und den Rest des Lebens verbracht mit der Suche nach der Liebe, die meine Mutter und er einst füreinander empfunden hatten.

»Was ist – rauf oder runter?«, fragte der alte Mann noch einmal und fügte hinzu: »Hab schließlich nicht den ganzen Tag
Zeit!«, obwohl eindeutig das Gegenteil der Fall war.

»'tschuldigung«, sagte ich, drehte mich um und ließ ihn einfach stehen.

Ich schritt auf den grünen Vorhang zu, der Catherines Bett um-
schloss.

»Doch, er hat einen«, sagte ich, während ich den Vorhang teilte und hindurchging. Catherine hob überrascht den Blick; ihre
Augen waren immer noch rot.

»Was?«, sagte sie verdutzt.

»Du hast gesagt, dieser kleine Junge hat keinen Vater. Hat er
aber doch. Ich kann sein Vater sein.«

Sie runzelte die Stirn, was ich als Aufforderung zum Weiter-
sprechen interpretierte.

»Er ist der Bruder von Millie und Alfie, dann kann ich doch
auch sein Dad sein, oder? Er ist das Kind der Frau, die ich liebe.
Für meine eigenen beiden Kinder war ich nicht da, aber für ihn
werde ich da sein, das verspreche ich dir, Catherine. Ich werde
nicht nur die leichten Aufgaben übernehmen, sondern auch die
unangenehmen. Ich weiß, wie sich ein Kind fühlt, wenn der Vater auf und davon ist. Lass mich der Vater dieses kleinen Jungen

sein und lass mich dir beweisen, dass ich auch Alfie und Millie ein guter Vater sein kann.«

Der Vorhang ging auf, und ein Pfleger erschien, ein Tablett mit Essen in der Hand.

»Entschuldigen Sie«, sagte ich, »könnten Sie uns bitte einen Augenblick allein lassen?« Ich zog den Vorhang wieder zu. – »Catherine, ich werde bei dir sein, wenn du dich langweilst und alles satt hast und einfach nur jemanden brauchst, bei dem du dich ausjammern kannst, jemanden, der Mitgefühl zeigt, anstatt immer nur gute Ratschläge zu geben. Ich werde bei dir sein, wenn du dir Sorgen um ihn machst – und auch wenn ich selbst keinen Grund für deine Besorgnis sehe, werde ich dasitzen und zuhören, bis wir alles durchgesprochen haben. Ich werde endlos mit ihm spielen und so tun, als ob es mir wirklich Spaß machen würde, kleine Power-Ranger-Plastikfiguren über den Teppichboden zu schieben. Und ich werde bei dir sein, wenn wir gar nichts tun, einfach gemeinsam die Zeit vergehen lassen, denn früher hab ich nicht kapiert, dass es genau darum geht und um nichts anderes – dass der Zweck selbst darin liegt, Zeit mit der Familie zu verbringen, und dass man auch mal gemeinsam Zeit vergeuden muss. Jetzt weiß ich, was ich zu tun habe, und ich weiß auch, dass ich es tun kann.«

Catherine erwiderte nichts; sie sah mich nur an.

»Sind Sie fertig?«, fragte der Pfleger hinter dem Vorhang.

»Ja, vielen Dank.« Ich nahm ihm das Tablett ab.

»Es ist ein Fleischcurry.«

»Ein Fleischcurry – sehr gut. Das mag sie am liebsten.«

Catherines Miene blieb völlig starr. Ich stand vor ihr und wartete auf ein Zeichen, einen Hinweis auf ihre Gedanken. »Ich will das nicht«, sagte sie. Von einer Sekunde auf die andere war ich innerlich wie ausgehöhlt. »Aber du musst uns eine zweite Chance geben, Catherine!«

»Nein. Ich will jetzt kein Fleischcurry essen. Schaust du mal, ob es nicht einen Salat oder so was gibt?«

»Gleich. Vorher möchte ich das geklärt haben. Willst du diesen Jungen allein großziehen oder werden wir das zusammen machen?«

»Du kannst mir verzeihen? Einfach so?«, sagte sie ganz langsam.

»Na ja, ich dachte an eine Art Deal. Gibt es irgendetwas Kleines, das ich mir in den letzten Jahren habe zu Schulden kommen lassen und das du mir jetzt verzeihen möchtest, und sei es nur zum Teil?«

Zum ersten Mal seit unserer Trennung sah ich sie lächeln. Es war nur ein vages, angedeutetes Lächeln, doch mir erschien es wie der plötzlich erklingende schwache Piepston aus einem EKG-Monitor: Es zeugte von Leben, wo ich keines mehr erwartet hatte.

»Aber du wirst immer daran denken, dass es nicht dein Kind ist.«

»Na und? Du hast Recht, ich war nie da. Aber Klaus wird für ihn hier nie da sein, und warum solltest du schon wieder allein gelassen werden?«

Meine Gedanken waren jetzt ganz klar, ich sprach mit missionarischem Eifer. Ich wusste, nur dieser Weg würde zum Ziel führen. Catherine musste einsehen, dass ich Recht hatte.

»Du willst also wirklich das Kind eines anderen als dein eigenes großziehen?«

»Er wird nie erfahren, dass er Halbdeutscher ist. Was hältst du übrigens von dem Namen Karl-Heinz Adams? Hat doch was, oder?«

Sie lächelte wieder, diesmal ein richtiges Lächeln.

»Über eines musst du dir im Klaren sein, Michael. Wenn wir es noch einmal versuchen würden, wäre nichts mehr wie zuvor.

Ich würde dir nie wieder ganz vertrauen – da ist in mir etwas zerbrochen.«

Ich nickte hastig. Auf welche Seite würde die Münze fallen?

»Du warst egoistisch und unreif und unehrlich und blind und kaltherzig und maßlos.«

Ich versuchte, ein Adjektiv aus dieser Reihe herauszupicken, das meiner Ansicht nach zu Unrecht auf mich angewendet wurde, doch es gelang mir nicht. Warum hatte sie ein derartiges Vokabular parat? Warum mussten wir immer mit Worten streiten? Diese Kämpfe würde immer sie gewinnen. Hätten wir mit Noten, Akkorden, Melodien streiten können, hätte ich garantiert bessere Chancen gehabt.

»Wenn du aber«, fuhr sie fort, »bereit bist, mir zu verzeihen, lässt sich darauf vielleicht aufbauen. Kannst du mir versprechen, dass du von jetzt an immer ehrlich sein wirst, dass du dich nie wieder auf so ein dummes, solipsistisches Hirngespinst einlassen wirst?«

Ich antwortete erst nach einer kurzen Pause. »Ich ... ich weiß nicht.«

Sie zog ein langes Gesicht. Ich hatte eindeutig die falsche Antwort gegeben. »Tja, wenn du dir nicht sicher bist, dann gibt es wohl keine gemeinsame Zukunft für uns.«

»Nein, nein«, stammelte ich, »ich weiß nur nicht, was ›solipsistisch‹ heißt. Zuerst wollte ich so tun, als wüsste ich es, und Ja sagen, aber ich möchte doch ab jetzt immer ehrlich sein.«

»Du musst kapieren, dass du nicht der einzige Mensch im ganzen Universum bist – das heißt es.«

»Das habe ich kapiert, wirklich. Ich wollte nur nicht versprechen, nicht solipsistisch zu sein, weil es wie eine Essstörung oder so was klang.«

»Du musst kapieren, dass einem die eigenen Kinder vom Augenblick ihrer Geburt an wichtiger sind als man selbst.«

307

»Ja, du hast Recht, Catherine. Ich verspreche es, ich verspreche alles. Aber du, du bist noch wichtiger! Ich liebe dich. Nie habe ich das stärker gespürt als in der Zeit, als ich dich verloren hatte, und dass du mit Klaus im Bett gelandet bist, zeigt mir nur, wie sehr du dich von mir verlassen gefühlt hast. Fangen wir noch mal von vorn an. Bitte, Catherine, nimm mich wieder!«

Sie zögerte. »Aber nur auf Probe.« Und dann streckte sie mir die Arme entgegen, und ich drückte sie so fest und lang, als wäre ich gerade vor dem Ertrinken gerettet worden.

»Danke, dass du mir verzeihst«, sagte sie, während wir uns umarmten. »Das war ausschlaggebend für mich. Wenn du wirklich bereit bist, den Sohn von Klaus als deinen eigenen großzuziehen, hast du eine zweite Chance wahrlich verdient.« Sie drückte mich an sich und umfing meinen Hinterkopf fest mit der Hand. Ich litt schweigend; ich wollte nicht den überaus druckempfindlichen Bluterguss zur Sprache bringen, der mir von dem Aufprall auf die Narkosegasflaschen nach Catherines Schwinger geblieben war. Ansonsten war alles in Butter. Wir waren wieder zusammen. Wir waren eine Familie.

»Und ich verzeihe dir, auch wenn du nach wie vor eine Riesenmacke hast, an die ich mich nie gewöhnen werde.«

»Welche denn?«, fragte ich gespannt und ließ sie los.

Sie sah mir in die Augen. »Michael, wenn du den ganzen Quatsch – von wegen ich hätte mit Klaus geschlafen und dann dieses Baby da bekommen – allen Ernstes glaubst, bist du ein noch größerer Trottel, als ich ohnehin gedacht hatte.«

Vom Fernsehzimmer her ertönte eine gewaltige Lachsalve aus der Konserve.

für
das
beste
im
mann

hiermit erkläre ich euch zu Mann und Frau«, sagte der eifrige junge Pfarrer, und die Versammelten begannen spontan zu klatschen. Ältere Frauen mit bizarren Hüten lächelten sich beifällig zu, und selbst der Pfarrer stimmte in den Jubel ein, um zu zeigen, dass es in der Kirche keineswegs immer gezwungen und ernst zugehen musste.

Ich klatschte, so gut es ging mit einem neun Monate alten Baby auf dem Arm. Mein Sohn fand den Lärm aufregend. Er kickte immer wieder begeistert mit den Beinchen, ruderte mit den Ärmchen und brachte durch Gluckslaute zum Ausdruck, wie sehr ihm das Ganze gefiel. Catherine hob Alfie hoch, damit er sehen konnte, wie Braut und Bräutigam sich etwas leidenschaftlicher küssten, als es sich eigentlich gebührte. Schließlich hatte der Pfarrer gesagt: »Sie dürfen jetzt die Braut küssen« und nicht: »Sie dürfen der Braut jetzt Ihre Zunge in den Schlund stecken und ihre rechte Titte drücken.«

Die Einladung zu dieser Hochzeit war ein ziemlicher Schock gewesen. Sie hatte mich in Form einer Nachricht auf meinem Handy erreicht – einer Nachricht von jemandem, den ich seit Monaten nicht gesehen hatte. Jim heiratete Kate. Der Mann, mit dem ich in derselben Wohnung gewohnt hatte, heiratete das Mädchen, mit dem ich beinahe geschlafen hätte. Vielleicht hätte ich das den Platzanweisern in der Kirche erklären und die Entscheidung ihnen überlassen sollen, als sie mich »Braut oder Bräutigam?« fragten. Doch als ich mich an die Vorstellung dieser Verbindung gewöhnt hatte, freute ich mich für beide. Sie passten perfekt zueinander: Sie verdiente ein Vermögen und arbeitete sehr viel, er gab ein Vermögen aus und arbeitete gar nicht. Weiße Hochzeiten haben etwas so unglaublich Romantisches, man kann gar nicht anders, als überzeugt zu sein, dass ein solches Paar sein Leben lang überglücklich sein wird. Selbst bei der sechsten Hochzeit von Heinrich VIII. müssen die Gäste gedacht haben: Aah – endlich die wahre Liebe! Diesmal hat er aber wirklich versprochen, ihr nicht den Kopf abzuschlagen. Und doch dachte ich, während ich Jim und Kate auf dem Mittelgang nachblickte, wie wenig sie von den Problemen ahnten, die nun vor ihnen lagen.

Meine eigene Ehe hatte sich in den zurückliegenden neun Monaten allmählich erholt. Unser kleiner Junge hieß Henry – aus irgendeinem Grund trugen alle unsere Kinder Namen, die an Waisen in einem viktorianischen Kostümstück erinnerten. Er hatte blaue Augen und blondes Haar. Weder Catherine noch ich waren auch nur ansatzweise blond, aber nach ihrem Bluff in der Entbindungsstation fand ich es nicht ratsam, die Vaterfrage noch einmal aufzuwerfen. Die Ereignisse am Tag von Henrys Geburt erschienen mir wirr und völlig surreal. Die Erleichterung, nun doch der Vater des Kindes zu sein, vermischte sich mit kurzer, unterdrückter Wut darüber, dass Catherine mir ein derartiges Wechselbad der Gefühle zugemutet hatte. Im tiefsten Herzen verspürte ich ganz kurz sogar eine leichte Enttäuschung – weil sie kein ebenso falsches Spiel gespielt hatte wie ich, weil wir nicht quitt waren und weil ich wieder als der alleinige Übeltäter dastand. Jahrelang hatte ich zugesehen, wie sie Leute austrickste und scheinbar hoffnungslose Situationen mit Hilfe unverschämt dreister Lügen entschärfte, aber auf die Probe, auf die sie mich am Tag von Henrys Geburt stellte, war ich überhaupt nicht vorbereitet gewesen. Ich fragte sie, was sie gemacht hätte, wenn ich nicht zurückgekommen, ihr verziehen und mich bereit erklärt hätte, der Vater des Babys zu sein, das ich für das Kind von Klaus hielt. Sie antwortete, dann hätte sie wieder Kontakt zum wirklichen Vater von Millie und Alfie aufgenommen und wäre mit ihm zusammengezogen. Ich brach in anhaltendes, lautes, durch und durch gekünstelt wirkendes Gelächter aus.

Henry hatte sich zu einem glücklichen kleinen Kerlchen entwickelt, das ohne jeden ersichtlichen Grund loslachte und uns nachts mit bitteren Tränen weckte, die sich sofort in Gluckser verwandelten, sobald seine heiß und innig geliebten Eltern ihn aus dem Bettchen hoben. Babys empfinden alles mit einer unglaublichen Intensität, die erst dann zurückkehrt, wenn sie erwachsen sind und selbst Babys haben. Während der Trauzeremonie verhielt er sich mustergültig, und einige der Laute, die er während des Liedes »Ein Pilger zu sein« produzierte, ähnelten der Melodie mehr als das, was die vor uns stehende Verwandtschaft des Bräutigams von sich gab. Beim anschließenden Fest schlief er in dem violetten Cordsamt-Babytragetuch ein, das nicht recht zu meinem geliehenen Cut passte. Er besabberte mich, und sämtliche weiblichen Hochzeitsgäste fanden mich sofort attraktiv und sympathisch, während sich sämtliche Männer underdressed vorkamen, weil sie kein Baby umgeschnallt hatten, das ihnen die Weste vollsiffte.

Auf den Namen Henry hatten wir uns ziemlich schnell geeinigt. Ich hatte ihn vorgeschlagen, und als ich Catherine meine Gründe dafür nannte, war sie sofort einverstanden. Ich rief meinen Vater an. Er nahm den Hörer ab und meldete sich mit »Henry Adams am Apparat«. Ich sagte ihm, dass ich aus dem Krankenhaus anriefe, weil Catherine und ich wieder zusammen seien und sie gerade einen kleinen Jungen auf die Welt gebracht habe, den wir nach ihm nennen wollten. Es folgte kurzes Schweigen.

»Also, das ist wirklich eine gute Idee. Ich hab nämlich noch irgendwo alte Henry-Adams-Namensschildchen, die kriegt er dann.«

Ich hätte am liebsten gebrüllt: Dad, ich habe dir gerade mitgeteilt, dass mein Sohn nach dir benannt wird! Die blöden Namensschildchen sind doch jetzt völlig egal!

»Na super«, sagte ich. »Vielen Dank.«

Catherine und ich wohnten sogar ein paar Wochen lang bei meinem Dad, bis wir ein Haus gefunden hatten. Catherine räumte seine Speisekammer auf und behauptete hinterher, als sie »Der Krieg ist vorbei!« gerufen habe, seien mehrere Päckchen Eipulver hinter den eingeweckten Pflaumen hervorgekommen, wo sie sich seit 1945 versteckt gehalten hätten. Wir waren meinem Vater sehr dankbar, konnten es aber trotzdem kaum erwarten, in ein eigenes Haus zu ziehen, in dem die Heizung nicht ständig zu stark und der Fernseher nicht ständig zu laut eingestellt war und wo die Kinder nicht ständig aufgefordert wurden, rauszugehen und auf der A347 zu spielen. Obwohl ich nie wieder eine Hypothek aufnehmen würde, sollte sich von nun an vieles in unserem Leben ändern; wir mussten uns beide sehr umstellen. Schließlich mieteten wir ein Haus mit vier Schlafzimmern in Archway, und ich richtete mir in einem winzigen Raum unter dem Dach ein Studio ein. In unserer ersten Nacht dort betrachteten wir die schlafenden Kinder in ihren neuen Bettchen, und ich sagte zu meiner Frau: »Drei Kinder reichen

312

mir, Catherine. Ich weiß, du wolltest immer vier, aber ich finde, wir sollten es bei dreien belassen.«

Sie zögerte kurz, dann sagte sie: »Okay.«

Wir gingen nach unten. Ich bereitete das Fläschchen für die Nachtfütterung vor, und plötzlich fiel mir auf, dass ich das Milchpulver wieder mal abmaß, ohne es mit einem Messer glatt zu streichen. Catherine saß am Küchentisch und blätterte in einer Zeitschrift. Endlich konnte sie mich einfach gewähren lassen. Einen einzigen Streit hatte es gegeben, nachdem ich ihrer Meinung nach etwas falsch gemacht und sie sich darüber aufgeregt hatte – einen Streit, an dessen Ende ich ihr kühn gesagt hatte: »Du kannst nicht alles haben, Catherine. Du kannst nicht einen Mann haben, der daheim seinen Teil der Pflichten übernimmt, und gleichzeitig alles so gemacht kriegen, wie es dir passt.«

Der Traugottesdienst war zu Ende. Wir verließen mit unseren drei Kindern die Kirche und traten hinaus in die Sonne, wo ich halbherzig vorschlug, Millie sollte vielleicht doch lieber nicht auf den Grabsteinen herumklettern, schließlich sei das kein Abenteuerspielplatz. Vor mir standen meine ehemaligen Wohngenossen, die während unseres gesamten Zusammenlebens keine Ahnung von der Existenz meiner Kinder gehabt hatten. Sie sahen mich verblüfft an, und als wir auf sie zugingen, überkam mich unbändiger Stolz. Ich stellte meine drei Kinder den drei Kindern vor, mit denen ich einst zusammengewohnt hatte. Millie und Alfie sagten ganz lieb und höflich »Hallo«, und mir gelang es, meine Verwunderung zu verbergen und so zu tun, als wäre dies völlig normal. Es war ein rundum perfekter Hochzeitstag. Die Sonne schien, der Champagner floss in Strömen, und keine trug dasselbe Kleid wie Catherine. Diese Möglichkeit hatte ihr große Sorge bereitet – eine Befürchtung, die allem, was ich jemals auch nur ansatzweise verstehen könnte, so völlig fern liegt, dass sie in meinen Augen der Beweis für die absolute und fundamentale Unterschiedlichkeit der beiden Geschlechter ist. Die Männer trugen ausnahmslos Cut, doch als ich bemerkte, dass jeder zweite exakt dasselbe anhatte wie ich, brach ich keineswegs in Tränen aus.

Ich stellte Jim, Paul und Simon meine Frau vor. Jim schien es insgeheim ziemlich zu beeindrucken, dass ich dieses kleine Geheimnis immer für mich behalten hatte. Er war sehr charmant zu Catherine, machte ihr Komplimente und brachte sie zum Lachen, während ich in Anbetracht der Tatsache, dass er der Bräutigam war und ohnehin im Mittelpunkt stand, Bedenken hegte, weil Catherine sich so von ihm angetan zeigte. Paul war in Begleitung seines Freundes erschienen, der sich mir gegenüber so kühl gab, als wäre ich noch immer eine Bedrohung für seine neue Beziehung. Für Paul selbst war die Tatsache, dass ich verheiratet war und drei Kinder hatte, wohl der endgültige Beweis dafür, wie weit manche ihr Schwulsein unterdrückenden Schwulen zu gehen bereit waren, um ihre Sexualität vor sich selbst zu verleugnen. Er war aber sehr viel ruhiger geworden; ich hatte fast den Eindruck, dass er sich, als die Braut die Hochzeitstorte anschnitt, keine Gedanken darüber machte, wer hinterher das Messer abspülen würde. Simon war noch immer solo und unberührt. Immerhin kam er aber im Lauf der Hochzeitsfeier mit Kates geschiedener Mutter ins Gespräch. Sie hatte bereits einiges an Champagner intus sowie ein Hotelzimmer gebucht. Und dann, na ja, dann führte eines zum anderen ...

Kate sah wunderschön aus. Als ich vor sie trat, um sie meiner Frau vorzustellen, ertappte ich mich bei dem Wunsch, die beiden würden sich sympathisch finden. Doch dann passierte etwas Schreckliches: Sie fanden einander zu sympathisch. Sie unterhielten sich endlos und sprachen bereits nach kürzester Zeit darüber, wann Kate und Jim zu uns zum Abendessen kommen könnten, während ich Catherine mit angedeutetem Kopfschütteln davon abzuhalten versuchte. Das Problem war, dass ich Kate immer mögen würde und auf keinen Fall einer von den dicken alten Männern werden wollte, die die Freundinnen ihrer Ehefrauen nach einem feuchtfröhlichen Abend beim Abschied eine Spur zu genüsslich abküssen.

»Es war eine tolle Hochzeit«, sagte Catherine. »Ihr seid ein wunderschönes Paar.«

»Danke«, erwiderte Kate.

»Und das mit eurer Swimmingpool-Nacht ist schon okay. Michael hat mir alles erzählt.«

Ich war nämlich zu der Ansicht gelangt, dass es am besten war, alles offen und ehrlich zu sagen. »Sie ist sehr schön«, sagte Catherine nach dem Fest zu mir. »Ich verstehe nicht, warum du sie nicht besonders attraktiv findest.«

Na ja – fast alles offen und ehrlich zu sagen.

Während der Feier ließ ich mich überreden, etwas auf dem herrlichen Steinway-Flügel zu spielen, der in dem Hotel-Ballsaal stand. Ich haute respektlos in die glänzenden Tasten und spielte selbstvergessen und entspannt Boogie-Woogie. Die Tanzfläche füllte sich; Millie und Alfie tanzten aufgekratzt und albern Jitterbug. Eine Nummer ging nahtlos in die nächste über, die Gäste johlten, klatschten, jubelten mir zu, und als alle eine Verschnaufpause brauchten, kam Millie, setzte sich auf meinen Schoß und fragte, ob sie die Melodie spielen dürfe, die ich ihr beigebracht hatte. Es wurde ganz still, die Leute warteten gespannt. Und dann spielte meine vierjährige Tochter, mein kleiner Engel, die ersten Töne von »Lucy in the Sky with Diamonds« so perfekt und mit so viel musikalischem Gespür für Tempo und Ausdruck, dass angesichts ihres Talents allen der Mund offen stehen blieb. Ich sah zu Catherine hinüber; sie biss sich auf die Unterlippe, um die Tränen zurückzuhalten, und lächelte mich so liebevoll und stolz an, dass ich fast durch die Decke davongeschwebt wäre.

Dann spielte wieder die Band, und ich wirbelte Millie im Kreis herum, und sie verschränkte die Hände hinter meinem Nacken, so fest sie konnte, und ich wünschte, sie würde nie älter werden, würde immer so bleiben, wie sie jetzt war. Am liebsten hätte ich ewig mit diesem Kind getanzt, das sich an mich klammerte, mir so vollständig vertraute, mich so bedingungslos liebte. Wir übernachteten in dem protzigen Hotel, zu fünft in einem Zimmer.

Am Morgen weckte mich Kindergeschrei. Sie stiegen zu uns ins Bett, und wir schalteten den Fernseher ein. Sie zwängten sich zwischen uns unter die Bettdecke, während wir weiterdösten und Mühe hatten, nicht seitlich rauszufallen. Und dann kam die Gilette-Werbung mit dem Jingle »Für das Beste im Mann«. Ich lachte vor mich hin und dachte: Wie sehr sich doch meine Ansichten über das Beste in mir gewandelt haben! Dann erzählte ich Catherine von dem Slogan und dass ich ihn dereinst zu meiner persönlichen Devise gemacht hatte. Sie erklärte, sie habe den Werbespruch immer ganz anders verstanden. In ihren Augen war »das Beste im Mann« nicht Egoismus, Genussfähigkeit und Eitelkeit, sondern Hilfsbereitschaft, Hingabe und Verantwortungsgefühl.

Durchaus möglich, dass Catherine mich dabei ansah, doch zumindest mit einem Auge verfolgte sie die Werbung für den Fall, dass der Spot kam, in dem sie mitspielte. Das nämlich war die zweite Konsequenz aus dem Tag, an dem Henry das Licht der Welt erblickt hatte. Dass es Catherine auf der Entbindungsstation gelungen war, mir ihre erbitterte Gegenwehr und die trotzigen Tränen als hundertprozentig echt zu verkaufen, hatte mich daran erinnert, welch großartige Schauspielerin sie gewesen war. Ich hatte ihr Mut gemacht, und sie war mit ihrer früheren Agentin in Kontakt getreten. Sie hatte ein paar Mal vorgesprochen und schon bald eine kleine Rolle in einer entsetzlichen Sitcom bekommen, bei der ihr schauspielerisches Können auf die härteste Probe gestellt wurde, als der Drehbuchautor fragte, ob sie die Dialoge witzig fände. Ihre Gage war eine einzige Frechheit – weit höher als jedes Honorar, das ich je bekommen hatte.

Wenn sie arbeitete, übernahm ich die Kinder. Manchmal war sie von frühmorgens bis spätnachts außer Haus, und manchmal musste sie sogar auswärts übernachten. Ich war also ab und zu mehrere Tage hintereinander allein mit den Kindern, wurde nachts geweckt und musste mich tagsüber trotzdem um sie kümmern. Ich musste sie anziehen, ihnen Frühstück machen und verhindern, dass Millie und Alfie sich gegenseitig mit matschigen Cheerios bewarfen, während ich Henry wickelte, mich selbst anzog und ihnen gleichzeitig die Zähne putzte, sie in ihre Mäntel und Handschuhe steckte, Millie antrieb, damit sie pünktlich um neun im Kindergarten war, während ich Alfie und Henry im Doppelbuggy vor mir herschob und mich die ganze Zeit über bemühte, eine liebevolle, harmonische häusliche Atmosphäre aufrechtzuerhalten. Na ja – neun von zehn Punkten ist doch eigentlich gar nicht so schlecht.

Jeder wollte von mir hören, dass die ganztägige Betreuung meiner Kinder das Schönste, Erfüllendste sei, was ich je im Leben getan hätte. Es war auf jeden Fall das Härteste, was ich je getan hatte, aber meine Ansicht, wonach kleine Kinder langweilig sind, änderte sich nie. Doch immerhin verstand ich jetzt, dass es schwierig ist, Kinder großzuziehen, weil nun mal alles, was der Mühe wert ist, Mühe macht. Genau darin besteht auch der Unterschied zwischen einem meiner Jingles und der Neunten Sinfonie von Beethoven.

Weil Catherines Werbespot nicht kam, tröstete sie sich mit einem Besuch in der Sauna und im Pool, während ich mit den Kindern auf dem Hotelgelände spielte. Danach schlug sie vor, ich solle mir ein bisschen Zeit für mich nehmen und die Sportanlagen des Hotels nützen, was ich für eine gute Idee hielt, bis mir klar wurde, dass man nicht ewig allein Krocket spielen kann. Wir hatten ein gewisses Gleichgewicht in unsere Ehe gebracht, jeder von uns konnte sich darauf verlassen, dass wir, zu unserem gegenseitigen Wohl wie zum Wohl unserer Kinder, am gleichen Strang zogen. Wir versprachen einander, immer ehrlich zu sein, uns als Team zu verstehen, und insgeheim war ich ziemlich zufrieden mit mir, weil nach allem, was wir durchgemacht hatten, nun doch so viel Ehrlichkeit und Vertrauen zwischen uns entstanden waren.

Ich beglich die Hotelrechnung. Der Geschäftsführer bedankte sich und rief uns, als wir schon fast draußen waren, nach: »Beehren Sie uns bald mal wieder, Mrs. Adams!« Wir gingen die Treppe hinunter, und ich fragte Catherine, warum er das gesagt habe. Catherine begann leise zu kichern und erklärte es mir. In Wirklichkeit hatte sie kein einziges Mal die ganze Nacht hindurch gedreht, sondern alle diese Nächte allein in Luxushotels wie diesem verbracht.

mein
dank
gilt

georgia Garrett, Bill Scott-Kerr, Mark Burton, Simon Davidson und Charlie Dawson.